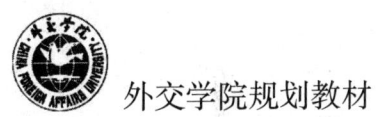
外交学院规划教材

日本政治概况

苑崇利　谢若初　编著

北京大学出版社
PEKING UNIVERSITY PRESS

图书在版编目(CIP)数据

日本政治概况：日文 / 苑崇利，谢若初编著. —北京：北京大学出版社，2015.8
(21世纪日语系列教材)
ISBN 978-7-301-26061-6

Ⅰ.①日… Ⅱ.①苑…②谢… Ⅲ.①日语－高等学校－教材②政治－概论－日本 Ⅳ.①H36

中国版本图书馆CIP数据核字(2015)第163217号

书　　名	日本政治概况
著作责任者	苑崇利　谢若初　编著
责任编辑	兰　婷
标准书号	ISBN 978-7-301-26061-6
出版发行	北京大学出版社
地　　址	北京市海淀区成府路205号　100871
网　　址	http://www.pup.cn　　新浪微博:@北京大学出版社
电子信箱	zpup@ pup.cn
电　　话	邮购部 62752015　发行部 62750672　编辑部 62754382
印刷者	三河市博文印刷有限公司
经销者	新华书店
	787毫米×1092毫米　16开本　13.75印张　200千字
	2015年8月第1版　2015年8月第1次印刷
定　　价	38.00元

未经许可，不得以任何方式复制或抄袭本书之部分或全部内容。
版权所有，侵权必究
举报电话: 010-62752024　电子信箱: fd@pup.pku.edu.cn
图书如有印装质量问题，请与出版部联系，电话: 010-62756370

前 言

  日本的政治制度,在中国的隋唐时代受到了中国的巨大影响,遣唐使和留学生回国后,蕴育了大化改新,以中国的律令为蓝本的《大宝律令》等,奠定了以天皇为中心的律令体制的政治基础。12世纪末起,武家的幕府与公家的朝廷两立,《禁中并公家诸法度》和《武家诸法度》等法律并用,使日本长期处于双重统治机构并存的状态。明治维新以来,日本全面学习西方,在君主立宪的政治体制基础上,建立了内阁制、议会制并成为亚洲第一个拥有宪法的国家。第二次世界大战后,日本以象征天皇制的形式延续了君主立宪制,新宪法确立的和平、民主、自由的三大政治理念深入民心。

  目前,在日文版本的教材建设方面,虽然日本概况类教材不乏其书,在日本概况课中,政治部分的内容大多也有所涉及。但是,专门介绍日本政治概况的教材尚属空白,这似乎难以满足读者在深入了解日本政治方面的需求。综上所述的日本议会内阁制、象征天皇制等政治制度层面的知识,对学习日语的学生来说,似乎并不陌生,但又不一定很熟悉,亟需日本政治概况类的教材作为选修或自修之用。这将有助于读者在学习日本概况时,加深对日本的政治制度层面的了解,对于促进中日关系的良性发展是大有裨益的。

  本书内容的基本框架,是以在外交学院日语专业近10年教学中应用的自编教材为基础,经数据更新和增添新的素材整理而成。本教材的初衷在于,它不仅是本科学生了解日本政治制度的入门书,亦可作为一般读者以及日本政治方向研究生的基础工具书和参考书使用。

  本书的结构总体上以日本国宪法为依托,以日本的政治制度为主线,辅以政策的现状与课题等为副线来展开。主要内容以官方的政治文件和相关的最新数据为依据,主要的知识点和数据来源均注有出处,以便读者深入研究时参考。考虑到概况教材类别的特点,对书中涉及到的诸多观点、学说乃至政策等内容,笔者本着客观的学术立场,在书中不予阐述个人观点,对历史人物、事件等亦不做纵深介绍。

  作为基础教材,其知识点的深度和结构安排、具体涉及的范围、表述形式以及内容篇幅的设计等都是一件极具挑战性的工作。为使教材达到对日本的政治制度有一个较为明晰的认识的目的,全文在写作手法上本着删繁就简、由浅入深的原则,突出了内容的条理性和以点带面的形式,每个知识点基本都以词条形式展开,以期达到易读、易懂、易查、易记的效果。对于有一定深度和拓展性的内容则以注释、资料和小知识的形式在课文之外做导读。

对课文中一些便于归纳的内容加了边线框，以期视觉效果上一目了然。为方便初学者阅读，各章正文后列出了章内有代表性的人名、事件名称、专业词汇等主要汉字名词读音表，对动词等便于字典查找的词汇一般不列入其中。

附录是本书内容不可忽略的重要构成部分，主要分三方面内容。一是重要的法律性文件以及与本书内容相关联的政治文件。二是考虑整体内容的系统性和互通性，将表格形式的参考资料作为附录的一部分单独列出。三是列出了各章资料目录，以便于查找和掌握。

本书作者之一谢若初在数据收集以及文本的前期准备上做了大量的工作。写作过程中，得到了爱妻秦燕春在文字编辑和图像处理等电脑技术方面不厌其烦的帮助。出版和审校过程中，得到了北京大学出版社肖凤超编辑、兰婷编辑的鼎力帮助与协作。在相关内容的核定方面，得到了日本自治体国际化协会北京事务所长寺﨑秀俊先生、日本政治评论家本泽二郎先生、中国社科院日本研究所教授吕耀东先生等国内外专家学者的悉心指教。在此一并向为本书的出版做出贡献的各位表示衷心的感谢！

本教材受外交学院本科教材建设项目资助。在验收过程中得到了外交学院本科教材建设项目验收专家，上述校外专家吕耀东教授、外交学院外语系主任李旦教授和副主任周萍萍副教授的宝贵意见，谨此致谢！

由于作者的水平和能力有限，书中难免会出现各种各样的疏漏和差误，期待各位同仁不吝赐教，以期今后得到逐步完善。由于时间紧迫和资料来源有限，书中肯定会有诸多不足之处，敬请广大读者指正并多多包涵。

苑崇利
2015年夏于北京

目　次

第一章　国のシンボル ……………………………………………………… 1
　　第一節　国名・年号 …………………………………………………… 1
　　第二節　国旗・国歌 …………………………………………………… 2
　　第三節　国章・国花・国鳥 …………………………………………… 3

第二章　憲法 ………………………………………………………………… 8
　　第一節　大日本帝国憲法(明治憲法) ………………………………… 8
　　第二節　日本国憲法(新憲法) ………………………………………… 11

第三章　天皇 ………………………………………………………………… 19
　　第一節　象徴天皇制 …………………………………………………… 19
　　第二節　天皇の起源 …………………………………………………… 20
　　第三節　天皇制の歴史 ………………………………………………… 22

第四章　国会 ………………………………………………………………… 34
　　第一節　三権分立制 …………………………………………………… 34
　　第二節　国会の仕組み ………………………………………………… 35
　　第三節　国会の仕事 …………………………………………………… 36

第五章　内閣 ………………………………………………………………… 43
　　第一節　内閣制度 ……………………………………………………… 43
　　第二節　内閣総理大臣 ………………………………………………… 47

第六章　行政 ………………………………………………………………… 55
　　第一節　公務員制度 …………………………………………………… 55
　　第二節　政治家と官僚 ………………………………………………… 58
　　第三節　行政機関 ……………………………………………………… 61

第七章　司法 ··· 69
　第一節　司法制度 ··· 69
　第二節　裁判所の組織と配置 ··· 72
　第三節　検察制度 ··· 74

第八章　政党 ··· 80
　第一節　政党政治の歴史 ··· 80
　第二節　55年体制と連立政権 ··· 81
　第三節　派閥と利益団体 ··· 82

第九章　選挙 ··· 87
　第一節　小選挙区制と比例代表制 ··· 87
　第二節　選挙権と被選挙権 ··· 89
　第三節　選挙の分類と規定 ··· 90

第十章　外交 ·· 106
　第一節　外交の基本方針 ·· 106
　第二節　近隣関係 ·· 109
　第三節　地域との関係及び外交課題 ·· 111

第十一章　防衛 ·· 116
　第一節　防衛政策 ·· 116
　第二節　防衛大綱と中期防 ·· 121
　第三節　防衛省と自衛隊 ·· 122

第十二章　地方公共団体 ·· 134
　第一節　地方自治制度 ·· 134
　第二節　地方自治体と国との関係 ·· 137
　第三節　地方自治体の課題 ·· 141

付録1　主要関連政治文書 ··· 150
付録2　関連表 ··· 187
付録3　各章資料目録 ··· 209
参考文献 ·· 212

第一章　国のシンボル

第一節　国名・年号

1．国名

国号　国号ともいう日本の国名は通常「日本国」が用いられる。憲法の題名として「大日本帝国憲法」及び「日本国憲法」の表記があるが、条文で「国号を日本国と称する」などと直接かつ明確に規定した法令はない。

日本の別名　昔、「日本」の国号が成立する以前は、対外的には「倭国」または「倭」、「葦原中国」、「大和」等の表記があった。さらに、古くは漢文由来の異称にも、中国大陸の扶桑蓬莱伝説に準えた「扶桑」、「蓬莱」、「東瀛」などの呼び方が多様ある。

「日本」国名の由来　「日本」の最初の用例は確実なものは決めがたい。『日本書紀』は「倭」を遡って「日本」に書き改めているからである。例えば『日本書紀』の条によって645年7月（大化元年七月）に高句麗や百済の使者に示した詔の「明神御宇日本天皇」〔注釈1〕という語が最初とする見解もあるが、語義としての「日本」は、有名な『隋書』大業三年(607年)にある「日出づる処の天子」〔注釈2〕という言葉が知られる。

この頃はまだ「日本」とはされていなかったことが逆に証明される。7世紀成立の中国の『旧唐書』には日本人が倭国の名称を嫌い、国名を日本に改めた〔注釈3〕とある。

「日本」国名の確定　「日本」という国名が最初に公式に定められたのは、701年に施行の『大宝律令』とされる。条文法規に定められる以前、天武天皇の頃から使われていたようである。「天皇」号の使用と「日本」号の使用は軌を同じくするとみられているが、近年発掘された飛鳥池遺跡出土の678年（天武六年）銘の木簡から、この頃「天皇」号が既に使用されていることがわかっている。また、734年には遣唐使井真成の墓誌〔資料一〕として中国大陸でも「日本」という国名が使用されている。

2．年号

元号の起始　日本では、元号ともいう年号は『日本書紀』によれば、大化の改新（645年）の時に「大化」が用いられたのが最初であるとされる。

一世一元制　明治以前は、天皇の交代時以外にも随意に改元していたが、明治政府は、明治に改元した時に一世一元の詔を発布し、明治以後は、新天皇の即位時に天皇の代毎に改元する一世一元の制〔注釈4〕に変更された。

改元の規定　明治改元の詔は「〇〇年を以て〇〇に改元する」という形式であった為、改元はその年の元日に遡って適用され、それ以後に書かれる書物では、改元前の月日のことでも原則として改元後の元号で書かれた（但し、現在と同様に改元の詔の日から適用するという説もある）。

元号をめぐる論議　戦後、新憲法制定に伴う皇室典範の改正をもって、それまでの元号の法的根拠は消失した。しかし、官民関わらず「昭和」元号の使用が続けられた。

1946年1月には、政治家の尾崎行雄が衆議院議長に改元の意見書をもって「昭和」元号の廃止、「新日本N年」の表記を用いると主張した。これに対して、政治家の石橋湛山は、『東洋経済新報』（1946年1月12日号のコラム「顕正義」）において、元号の廃止と西暦の使用を主張した。

元号使用の現状　1979年6月6日、国会で元号法が成立し、同月12日に公布・即日施行された。現在の日本では、元号についての規定は元号法によって定められ、一世一元の制が維持された。

元号を使用することを義務付ける法律ではなく、また、使用しないことに対する罰条はない。元号法制定にかかる国会審議で「元号法は、その使用を国民に義務付けるものではない」との政府答弁があり、法制定後、多くの役所で国民に元号の使用を強制しないよう注意を喚起する通達が出されている。

改元の例

> 大正・昭和の改元は改元の詔のあった即日（それぞれ1912年7月30日・1926年12月25日）から、平成は改元の政令が1989年1月7日に公布された翌日（1月8日）から新元号が適用され、1989年1月1日─1月7日の間は昭和64年とされ、平成は適用されない。

第二節　国旗・国歌

日章旗・君が代の法制化　国旗国歌法案は、1999年7月22日の衆議院本会議で、投票総数489、賛成403、反対86で可決（自民、自由、公明三党及び民主党の一部による賛成多数）、同年8月9日午後の参議院本会議で、投票総数237、賛成166、反対71で可決。『国旗及び国歌に関する法律』が成立し、8月13日に公布、施行された。

1. 国旗

日章旗　日章旗の起源は未詳であるが、日本人は古来、「天照大神」という太陽を信仰の対象としており、また国名「日本（ひのもと）」というところからも「日の出」を意識してお

第一章　国のシンボル

り、「日が昇る」という現象を大切にしていたことが窺える。

日章旗の規格　日本の国旗は日の丸とも呼ばれるが、正式には日章旗という。国旗及び国歌に関する法律の規定によれば、旗の形は縦が横の3分の2の長方形。日章の直径は縦の5分の3で中心は旗の中心であり、法律では日章の赤は「紅色」とされており、地は白色となっている。

日章旗の経緯　琉球王国が船印として、中国への進貢船に日章旗を用いており、江戸時代後期からは薩摩藩の船印としても用いられるようになった。開国後は幕府が日本国共通の船舶旗（船印）を制定する必要が生じたときに、薩摩藩からの進言で日章旗を用いることになった。一般的に日本を象徴する旗として公式に用いられるようになったのはこれが最初であると言われる。確かに戊辰戦争時には官軍が菊花旗、幕府側が日章旗を用いており、国旗として扱われるようになったのは明治以降である。

2．国歌

日本の国歌の名は「君が代」という。「君が代」の歌は、昔から、日本人の先祖が、皇室の栄えを祈ることで、歌いつづけてきたもので、祝日やおめでたい儀式では歌う。

国歌の歌詞

> 君が代は、千代に　八千代に、さざれ石の　いはほとなりて、こけのむすまで。

この歌は、「天皇のお治めになる御代は、千年も万年もつづいて、おさかえになるように。」という意味である。

国歌の由来　1880年7月、『古今和歌集』に所収された「君が代」を、海軍省は宮内省に軍楽曲にふさわしい曲をと申しいれ、宮内省の林広守、傭い教師のドイツ人エッケルトらが編曲し、式典などに国歌に準じて歌われた歌である。

第三節　国章・国花・国鳥

1．国章

菊花紋章　日本の法令上では、明確な国章は定められていない。その為、慣例的に天皇家の家紋（「十六弁八重表菊花紋章」ともいう天皇の家紋）が、国章に準じた扱いを受けている。普通は国会議員のつけているバッジの図形はこれである。

五七の桐花紋　一般的に首相・政府（内閣）の慣例的な紋章である「五七の桐花紋」も、国章に準じた扱いを受ける。

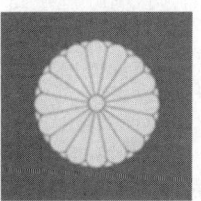

左上: 菊花紋章　左下: 五七の桐花紋
右: 十六弁一重表菊花紋章

十六弁一重表菊紋　なお、日本の旅券の表紙に用いられる「十六弁一重表菊花紋章」は、菊花紋章（十六弁八重表菊花紋章）に似ているが、八重と一重の違いがある。

２．国花

桜　日本では法律で決めた国花はない。桜は日本の国花の扱いの一つに選ばれており、もう一つは菊花である。

桜は主に北半球の温帯と暖帯に分布する、バラ科、桜亜科、桜属の落葉喬木である。日本には山桜など9種を基本にして、変品種をあわせると100以上の桜が自生しており、これから育成された園芸品種は300以上あると言われ、現在でもその数は増えていると言われる。

桜の名の由来　『古事記』に登場する桜の霊「此花咲耶姫」が、最初の種を富士山に蒔いたことで「さくやひめ」と呼ばれ、その名前が「さくら」になったと言われている。

桜の開花　気象庁の報道する「桜の開花」とは、各地域で決められた1本の桜の標本木に5～6輪の花が開いた状態を言う。開花宣言が出されてから満開（1本の木で花芽が80％以上開花した状態）までには、約1週間程かかる。同じ地域でも標高が100m高くなると開花が2～3日遅れる。また、桜前線は九州南部で咲き始めてから、北海道の北部で咲き始めるまで、約2ヶ月もかかって日本列島を北上していく。

花見の風習　花見とは桜を観賞し、遊び楽しむために公園などに出かけることを言う。花見は奈良時代の貴族の行事が起源だと言われる。奈良時代には中国から伝来したばかりの梅が鑑賞されていたが、平安時代に桜に代わってきたようである。「花」が桜の別称として使われるのもこの頃からである。

日本では、毎年3月末から4月の始めにかけて、家族や仲間、会社の同僚が桜の木の下に敷物を敷いて座り、お酒を飲んだり、お弁当を食べたり、歌を歌ったりしながら楽しい一時を過ごす習慣がある。花見の起源は貴族文化的なものであり、桜の咲き具合でその年の豊凶を占う農民文化的なものであると言われる。

３．国鳥

日本の国鳥は、1947年に日本鳥学会において選定された雉である。これを定めた法律などはなく、慣習による。選ばれた理由の一つが狩猟に好適だったということもあり、留鳥で1年中姿が見え、日本固有種であるため日本の象徴になっている。このほか、各県で県鳥が定められている。

日本では国鳥である雉を狩猟している。1970年には雉と高麗雉あわせて80万羽余りが捕獲されていたが徐々に減り、2004年は10万羽余りが捕獲されている。近年では主に養殖されたものが食用に用いられる。

注釈

1. **明神御宇日本天皇**：720年にできた『日本書紀』には、「日本」という漢字が満ち溢れているが、その「日本」の文字は「ニホン」と読まれなかった。表題の『日本書紀』は「やまとふみ」、「日本武尊」は「やまとたけるのみこと」、「日本」はすべて「やまと」と読まれていた。「倭」も「大和」も「日本」もすべて「やまと」と読む。
2. **「日出づる処の天子」**：607年、聖徳太子の派遣した第一回遣隋使の小野妹子は隋の煬帝に献上した「日出づる処の天子」に始まる国書の言葉である。「日出」国とは「日ノ本」意味になる。
　　　大業三年,其王多利思北孤遣使朝貢。使者曰："聞海西菩薩天子重興佛法,故遣朝拜,兼沙門數十人來學佛法。"其國書曰"日出處天子至書日沒處天子無恙"云云。帝覽之不悅,謂鴻臚卿曰："蠻夷書有無禮者,勿復以聞。"（唐・魏徵等著《隋書》卷八十一,列傳第四十六）
3. **国名の改め**：日本という国名について『旧唐書』の記述は下記の通りである。
　　　日本國者,倭國之別種也。以其國在日邊,故以日本為名。或曰：倭國自惡其名不雅,改為日本。或云：日本舊小國,並倭國之地。"（後晉・劉昫等著《舊唐書》卷一百九十九上,列傳第一百四十九上,東夷 倭國 日本國）
4. **一世一元制**：天皇一代にただ一つの年号（元号）を用いて改めない制度である。1868年までは、天皇一代に数回改元にも及ぶことが多かった。

質問

1. 「日の丸」は何を指す？
2. 「君が代」の君は誰を指す？
3. 「大和」は何を意味するか？
4. 「平成」という年号は何年から始まったのか？

思考問題

1. なぜ日本の年号は西暦とともに使われている。
2. なぜ日本の国章は何種類も使われている。

豆知識（1）

日本のイメージ富士山

　2010年11月6日、中国紙・法制日報が北京の高校生約500人を対象に実施した「日本に対するイメージ」に関するアンケートによると、最も多かった答えは「さくら」と「富士山」であった。
　古来より、富士山周辺には不老不死伝説が多く存在している。太古の人達も不老不死の

日本政治概況

秘薬を求めて、富士山にやってきた。かぐや姫の持っていた不老長寿の秘薬を携え富士山に来た始皇帝の命を受けて不老不死の秘薬を求めてやってきた徐福説もある。

富士山は、山梨県と静岡県に跨る活火山である。標高3,776 m、日本最高峰（剣ヶ峰）の独立峰で、その優美な風貌は日本国外でも日本の象徴として広く知られている。

富士山が800—802年（延暦年間）、864年（貞観6年）に大噴火、最後に1707年（宝永4年）の大噴火で、噴煙は成層圏まで到達し、江戸では約4cmの火山灰が降り積もった。また、宝永大噴火によって富士山の山体に宝永山が形成された。その後も火山性の地震や噴気が観測されており、今後も噴火の可能性が残されている。

2013年6月、富士山が世界文化遺産に登録された。これは、富士山という自然の営みに宗教性、芸術性を見出してきた日本人の自然観や文化観が国際的に認められたからであり画期的なことであった。

資料一

遣唐使井真成の墓誌

井真成は文武天皇3年（699年）—天平6年/開元22年（734年））に、唐代の日本人の留学生または官吏である。日本名は不明。

中国の古都・西安にある西北大学構内の建築現場で発見された墓誌（現在西北大学付属博物館が所蔵）2004年10月12日に発表した。

墓誌には、遣唐留学生井真成が「尚衣奉御」の官職を遺贈されたなどと記されている（■は、判読できない文字）。

これは考古学的に、中国で発見された最初の日本人の墓誌であり、現存の石刻資料のなかで日本の国号を「日本」と記述した最古の例である。

贈尚衣奉御井公墓誌文并序 公姓井字眞成國號日本才稱天縱故能 ■命遠邦馳騁上國蹈禮樂襲衣冠束帶 ■朝難與儔矣豈圖強學不倦聞道未終 ■遇移舟隙逢奔駟以開元廿二年正月 ■日乃終于官弟春秋卅六皇上 ■傷追崇有典詔贈尚衣奉御葬令官 ■即以其年二月四日窆于萬年縣滻水 ■原禮也嗚呼素車曉引丹旐行哀嗟遠 ■今頹暮日指窮郊兮悲夜臺其辭曰 ■乃天常哀茲遠方形既埋于異土魂庶歸于故鄉	（墓誌の抄訳） 姓は井、字（あざな）は真成。国は日本と号す。生まれつき優秀で、国命で遠くにやってきて、一生懸命努力した。学問を修め、正式な官僚として朝廷に仕え、活躍ぶりは抜きんでていた。ところが思わぬことに、急に病気になり、開元22年（734年）の1月に官舎で亡くなった。36歳だった。皇帝は大変残念に思い、特別な扱いで埋葬することにした。体はこの地に埋葬されたが、魂は故郷に帰るにちがいない。

出典：http://ja.wikipedia.org/wiki/井真成

第一章 主要漢字名詞の読み方

明神御宇日本天皇〔あきつみかみとあめのしたしらすやまとのすめらみこと〕	桜前線〔さくらぜんせん〕
	薩摩藩〔さつまはん〕
葦原中国〔あしはらのなかつくに〕	進貢船〔しんこうせん〕
石橋湛山〔いしばしたんざん〕	井 真成〔せいしんせい／いのまなり〕
一世一元〔いっせいちげん〕	先祖(せんぞ)
御代〔おだい〕	大化〔たいか〕
尾崎幸雄〔おざきゆきお〕	霊〔たま〕
開花〔かいか〕	千代〔ちよ〕
海軍省〔かいぐんしょう〕	天皇家〔てんのうけ〕
改元〔かいげん〕	天武天皇〔てんむてんのう〕
家紋〔かもん〕	東瀛〔とうえい〕
官軍〔かんぐん〕	日章旗〔にっしょうき〕
雉〔きじ〕	年号〔ねんごう〕
菊花紋章〔きっかもんしょう〕	罰条〔ばつじょう〕
君が代〔きみがよ〕	日出国〔ひいずるくに〕
百済〔くだら〕	一重〔ひとえ〕
宮内省〔くないしょう〕	日の丸〔ひのまる〕
軍楽曲〔ぐんがっきょく〕	扶桑〔ふそう〕
元号〔げんごう〕	船印〔ふなじるし〕
高句麗〔こうくり〕	蓬莱〔ほうらい〕
国号〔こくごう〕	戊辰戦争〔ぼしんせんそう〕
国章〔こくしょう〕	詔〔みことのり〕
国鳥〔こくちょう〕	木簡〔もっかん〕
国名〔こくめい〕	八重〔やえ〕
五七の桐花紋〔ごしちのきりはなもん〕	八千代〔やちよ〕
国旗〔こっき〕	山桜〔やまざくら〕
桜〔さくら〕	大和〔やまと〕
咲耶姫〔さくやひめ〕	倭国〔わこく〕

第二章　憲法

第一節　大日本帝国憲法（明治憲法）

　大日本帝国憲法は近代立憲主義に基づく日本の最初の憲法で、アジアにおいても初めての憲法である。単に帝国憲法とも呼ばれ、一般的に明治憲法と呼ばれる。明治憲法は、1889年2月11日に公布し、1890年11月29日に施行された。1946年に公布された日本国憲法（新憲法）との対比で旧憲法と呼ばれることも多い。

1．明治憲法の背景

　天皇制絶対主義政権の成立　1867年11月9日、江戸幕府第15代将軍の徳川慶喜が明治天皇に統治権の返還を表明し、翌日、天皇がこれを勅許し、史上は大政奉還という。
　1868年1月3日に江戸幕府は廃止され、新政府（明治政府）が設立されたことは王政復古と言われる。新政府は天皇の官制大権を前提として天皇制絶対主義政権が成立して、近代的な官僚制の構築を目指した。
　五箇条の御誓文　王政復古によって設置された三職（総裁、議定、参与）のうち、実務を担う参与の一員となった木戸孝允らは公議輿論の尊重と開国和親を基調とした新政府の基本方針を五箇条にまとめた。1868年4月6日、明治天皇がその実現を天地神明に誓ったものが五箇条の御誓文である。
　「五箇条の御誓文」

> 一、廣ク會議ヲ興シ萬機公論ニ決スヘシ
> 一、上下心ヲ一ニシテ盛ニ經綸ヲ行フヘシ
> 一、官武一途庶民ニ至ル迄各其志ヲ遂ケ人心ヲシテ倦マサラシメン事ヲ要ス
> 一、舊來ノ陋習ヲ破リ天地ノ公道ニ基クヘシ
> 一、智識ヲ世界ニ求メ大ニ皇基ヲ振起スヘシ

　太政官制　新政府は五箇条の御誓文を実施するため、1869年7月25日、版籍奉還、1871年8月29日に廃藩置県が実施され、同年には太政官制〔注釈1〕（明治政府の最高行政機関

の下で、左院は官撰の議員によって構成される立法議事機関となった。

太政官制により、日本は封建的な幕藩体制に基づく代表的君主制から、近代的な官僚機構を擁する直接的君主制に移行した。

身分制の改革　明治政府は版籍奉還と同時に、士農工商の封建的身分制を廃止して、公家と大名を華族に、武士を士族に、その他の農工商を平民に改組した。1870年に平民に苗字を許可し、1871年には穢多非人解放令を布告し、平民の族籍に編入することとした。

民撰議院設立の建白　1874年、副島種臣、板垣退助、後藤象二郎、江藤新平らが連署して、民撰議院設立建白書を左院に提出した。この建白書では、官撰ではなく民撰の議員で構成される立法議事機関を開設すると主張された。これを機縁として、薩長藩閥による政権運営に対する批判が自由民権運動となって盛り上がり、各地で政治結社が行われた。

立憲政体の詔書　明治初期、各地で不平士族による反乱が頻発して、1874年の佐賀の乱、1876年の神風連の乱、1877年の西南戦争などが挙げられる。大久保利通、伊藤博文ら政府要人と、木戸孝允、板垣退助らの民権派の会談である大阪会議の結果として、1875年4月14日、立憲政体の詔書(漸次立憲政体樹立の詔)〔注釈2〕が出された。すなわち、元老院、大審院、地方官会議を置き、段階的に立憲君主制に移行することを宣言した。

「立憲政体の詔書」(抄)

> …茲ニ元老院ヲ設ケ以テ立法ノ源ヲ廣メ大審院ヲ置キ以テ審判ノ權ヲ鞏クシ又地方官ヲ召集シ以テ民情ヲ通シ公益ヲ圖リ漸次ニ國家立憲ノ政體ヲ立汝衆庶ト倶ニソノ慶ノ頼ラント欲ス…

2．明治憲法の制定

1876年9月6日、明治天皇は元老院議長・有栖川宮熾仁親王へ国憲起草を命ずる勅語を発した。この勅語では、「朕、ここにわが建国の体に基づき、広く海外各国を成法を斟酌して、もって国憲を定めんとす。なんじら、これが草案を起創し、もってきこしめせよ。朕、まさにこれを撰ばんとす」として、各国憲法を研究して憲法草案を起草せよと命じている。元老院はこの諮問に応えて、憲法取調局を設置した。

日本国国憲按　1880年、元老院は「日本国国憲按」を成案として提出し、また、大蔵卿・大隈重信も「憲法意見」を提出した。このうち、「日本国国憲按」は皇帝の国憲遵守の誓約や議会の強い権限を定めるなどベルギー憲法(1831年)やプロイセン憲法(1850年)の影響を強くうけていたため、岩倉具視・伊藤博文らの反対にあい、大隈の意見ともども採択されるに至らなかった。

国会開設　岩倉具視を中心とする勢力は明治十四年(1881年)の政変によって大蔵卿・大隈重信を罷免し、その直後に御前会議を開いて国会開設を決定した。その結果、1881年10月12日に国会開設の勅諭が発された。

国会開設勅諭

> 第一に、1890年の国会(議会)開設を約束し、
> 第二に、その組織や権限は政府に決めさせること(欽定憲法)を示し、
> 第三に、これ以上の議論を止める政治休戦を説き、
> 第四に、内乱を企てる者は処罰すると警告している。

憲法体制の確定 1882年3月、「在廷臣僚」として、参議・伊藤博文らは政府の命をうけて渡欧し、ドイツ系立憲主義の理論と実際について調査を始めた。伊藤はドイツの学者から、「憲法はその国の歴史・伝統・文化に立脚したものでなければならないから、いやしくも一国の憲法を制定しようというからには、まず、その国の歴史を勉強せよ」というアドバイスをうけ、プロイセン(ドイツ)の憲法体制が最も日本に適すると信ずるに至った。翌1883年に伊藤らは帰国し、井上毅に憲法草案の起草を命じ、憲法取調局(翌年、制度取調局に改称)を設置するなど憲法制定と議会開設の準備を進めた。

夏島草案 1885年には太政官制を廃止して内閣制度が創設され、伊藤博文が初代内閣総理大臣となった。井上毅は、ドイツ人の政府法律顧問などの助言を得て起草作業を行い、1887年5月に憲法草案を書き上げた。この草案を元に、夏島(神奈川県横須賀市)にある伊藤博文の別荘で検討を重ね、夏島草案をまとめた。その直後、伊藤は天皇の諮問機関として枢密院を設置し、自ら議長となってこの憲法草案の審議を行った。枢密院での審議は1889年1月に結了した。

明治憲法の発布と施行 1889年2月11日、明治天皇より「帝国憲法詔勅」が出されるとともに明治憲法が発布され、国民に公表された。この憲法は天皇が黒田清隆首相に手渡すという欽定憲法の形として、日本は近代憲法を有する立憲君主国家となった。また、明治憲法は第1回帝国議会が開会された1890年11月29日に施行された。憲法と共に皇室の家法である『皇室典範』も定められ、議院法、貴族院令、衆議院議員選挙法、会計法なども同時に定められた。

3．明治憲法の性質と特徴

明治憲法は立憲主義の要素と国体の要素をあわせもつ欽定憲法であり、立憲主義によって議会制度が定められ、国体によって議会の権限が制限された。

明治憲法成立後の統治構造は、内閣や国務大臣、帝国議会、裁判所、枢密院、陸海軍などの国家機関が各々独立して天皇に輔弼ないし協賛の責任を持つという形をとっているので、憲法学者らによって外見的立憲主義、王権神授説と評された。

立憲主義の要素

> (1)言論・結社の自由や信書の秘密など臣民の権利が法律で保障。
> (2)帝国議会を開設し、衆議院は公選された議員からなること。
> (3)天皇の行政大権の行使に国務大臣の輔弼を必要とする体制。
> (4)司法権の独立を確立したこと。

国体の要素

(1) 万世一系、皇室の永続性が皇室の正統性の証拠であると強調。
(2) 皇祖皇宗の意思を継承した「国家統治ノ大権」(上諭)に基づき、天皇を国の元首、統治権の総攬者とする体制を国体とする。
(3) 天皇が天皇大権と呼ばれる広範な権限を有したこと。
(4) 天皇は立法権を有する、議会は立法機関ではなく立法協賛機関。
(5) 統帥権を独立させ、陸海軍は議会や政府に対し責任を負わない。
(6) 皇室自律主義、皇室典範などの重要な憲法的規律を憲法典から分離し、議会に関与させなかったこと。

第二節　日本国憲法（新憲法）

日本国憲法は1946年11月3日に公布され、1947年5月3日に施行された日本の現行憲法である。それまでの旧憲法に対して新憲法とも呼ばれる。

1．新憲法成立の背景

ポツダム宣言の受諾　アメリカ軍は1945年8月6日に広島、同9日に長崎に原爆を投下し、ソ連軍は8月8日に対日参戦した。ここに至って日本政府は降伏を決意し、8月14日に御前会議で、ポツダム宣言〔注釈3〕の受諾が決定され、同宣言受諾に関する詔書が発せられることとなった。降伏の意を示した「終戦の詔書」案は、8月14日の閣議にかけられ、連合国にと伝達した。

終戦の詔書　8月15日正午、昭和天皇が詔書を読み上げるラジオを通じて、所謂「玉音放送」として国民に伝えられた。この詔書のなかでは、「国体ヲ護持シ得」たとしている。終戦の詔書〔資料一〕によって、日本の天皇および日本政府は、連合国軍最高司令官に従属し、「日本の最終的な統治形態はポツダム宣言に従い、日本国民の自由に表明する意思によって決定される」とされた。

日本の無条件降伏　1945年9月2日、日本の政府全権とする重光葵が、横浜港に泊まったアメリカ戦艦・ミズーリ号上で、降伏文書に署名した。降伏により、日本は独立国としての主権を失い、その統治権は連合国軍最高司令官の制約の下に置かれた。連合国軍最高司令官ダグラス・マッカーサーが直ちに総司令部（GHQ）〔注釈4〕を設置し、日本に対する占領統治

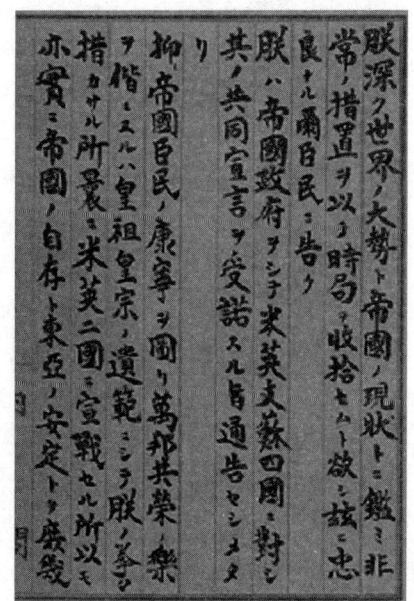

［終戦の詔書］国立公文書館所蔵

を開始した。この占領統治は、原則として、日本の既存統治機構を通じて間接的に統治する方式を採り、例外的に特に必要な場合にのみ、直接統治を行うものとした。

旧憲法修訂の示唆　1945年10月4日、マッカーサーは東久邇宮内閣の国務大臣であった近衛文麿に、憲法修訂を示唆した。続いての幣原喜重郎内閣は、10月13日に閣議了解、10月25日に松本烝治国務大臣を委員長とする憲法問題調査委員会（松本委員会）を設置して、憲法修訂の調査研究を開始した。

松本試案「憲法改正四原則」概要

> （1）天皇が統治権を総攬する大日本帝国憲法の基本原則は変更せず。
> （2）議会の権限を拡大し、天皇大権に関わる事項をある程度制限する。
> （3）国務大臣の責任を国政全般、国務大臣は議会に対して責任を負う。
> （4）人民の自由及び権利の保護を拡大し、十分な救済の方法を講じる。

松本試案　1946年1月9日に松本委員長は第10回調査会（小委員会）に「憲法修正試案」を提出した。この「試案」は、前年12月8日の衆議院予算委員会で、松本委員長が示した「憲法改正四原則」を委員会の立案の基礎とされたものである。2月7日、松本は「憲法改正要綱」（松本試案）を天皇に奏上し、翌8日に説明資料とともに総司令部へ提出した。この「憲法改正要綱」は内閣の正式決定を経たものではなく、まず総司令部に提示して意見を聞いた上で、正式な憲法草案の作成に着手する予定であった。

2．新憲法原則の確立

憲法起草の三原則　「マッカーサー・ノート」によって、1946年2月3日にマッカーサーは、総司令部が憲法草案を起草するに際して守るべき三原則、すなわち、新憲法の理念を構成する平和主義、自由主義と民主主義を憲法草案起草の責任者とされたホイットニー民政局長に示した。総司令部民政局はこれを受けて、憲法草案作成のため、立法権、行政権などの分野ごとに、条文の起草を担当する八つの委員会と全体の監督と調整を担当する運営委員会が設置された。

マッカーサー草案　2月10日、最終的に全92条の草案にまとめられ、マッカーサーに提出された。マッカーサーは、一部修訂を指示した上でこの草案を了承し、最終的な調整作業を経た上で、2月12日に草案は完成した。マッカーサーの承認を経て、2月13日、所謂「マッカーサー草案」（GHQ原案）が日本政府に提示された。

マッカーサー草案の受け入れ　日本政府は、2月22日の閣議で、「マッカーサー草案」の受け入れを決定し、幣原首相は天皇に事情説明を経て2月26日の閣議で、「マッカーサー草案」に基づく日本政府案の起草を決定し、作業を開始した。衆議院は6月25日から審議を開始し、8月24日、若干の修訂を加えて可決し、貴族院は8月26日に審議を開始し、10月6日に若干の修訂を加えて可決した。

新憲法の公布と施行　10月7日、衆議院は貴族院回付案を可決し、帝国議会における憲法修訂手続はすべて終了した。10月12日、政府は「修正帝国憲法改正案」を枢密院に諮問

し、10月29日、枢密院の本会議は、天皇臨席の下で、「修正帝国憲法改正案」を全会一致で可決した(美濃部・顧問官など2名は欠席)。同日、天皇は憲法修訂を裁可した。1946年11月3日、新憲法が公布され、1947年5月3日、新憲法が施行された。

憲法に現れた基本原理(三原則)

> 第一は平和主義。国権の発動たる戦争は放棄する。国の交戦権は、これを認めない、と強調する(第2章9条)。
> 第二は民主主義。旧来の主権在君から、日本国民の総意に基づいて主権在民を主張する(第1章1条)。
> 第三は自由主義。参政権、受益権、社会権、平等、信教、結社、思想、学問、良心などの自由を与え、人権尊重を唱える(第3章)。

3．新憲法の特徴

新憲法の三大原理 　新憲法は、戦争の放棄と戦力の不保持を定める「平和主義」、主権が国民に由来する「国民主権」と個人の尊厳をその根本に置き、自由と基本的権利の平等の両立を目指す「基本的人権の尊重」を三大原理としている。これらの理念を実現するため、統治機構は三権分立に基づいて立法権は国会に、行政権は内閣に、司法権は裁判所に属すると規定された。

新憲法の諸特徴 　立憲君主制や間接民主制、権力分立制、地方自治制度、国防軍の文民統制なども多くの国で採用され、憲法典に定められている。新憲法でもこれらの多くが採用され、象徴天皇制という形の立憲君主制や、権力分立制(三権分立制)、戦力放棄規定、刑事手続についての詳細な規定など、新憲法に特徴的なものがある。

憲法修訂の規定 　憲法の修訂について、新憲法96条によって「各議院の総議員の三分の二以上の賛成で、国会が、これを発議し、国民に提案してその承認を経なければならない。この承認には、特別の国民投票又は国会の定める選挙の際、行われる投票において、その過半数の賛成を必要とする」とされる。

憲法修訂の動向 　自由民主党は、2005年11月に発した『新憲法草案』を踏まえて、2012年4月に『日本国憲法改正草案』〔資料二〕を発し、憲法の修訂に関しては自衛権を明記し、国防軍の保持、天皇は元首などを規定した。

憲法九条の修訂について 　過去の侵略戦争に対する反省を踏まえた上、武力の行使を放棄する憲法九条の内容が成立した。これは戦後日本が平和発展の道を歩んできた重要な保障となり、日本は平和国家になった重要な保障である。しかし、現在、憲法九条の修訂に対して主要政党の意見は多岐になっている〔資料三〕。

日本政治概況

 注釈

1．**太政官制**：日本の明治維新政府に設けられた官庁名。1868年6月11日に公布された政体書に基づいて置かれた。翌1869年の官制改革で、民部省以下6省を管轄することとなった。後に、長官として太政大臣が置かれた。1885年、内閣制度が発足に伴い廃止された。
2．**立憲政体の詔書**：1875年、明治新政府の強化または征韓論による政府の分裂など政局行き詰まりを打開するため、大久保利通、木戸孝允、板垣退助らが大阪で会議を行い、立憲漸進の詔を発せられ、元老院、大審院の設置と地方官会議の開催などが実現された。
3．**ポツダム宣言**（Potsdam Declaration）：1945年7月26日にアメリカ合衆国大統領、イギリス首相、中華民国主席の名において日本に対して発された「全日本軍の無条件降伏」等を求めた全13か条から成る宣言。ソビエト連邦は後から加わり追認した。
4．**GHQ**：連合国軍最高司令官総司令部。戦後日本占領の管理機構。

 質問

1．新憲法三原則の歴史的意義？
2．戦後直後の所謂連合国とは何か？
3．占領統治の原則は何？

 思考問題

1．明治憲法と新憲法における立憲君主制の異同
2．改憲問題

豆知識（2）

憲法九条（憲法第2章）

〔戦争の放棄と戦力及び交戦権の否認〕

　第9条　日本国民は、正義と秩序を基調とする国際平和を誠実に希求し、国権の発動たる戦争と、武力による威嚇又は武力の行使は、国際紛争を解決する手段としては、永久にこれを放棄する。

　2　前項の目的を達するため、陸海空軍その他の戦力は、これを保持しない。国の交戦権は、これを認めない。

資料一

終戦の詔書

　朕深ク世界ノ大勢ト帝国ノ現状トニ鑑ミ非常ノ措置ヲ以テ時局ヲ収拾セムト欲シ茲ニ忠良ナル爾臣民ニ告ク

　朕ハ帝国政府ヲシテ米英支蘇四国ニ対シ其ノ共同宣言ヲ受諾スル旨通告セシメタリ

　抑々帝国臣民ノ康寧ヲ図リ万邦共栄ノ楽ヲ偕ニスルハ皇祖皇宗ノ遺範ニシテ朕ノ拳々措カサル所曩ニ米英二国ニ宣戦セル所以モ亦実ニ帝国ノ自存ト東亜ノ安定トヲ庶幾スルニ出テ他国ノ主権ヲ排シ領土ヲ侵スカ如キハ固ヨリ朕カ志ニアラス然ルニ交戦已ニ四歳ヲ閲シ朕カ陸海将兵ノ勇戦朕カ百僚有司ノ励精朕カ一億衆庶ノ奉公各々最善ヲ尽セルニ拘ラス戦局必スシモ好転セス世界ノ大勢亦我ニ利アラス加之敵ハ新ニ残虐ナル爆弾ヲ使用シテ頻ニ無辜ヲ殺傷シ惨害ノ及フ所真ニ測ルヘカラサルニ至ル而モ尚交戦ヲ継続セムカ終ニ我カ民族ノ滅亡ヲ招来スルノミナラス延テ人類ノ文明ヲモ破却スヘシ斯ノ如クムハ朕何ヲ以テカ億兆ノ赤子ヲ保シ皇祖皇宗ノ心霊ニ謝セムヤ是レ朕カ帝国政府ヲシテ共同宣言ニ応セシムルニ至レル所以ナリ

　朕ハ帝国ト共ニ終始東亜ノ解放ニ協力セル諸盟邦ニ対シ遺憾ノ意ヲ表セサルヲ得ス帝国臣民ニシテ戦陣ニ死シ職域ニ殉シ非命ニ斃レタル者及其ノ遺族ニ想ヲ致セハ五内為ニ裂ク且戦傷ヲ負ヒ災禍ヲ蒙リ家業ヲ失ヒタル者ノ厚生ニ至リテハ朕ノ深ク軫念スル所ナリ惟フニ今後帝国ノ受クヘキ苦難ハ固ヨリ尋常ニアラス爾臣民ノ衷情モ朕善ク之ヲ知ル然レトモ朕ハ時運ノ趨ク所堪ヘ難キヲ堪ヘ忍ヒ難キヲ忍ヒ以テ万世ノ為ニ太平ヲ開カムト欲ス

　朕ハ茲ニ国体ヲ護持シ得テ忠良ナル爾臣民ノ赤誠ニ信倚シ常ニ爾臣民ト共ニ在リ若シ夫レ情ノ激スル所濫ニ事端ヲ滋クシ或ハ同胞排擠互ニ時局ヲ乱リ為ニ大道ヲ誤リ信義ヲ世界ニ失フカ如キハ朕最モ之ヲ戒ム宜シク挙国一家子孫相伝ヘ確ク神州ノ不滅ヲ信シ任重クシテ道遠キヲ念ヒ総力ヲ将来ノ建設ニ傾ケ道義ヲ篤クシ志操ヲ鞏クシ誓テ国体ノ精華ヲ発揚シ世界ノ進運ニ後レサラムコトヲ期スヘシ爾臣民其レ克ク朕カ意ヲ体セヨ

　御名御璽
　昭和二十年八月十四日

内閣総理大臣	男爵	鈴木貫太郎
海軍大臣		米内光政
司法大臣		松阪広政
陸軍大臣		阿南惟幾
軍需大臣		豊田貞次郎
厚生大臣		岡田忠彦
国務大臣		桜井兵五郎
国務大臣		左近司政三
国務大臣		下村宏
大蔵大臣		広瀬豊作

文部大臣	太田耕造
農商大臣	石黒忠篤
内務大臣	安倍源基
外務大臣兼大東亜大臣	東郷茂徳
国務大臣	安井藤治
運輸大臣	小日山直登

出典：http://ja.wikipedia.org/wiki/（玉音放送）

資料二

自民党『日本国憲法改正草案』の概要

（前文）
　国民主権、基本的人権の尊重、平和主義の三つの原則を継承しつつ、日本国の歴史や文化、国や郷土を自ら守る気概などを表明。

（第1章　天皇）
・天皇は元首であり、日本国及び日本国民統合の象徴。
・国旗は日章旗、国歌は君が代とし、元号の規定も新設。

（第2章　安全保障）
・平和主義は継承するとともに、自衛権を明記し、国防軍の保持を規定。
・領土の保全等の規定を新設。

（第3章　国民の権利及び義務）
・選挙権（地方選挙を含む）について国籍要件を規定。
・家族の尊重、家族は互いに助け合うことを規定。
・環境保全の責務、在外国民の保護、犯罪被害者等への配慮を新たに規定。

（第4章　国会）
・選挙区は人口を基本とし、行政区画等を総合的に勘案して定める。

（第5章　内閣）
・内閣総理大臣が欠けた場合の権限代行を規定。
・内閣総理大臣の権限として、衆議院の解散決定権、行政各部の指揮監督権、国防軍の指揮権を規定。

（第6章　司法）
・裁判官の報酬を減額できる条項を規定。

（第7章　財政）
・財政の健全性の確保を規定。

（第8章　地方自治）
・国及び地方自治体の協力関係を規定。

（第9章　緊急事態）
・外部からの武力攻撃、地震等による大規模な自然災害などの法律で定める緊急事態において、内閣総理大臣が緊急事態を宣言し、これに伴う措置を行えることを規定。
（第10章　改正）
・憲法改正の発議要件を衆参それぞれの過半数に緩和。
（第11章　最高法規）
・憲法は国の最高法規であることを規定。

出典：自民党ホームページ（自民党の活動/「憲法改正法案」を発表）

資料三

各主要政党憲法9条修訂に関する意見一覧

政党	賛否	意見　（2013年6月時点）
自民党	賛成	改正の上で集団的自衛権、国防軍の保持を明記、天皇を元首とする。
民主党	不明	「制約された自衛権」明確化。賛成から反対まで幅広い。
日本維新の会*	賛成	自衛のための戦力保持を明確にする。
公明党	反対	改憲の必要なし。自衛隊の存在や国際貢献の在り方の項目を追加する「加憲」を検討中。
みんなの党*	賛成	自衛権の明確化の為に何かの立法措置必要。
生活の党*	慎重	自衛隊の憲法上の在り方の議論が必要ある。
共産党	反対	憲法を堅持する。
社民党	反対	改憲の必要なし。自衛隊も縮小する。

*2014年9月21日に日本維新の会が維新の党へ党名を変更。
*2014年にみんなの党は解党。
*2014年に生活の党は「生活の党と山本太郎となかまたち」を改名。

出典：http://ja.wikipedia.org/wiki/憲法改正論議（「9条改正めぐり賛否＝各党が見解、集団的自衛権も論議－衆院憲法審」時事通信2012年5月31日、「自維み、9条改正主張＝衆院憲法審も再開」時事通信2013年3月14日）

第二章 主要漢字名詞の読み方

有栖川宮熾仁親王〔ありすがわのみやたるひとしんのう〕	自衛権〔じえいけん〕
威嚇〔いかく〕	重光葵〔しげみつまもる〕
板垣退助〔いたがきたいすけ〕	幣原喜重郎〔しではらきじゅうろう〕
伊藤博文〔いとうひろぶみ〕	象徴天皇制〔しょうちょうてんのうせい〕
井上毅〔いのうえたけし〕	詔勅〔しょうちょく〕
岩倉具視〔いわくらともみ〕	枢密院〔すうみついん〕
穢多非人〔えたひにん〕	政府見解〔せいふけんかい〕
江藤新平〔えとうしんぺい〕	副島種臣〔そえじまたねおみ〕
王政復古〔おうせいふっこ〕	太政官〔だいじょうかん〕
大久保利通〔おおくぼとしみち〕	大政奉還〔たいせいほうかん〕
大隈重信〔おおくましげのぶ〕	勅語〔ちょくご〕
官撰〔かんせん〕	勅諭〔ちょくゆ〕
希求〔ききゅう〕	勅許〔ちょっきょ〕
木戸孝允〔きどたかよし〕	天地神明〔てんちしんめい〕
欽定〔きんてい〕	徳川慶喜〔とくがわよしのぶ〕
公家〔くげ〕	廃藩置県〔はいはんちけん〕
黒田清隆〔くろだきよたか〕	幕藩体制〔ばくはんたいせい〕
原爆〔げんばく〕	版籍奉還〔はんせきほうかん〕
建白書〔けんぱくしょ〕	東久邇宮〔ひがしくにのみや〕
交戦権〔こうせんけん〕	罷免〔ひめん〕
五箇条の御誓文〔ごかじょうのごせいもん〕	文民統制〔ぶんみんとうせい〕
国権〔こっけん〕	弁護士〔べんごし〕
後藤象二郎〔ごとうしょうじろう〕	輔弼〔ほひつ〕
近衛文麿〔このえふみまろ〕	松本烝治〔まつもとじょうじ〕
左院〔さいん〕	民撰〔みんせん〕
薩長藩閥〔さっちょうはんばつ〕	陸海空軍〔りくかいくうぐん〕
	立憲君主制〔りっけんくんしゅせい〕

第三章　天皇

第一節　象徴天皇制

1．新憲法下の象徴天皇制

　新憲法第1条では「天皇は、日本国の象徴であり日本国民統合の象徴であつて、この地位は、主権の存する日本国民の総意に基く。」とされたが、国家元首としての地位は新憲法に明記されていない。

　第二次世界大戦後、連合国(UN)〔注釈1〕の間では天皇を、枢軸国の国家元首として処罰し、君主制を廃止すべきだという意見が強かった。一方、日本政府が天皇制維持を強く唱え、マッカーサー元帥・連合国軍最高司令官総司令部(GHQ/SCAP)は、日本の占領行政を円滑に進めるため、また所謂共産主義に対する防波堤という理由で君主制を存続させた。そのため歴史上では、昭和天皇の戦争責任問題が残されている。

2．今上天皇と天皇の国事行為

　天皇は、歴史的には日本の君主であり、統治権総攬者であり、新憲法においては天皇の象徴性を定めた。今上天皇(現在の在位天皇)は明仁といい、現在の年号は平成となる。

国事行為の範囲

（1）国会の指名に基づく内閣総理大臣の任命。
（2）内閣の指名に基づく最高裁判所長官の任命。
（3）憲法改正、法律、政令及び条約の公布。
（4）国会の召集。
（5）衆議院の解散。
（6）国会議員の総選挙の施行の公示。
（7）国務大臣や、その他の官吏の任免の認証。
（8）外国への全権委任状、特命全権大使・公使の信任状の認証。
（9）大赦、特赦、減刑、刑の執行の免除及び復権の認証。

> (10)栄典の授与。
> (11)批准書、条約など外交文書の認証。
> (12)外国の大使、公使の接受。
> (13)儀式を行うこと。

　天皇は、国政には関与できなく、憲法で定められた国事行為しか行なわれない。国事行為とは、形式的な行為であり、内閣の助言と承認を必要とし、何か問題があった場合には内閣が責任をとる。

第二節　天皇の起源

1. 天照大神と天皇

　天皇の発祥時期　日本の最も古い伝説書の『古事記』・『日本書紀』によると、紀元前660年に神武天皇は日本の初代天皇として即位したという神武天皇発祥説があるが、現在の歴史学においては天皇の発祥時期について明確な結論が出されていない。

　6世紀前半に即位した継体天皇以降、今上天皇に至るまでの皇室系譜は信憑性が高いという説が主とする。中国史書における天皇に関する最初の記載には、7世紀の『隋書』倭人伝における日本の国書に使った「日出ずる処の天子」という言葉がある。

　天照大神　『日本書紀』では、天照大神（天照大御神）は皇室の祖神で、日本神話の高天原の主神である太陽の女神であって、光と秩序をもたらす天に居て照らす神の意である。その本名を大日孁貴尊として、そのうち大と貴尊は美称であるため、実際の名は「日孁」の二文字である。日は字面通り太陽を意味し、孁は巫女のことである。つまり日孁とは日の巫女のことであり、ずばり言えば「ヒミコ」である。

　神道における皇祖神の天照大神は、太陽や太陽神を祀る巫女のことであり、伊勢神宮〔注釈2〕の内宮の主祭神であり、日の巫女と呼ばれていたので、日の巫女説の根拠とされる。

　天照大神伝説の由来　日本の神話伝説によると、創造神である伊邪那岐命（伊弉諾尊）が黄泉の国から逃げ戻り、穢れた身を清めるために筑紫の日向の橘の小門の阿波岐原で、左目を洗ったときに天照大神が生まれた。伊邪那岐命が右目を洗ったときに生まれた月読命と、鼻を洗ったときに生まれた須佐之男命の二柱は天照大神の弟であり、この二柱と並んで三貴子と呼ばれる。

　天孫降臨伝説　天照大神には多くの子供がいるが、このうち天忍穂耳命がい

出典:伊勢神宮ホームページ(皇大神宮 [内宮])

て、この神にもまた子供がいる。伝説ではこの内の一柱の邇邇芸命が天孫降臨した。もう一柱は火明命とされる。そして邇邇芸命の曾孫が神武天皇である。現在の皇族の地位は、親を辿れば天照大神に至るという。

三種の神器

> 天皇の位を示す三種の神器は天皇家に代々伝えられてきた八坂瓊勾玉、八咫鏡、草薙剣である。

八坂瓊勾玉は大きな勾玉で愛を表しており、八咫鏡（伊勢神宮の皇大神宮の御神体となっている）は大きな鏡で誠を表しており、草薙剣（熱田神宮の御神体となっている）は勇気を表わす。

皇祖神の天照大神の孫の邇邇芸命を始めとする天神は天孫降臨の際に三種の神器を持ち、高天原から葦原中国に降り立ち、日本の統治者となったと言われるので、この邇邇芸命が現在の天皇や皇族の始祖とされている。

２．天皇と宗教

多くの日本国民が仏教と神道の習慣と信仰を両立させているように、皇室も神道の祭祀と仏教の行事を共に行っていた。

三種の神器のイメージ
出典：http://ja.wikipedia.org/wiki/三種の神器

皇室〔資料一〕の神道色が強まったのは、朝廷の復権を志向して光格天皇（1779—1817年在位）が行った宮中祭祀の復活によってであり、それまではむしろ仏教色が強かった。明治天皇の代で行われた神仏分離や神道国教化に伴い、皇室と神道の直接的な関係が強くなった。

現人神　古来より天皇の神格性は多岐に渡って主張されたが、明治維新以前の尊皇攘夷・倒幕運動と相まって、『古事記』『日本書紀』等の記述を根拠とする天皇の神格性は、現人神として言説化された。また、日本の国学者が構想していた祭政一致の具現化の過程では、天皇が「神道を司る一種の教主的な存在」としても位置づけられた。

「三条ノ教則」　明治初期、神仏儒合同で行われた教部省〔注釈3〕による国民教導では、「三条ノ教則」が設定された。この「三条ノ教則」を巡る解説書は多数が出され、中には「神孫だから現人神と称し奉る」とする例が複数存在した。

「三条ノ教則」の主旨

> （１）「敬神愛国の旨を体すべきこと」
> （２）「天地人道を明らかにすべきこと」
> （３）「皇上を奉戴し朝旨〔注釈4〕を遵守せしむべきこと」

政教分離　明治憲法下では、神社を公法人とし神官〔注釈5〕を官吏としたりして神道が国家の宗教となり、信教の自由を抑圧した。これに対して、新憲法第20条3項で「いかなる

宗教団体も、国から特権を受け又は政治上の権力を行使してはならない」という政教分離規定が入れられた。GHQによる神道への危険視は、神国・現人神・聖戦などの思想が対象となっており、昭和天皇が1946年に発した「新日本建設に関する詔書」(通称「人間宣言」〔注釈6〕)もこのような背景で出されたものと考えられている。

　皇室と神道　現在では、政教分離の性質上、皇室と神道があからさまに結びつくことは好ましくないが、宮中祭祀〔資料二〕にも見られるように、歴史的事実として皇室と神道は密接なかかわりを持つ。また、神道の信仰の対象としての天皇(その祖先神を含む)の存在が見られる。

(宮中祭祀) 出典：http://image.search.yahoo.co.jp/search?ei=UTF-8&fr=top_lt2

第三節　天皇制の歴史

　天皇の実質的な統治権を行使していた期間は、天皇の存在していた期間と比べると短く、ほとんどが天皇以外の貴族や武家、官僚などによって行使されていた。

1. 天皇制の概念

　天皇制　天皇を象徴とする日本の政治体制について、現在は一般にも学術的にも「天皇制」が広く用いられているが、この言葉はコミンテルン〔注釈7〕が最初に使い始めた用語であるとして日本では忌避されているようで、従来は国体と称された。

　大王と大王家　歴史学上、天皇制は古墳時代(紀元300—600年頃)に見られた大和王権の「大王」に由来すると考えられている。3世紀中期に見られる前方後円墳の登場は統一政権の成立を示唆しており、このときに成立した大王家が天皇の祖先だと推測される。

　大王家の出自については、弥生時代の邪馬台国の卑弥呼の系統を大王家の祖先とする卑弥呼系統説、大王家祖先の王朝は4世紀に成立したとする説、朝鮮半島から突入してきた説など多くの説が提出されており定まっていない。当初の大王は軍事的な側面だけではなく、祭祀的な側面も持っていたと言われる。

2. 律令制下の古代天皇制

　大化の改新　7世紀後半から唐の政治体制に倣った律令制の導入が進められた。645年(大化元年)、中臣鎌足(のち藤原鎌足)は中大兄皇子と図り、蘇我蝦夷・蘇我入鹿父子を滅ぼした。中大兄皇子は新たに即位した孝徳天皇のもとで皇太子となり、新しい政府を作って国政の改革に乗り出した。646年、改新の詔を発して、公地公民制、中央集権政治体制、班田収授法、税制などの4か条を示した。これによって天皇を中心とした中央集権国

家の体制が形成された。

大宝律令 文武天皇のとき、701年に大宝律令が完成し、これによって律令制が確立された。国号(日本)と元号(大宝)が正式に定められ、歴代天皇に漢風諡号が一括撰進された。こうして天皇を中心とした中央集権制が確立された。

摂関政治 9世紀ごろから貴族層が実質的な政治意思決定権を次第に掌握するようになっていった。10世紀には貴族層のなかでも天皇と強い姻戚関係を結んだ藤原氏(藤原北家)が政治意思決定の中心を占める摂関〔注釈8〕政治が成立した。

院政 11世紀末になると天皇家の家督者たる上皇が実質的な国王(治天の君)として君臨し、政務に当たる院政が始まった。天皇位にある間は制約が多かったものの、譲位して上皇となると、自由な立場になり君主としての実権を得た。院政を支えたのは中級貴族層であり、藤原氏(摂関家)の地位は相対的に低下した。

3．公武両立下の中世天皇制

鎌倉に武家政権が成立すると、天皇・上皇を中心とした朝廷と将軍を中心とした幕府とによる二重政権の様相を呈した。

公家政権の衰え 1221年に承久の乱〔注釈9〕では幕府側が勝利を収めた。これによって京都の公家政権が衰え、幕府政権が確立された。とりわけ鎌倉幕府成立後は武家の棟梁の一族が代々世襲で征夷大将軍に就任し、少なくとも基本的に内政や外交では日本の最高権力者として君臨してきた。

建武の新政 1333年、後醍醐天皇が鎌倉幕府を倒して天皇親政政治が実現された。律令政治の再建を唱えて公武合体の新政府を樹立し、翌年の1334年に建武元年と改元したが、論功行賞と土地関係訴訟の処理に適正を欠き、大内裏(宮城)の造営、貨幣の発行を企てて課税は増大したなかで、武家の棟梁たる足利尊氏が諸国の武士を糾合して反し、新政府はわずか2年半で崩壊し南北朝に分裂した内乱時代を迎えた。

近世における天皇の地位 近世に入ると、織田信長、豊臣秀吉も天皇の存在や権威を否定せず、政治に利用することによって自らの権威を高めていった。江戸幕府のもとでも天皇の権威は温存されたが、「天子諸芸能ノ事、第一御学問也」とする禁中並公家諸法度〔資料三〕が定められ、朝廷の立場は大きく制約されることになった。

紫衣事件〔注釈10〕などにみられるように、天皇家には年号の勅定などを僅かな例外として政治権力はほとんどなかった。幕府が学問に儒学の朱子学を採用したことから、覇者である徳川家より「みかど」が正当な支配者であるという尊王論が水戸徳川家(水戸藩)を中心として盛んになった。

天皇の権威性 天皇は日本の歴史において君主として重要な権威を有してきた。天皇の地位が幕府の権力者によって廃されたことはなく、時の権力者も形式上はその権威を尊重し、それを背景に地位についていたことが多い。例えば全国に支配権を敷いていた武家政権の棟梁である征夷大将軍への就任も、形式上は天皇の宣下によって行われることになっており、その権力者は天皇の権威を利用し、その政敵を朝敵(天皇の敵)などに指定させ、その統治権を正当化することが多かった。

4．明治憲法下の天皇制

一君万民思想　幕末になると、天皇は討幕運動の中心にまつりあげられた。尊王攘夷論は、天皇を中心とした政治体制を築き、対外的に独立を保とうという政治思想となり、幕末の政治状況を大きく揺るがせた。

近代国家としての日本を創成していくには、幕府と朝廷の両立体制は不都合であったが故の倒幕運動であり、天皇を中心とする強力な君主国家を築いていきたい明治新政府の意向とも一致したため、天皇を祭政の両面で頂点とする思想が形成され、吉田松陰の唱えた一君万民思想は幕府の権威を否定するイデオロギーともなった。

立憲君主制　江戸幕府が倒れ、明治の新政府による中央集権体制が創られた。新政府は不平を持つ士族の反乱や自由民権運動への対応のなかから、議会制度の必要性を認識して、ヨーロッパの立憲君主国は近代的な国家体制のモデルになった。

元首の明文化　明治憲法第1条で、「大日本帝國ハ萬世一系ノ天皇之ヲ統治ス」、第3条で「天皇ハ神聖ニシテ侵スヘカラス」と定められており、第4条で「天皇ハ国ノ元首ニシテ統治権ヲ総攬シ此ノ憲法ノ条規ニ依リテ之ヲ行フ」明確に「元首」と規定されていた。

明治憲法による天皇の主要権力

> （1）国家元首で統治権を総攬する。
> （2）陸海軍（＝軍隊）を統帥する。
> （3）帝国議会の協賛を以って立法権を行う。
> （4）国務大臣によって輔弼される。
> （5）司法権はその名において法律により裁判所が行う。

皇室典範　明治憲法と同時に制定された皇室典範[注釈11]は、天皇制確立の基本法で、皇位継承、践祚、即位など12章からなる。内閣や国会も改廃できない「皇室の家法」とされ、天皇は国民統治の神権的機関として利用されるようになる。

5．明治憲法下天皇制理論の分岐

万世一系説　明治憲法（第1条）では、「大日本帝国は万世一系の天皇之を統治す」というように、明治憲法の理論的思想基礎となっている。王権論からみる場合、天皇家は万世一系だと言いながら、政治史からみた天皇制にはその持続性がないと主張する学者がいる。新憲法では万世一系という表現が削除された。

民本主義　大正時代、二度にわたる憲政擁護運動[注釈12]を経て、大正デモクラシーと言われるように言論界も活況を呈するようになる。大正デモクラシーの時期には、君主制を自由主義的に解釈する吉野作造の民本主義[注釈13]なども現れた。

天皇機関説　1925年には普通選挙法と同時に治安維持法が公布され、国体の変革を包含する言論や運動が禁止された。1935年、美濃部達吉はそれまで学会で主流だった天皇機関説[注釈14]を主張したことで貴族院で攻撃され、著書は発禁処分となり不敬罪で告訴され、貴族院議員の職を辞した。政府や軍の活動に対する世論の批判を抑える目的とし

て天皇の存在が利用されることとなった。

６．明治憲法下天皇制政治の弊害

軍部の独走　1929年に始まった経済不況である世界恐慌の後、1932年の五・一五事件〔注釈15〕と1936年の二・二六事件〔注釈16〕を踏まえ、軍部が台頭し天皇の存在を利用する。明治憲法において軍の統帥権は、政府ではなく天皇にあると定められていることを理由に、関東軍は政府や軍の方針を無視し「満洲事変」等を引き起こし、さらに軍部は中国を初め、アジアへの侵略を引き起こした。

天皇神格化の頂点　20世紀30年代から、軍部は天皇の神聖不可侵を強調し、政府に圧力を加え軍部大臣現役武官制や統帥権干犯問題〔注釈17〕、国体明徴声明〔注釈18〕を通じて勢力を強めていく。1938年の国家総動員法が発令された頃より、現人神と神格化され、天皇を中心とした戦時体制が作られた。この頃には、津田左右吉らの日本古代史学者が、神話は歴史的事実とは異なるとしただけで職を追われるようになった。

 注釈

1. **連合国(UN)**：第二次世界大戦で、独、伊、日の侵略政策に対抗した英、仏、米、中、ソ連など国家群を指し、戦後の国際連合の枠組みとなった。連合国と国連の英語(United Nations)などでは同じ表記である。
2. **伊勢神宮**：三重県伊勢市にある皇大神宮(内宮)と豊受神宮(外宮)の総称である。祭神は、内宮が天照大神で、三種の神器の一つの八咫鏡を神体とし、外宮は豊受大神である。
3. **教部省**：1872年に設立された神道国教化政策を推進した機関、国民の思想統制を企てたが1877年に遂行されず内務省に併合された。
4. **朝旨**：天皇の命令や指示を指す。
5. **神官**：神職ともいう。伊勢神宮に奉仕する職員。
6. **「人間宣言」**：1946年1月1日、天皇は人間宣言を発して、神話的な皇祖の神勅を絶対として天皇自らの神格化を否定し、天皇制を改革した。
7. **コミンテルン**：英語は Comintern、1919—1943年まで存在した共産主義政党による国際組織である。別名第二インターナショナル。
8. **摂関政治**：摂政と関白。摂政は天皇が幼少か女帝のとき、天皇に代わって国政を行う職で、関白は天皇が助けて国政を統制する官である。
9. **承久の乱**：鎌倉幕府の成立によって打撃をうけた公家勢力は、権力回復を企て後鳥羽上皇を中心に北条義時追討の兵を起こして失敗した事件である。
10. **紫衣事件**：1627年、江戸前期、後水尾天皇が譲位する原因となった事件。寺の住職に紫衣を勅許していたのを、幕府は諸宗寺院法度禁中並公家諸法度に照らして無効とし抗議した。これにより、朝廷に対する幕府の優越が明確になった。
11. **皇室典範**：1947年1月16日法律第3号は、新憲法第2条及び第5条に基づき、皇位継承及び摂政に関する事項を中心に規律した皇室に関する法律である。
12. **憲政擁護運動**：大正時代、政党内閣による立憲政治擁護を目指した国民的政治運動である。軍閥、藩閥政権から政権を奪うため世論が起こし、閥族打破、憲法擁護を主張した。

13. **民本主義**：大正時代のデモクラシー思想である。吉野作造が主唱し、天皇君主制を認めながら憲政利用の実際面で民主主義思想を導入しようとした。
14. **天皇機関説**：美濃部達吉（東京帝国大学名誉教授・帝国学士院会員、貴族院議員）の天皇機関説は明治憲法下で確立された憲法学説で、統治権は法人たる国家にあり、天皇はその最高機関として統治権を行使すると説いたものである。
15. **五・一五事件**：1932年5月15日、海軍青年将校を中心とするクーデターである。陸海軍下級将校を中心とする急進派は、特権階級、財閥、政党を打倒して軍部独裁政権の樹立を企て、愛郷塾などの農村青年、大川周明らの右翼団体とも結んで首相官邸、立憲政友会本部、警視庁などを襲撃し犬養毅首相を殺害した。
16. **二・二六事件**：1936年2月26日—29日、陸軍のクーデターである。皇道派青年将校が部隊を率いて首相官邸、警視庁などを襲撃し、東京の中枢部たる永田町一帯を占領して軍部独裁政権の出現を期した。首相岡田啓介は危く難を逃れたが、蔵相高橋是清、内大臣齋藤実、教育総監渡辺錠太郎は殺害され、侍従長鈴木貫太郎は重傷を負った。
17. **統帥権干犯問題**：1930年、ロンドン海軍軍縮条約批准に際して起こった問題である。海軍軍令部は海軍の承認なしに常備軍兵力削減を含む条約に調印したことは天皇の統帥権を犯すものであると唱え、与党の立憲民主党政府は攻撃され首相浜口雄幸は右翼青年に狙撃されるに至った。これより軍国主義宣伝の好機となり、軍部、右翼勢力が台頭されるようになった。
18. **国体明徴声明**：1935年、東京大学教授美濃部達吉の「国家を法人とみ、主権は国家にあり、天皇は国家統治の機関である」という天皇機関説をめぐる政治問題で、政府は二度にわたって国体明徴声明を発して天皇機関説を排撃して、軍部急進派の進出と思想統制への道を開いた。

質問

1．国体とは何を指すか？
2．「天皇機関説」の主張は何か？

思考問題

1．天皇が「現人神」になった根拠
2．「王権」と「政権」

豆知識（3）

唐に倣った『大宝律令』

　701年（大宝1年）に文武天皇の命令によって、刑部親王・藤原不比等らは唐の律令を倣って律6巻、令11巻の『大宝律令』が日本古代国家の基本法典として制定された。

　これは、7世紀以来の諸制度の法的整備を示し、757年、『養老律令』施行までの本格的な刑法（律）、行政法（令）の制度である。『大宝律令』の原文は現存しないが、それを継承した『養老律令』の注釈書『令集解』などによりその一部が知られるとされている。しかし、『大宝律令』が現存しない為かなり不明な点も多くある。

　唐の律令制は、「三省六部」で、皇帝に直属する3つの省が配下の6部を通して皇帝の命令を

実行する形式である。日本の律令制では、行政を行う太政官と祭祀を行う神祇官とに分け、太政官の下に中務省・式部省・治部省・民部省・大蔵省・刑部省・宮内省・兵部省という8つの省を置く「二官八省」の官僚機構を設置し、中央集権統治体制が成立された。

「二官八省」の官僚機構により、戸籍制度や地方制度、班田収授法などの制度を始められた。地方官制については、国・郡・里などの単位が定められ(国郡里制)、中央政府から派遣される国司には多大な権限を与える一方、地方豪族がその職を占めていた郡司にも一定の権限が認められていた。

『養老律令』は757年(天平宝字元年)に施行された基本法令。構成は、律10巻12編、令10巻30編。大宝律令に続く律令として施行され、古代日本の政治体制を規定する根本法令として機能した。平安時代に入ると現実の社会・経済状況と齟齬をきたし始め、平安時代には格式の制定などによってこれを補ってきたが、遅くとも平安中期までにほとんど形骸化した。廃止法令は特に出されず、形式的には明治維新期まで存続した。因みに、制定内容の資料が未発見である『大宝律令』は、この『養老律令』から学者らが内容を推測して概要を捉えている。

資料一

今の天皇と皇室構成

皇室は、天皇と皇族で構成されている。これらは、内廷にある人々と、それ以外の宮家の皇族とに分かれている。

現在、内廷にある人々は、天皇(明仁〔あきひと〕、1933年12月23日生まれて、1989年1月7日即位)、皇后(美智子〔みちこ〕)、皇太子(徳仁〔なるひと〕)、皇太子妃(雅子〔まさこ〕)、敬宮〔としのみや〕(愛子〔あいこ〕内親王)の5人である。

また、宮家〔みやけ〕の皇族は、秋篠宮〔あきしののみや〕(5人)、常陸宮〔ひたちのみや〕(2人)、三笠宮〔みかさのみや〕(5人)、高円宮〔たかまどのみや〕(3人)の各宮家の15人である。皇室にはいずれも氏姓はない。

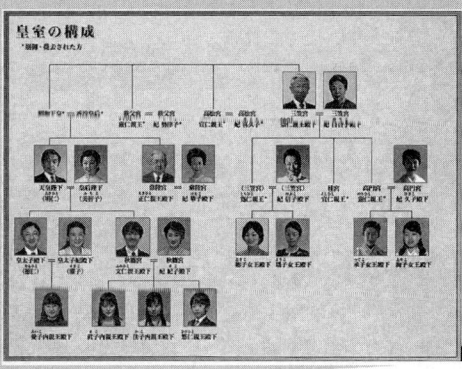

出典:宮内庁ホームページ(皇室の構成図2015年4月1日現在)

資料二

宮中祭祀の主要祭儀一覧

月日	祭儀	内容
1月1日	四方拝（しほうはい）	早朝に天皇が神嘉殿南庭で伊勢の神宮、山陵および四方の神々をご遙拝になる年中最初の行事
	歳旦祭（さいたんさい）	早朝に三殿で行われる年始の祭典
1月3日	元始祭（げんしさい）	年始に当たって皇位の大本と由来とを祝し、国家国民の繁栄を三殿で祈られる祭典
1月4日	奏事始（そうじはじめ）	掌典長が年始に当たって、伊勢の神宮および宮中の祭事のことを天皇に申し上げる行事
1月7日	昭和天皇祭（しょうわてんのうさい）	昭和天皇の崩御相当日に皇霊殿で行われる祭典（陵所においても祭典がある。）夜は御神楽がある。
1月30日	孝明天皇例祭（こうめいてんのうれいさい）	孝明天皇の崩御相当日に皇霊殿で行われる祭典（陵所においても祭典がある。）
2月17日	祈年祭（きねんさい）	三殿で行われる年穀豊穣祈願の祭典
春分の日	春季皇霊祭（しゅんきこうれいさい）	春分の日に皇霊殿で行われるご先祖祭
	春季神殿祭（しゅんきしんでんさい）	春分の日に神殿で行われる神恩感謝の祭典
4月3日	神武天皇祭（じんむてんのうさい）	神武天皇の崩御相当日に皇霊殿で行われる祭典（陵所においても祭典がある。）
	皇霊殿御神楽（こうれいでんみかぐら）	神武天皇祭の夜、特に御神楽を奉奏して神霊をなごめる祭典
6月16日	香淳皇后例祭（こうじゅんこうごうれいさい）	香淳皇后の崩御相当日に皇霊殿で行われる祭典（陵所においても祭典がある。）
6月30日	節折（よおり）	天皇陛下のために行われるお祓いの行事
	大祓（おおはらい）	神嘉殿の前で、皇族をはじめ国民のために行われるお祓いの行事
7月30日	明治天皇例祭（めいじてんのうれいさい）	明治天皇の崩御相当日に皇霊殿で行われる祭典（陵所においても祭典がある。）
秋分の日	秋季皇霊祭（しゅうきこうれいさい）	秋分の日に皇霊殿で行われるご先祖祭
	秋季神殿祭（しゅうきしんでんさい）	秋分の日に神殿で行われる神恩感謝の祭典
10月17日	神嘗祭（かんなめさい）	賢所に新穀をお供えになる神恩感謝の祭典。この朝天皇陛下は神嘉殿において伊勢の神宮をご遙拝になる。

11月23日	新嘗祭（にいなめさい）	天皇陛下が，神嘉殿において新穀を皇祖はじめ神々にお供えになって，神恩を感謝された後，陛下自らもお召し上がりになる祭典。宮中恒例祭典の中の最も重要なもの。天皇陛下自らご栽培になった新穀もお供えになる。
12月中旬	賢所御神楽（かしこどころみかぐら）	夕刻から賢所に御神楽を奉奏して神霊をなごめる祭典
12月23日	天長祭（てんちょうさい）	天皇陛下の誕生日を祝して三殿で行われる祭典
12月25日	大正天皇例祭（たいしょうてんのうれいさい）	大正天皇の崩御相当日に皇霊殿で行われる祭典（陵所においても祭典がある。）
12月31日	節折（よおり）	天皇陛下のために行われるお祓いの行事
	大祓（おおはらい）	神嘉殿の前で，皇族をはじめ国民のために行われるお祓いの行事

出典：宮内庁ホームページ（皇室/宮中祭祀/主要祭儀一覧）

資料三

禁中並公家諸法度

全文は17条からなり，その内容は武家諸法度と異なり，幕末まで変わらなかった。1条から12条が天皇家および公家が厳守すべき諸規定，13条以下が僧の官位についての諸規定となっている。原本は1661年2月14日（万治四年1月15日）の御所火災で焼失し，その後副本を元にして復元された。また，公家などの写本もいくつも存在するものの，現存する本によって細かい語句などで違いがある。

法条	主な内容	原文・現代語（略訳）
第1条	天皇の主務	一　天子諸藝能之事、第一御學問也。不學則不明古道、而能政致太平者未之有也。貞觀政要明文也。寛平遺誠、雖不窮經史、可誦習群書治要云々。和歌自光孝天皇未絶、雖爲綺語、我國習俗也。不可棄置云々。所載禁秘抄御習學專要候事。 （天子が修めるべきものの第一は学問である。以下略。）
第2条	三公（太政大臣、左大臣、右大臣）の座次	一　三公之下親王。（以下略）

第3条	清華家の大臣辞任後の座次	一　清花之大臣、辭表之後座位、可爲諸親王之次座事。
第4条	摂関の任免	一　雖爲攝家、無其器用者、不可被任三公攝關。況其外乎。 （摂関家の生まれであっても、才能のない者が三公（太政大臣、左大臣、右大臣）・摂政・関白に任命されることがあってはならない。ましてや、摂関家以外の者の任官など論外である。）
第5条		一　器用之御仁躰、雖被及老年、三公攝關不可有辭表。但雖有辭表、可有再任事。 （能力のある三公・摂政・関白が高齢だといえども辞めてはならない。ただし、辞任したとしても、再任は有るべきである。）
第6条	養子	一　養子者連綿。但、可被用同姓。女縁其家家督相續、古今一切無之事。
第7条	武家官位	一　武家之官位者、可爲公家當官之外事。 （公家の官位は、武家の官位とは別のものとする。）
第8条	改元	一　改元、漢朝年號之内、以吉例可相定。但、重而於習禮相熟者、可爲本朝先規之作法事。 （改元は、中国の年号から良いものを選ぶべきである。ただし、今後（担当者が）習礼を重ねて相熟むようになれば、日本の先例によるべきである。）
第9条	天子以下諸臣の衣服	一　天子禮服、大袖、小袖、裳、御紋十二象（以下略）
第10条	諸家昇進の次第	一　諸家昇進之次第、其家々守舊例可申上。（以下略）
第11条	関白や武家伝奏などの申渡違背者への罰則	一　關白、傳奏、并奉行職事等申渡儀、堂上地下輩、於相背者、可爲流罪事。 （関白・武家伝奏・奉行職が申し渡した命令に堂上家・地下家の公家が従わないことがあれば流罪にするべきである。）
第12条	罪の軽重の名例律准拠	一　罪輕重可被守名例律事。
第13条	摂家門跡の座次	一　攝家門跡者、可爲親王門跡之次座。（以下略）

第14条	僧正、門跡、院家の任命叙任	一　僧正大、正、權、門跡院家可守先例。至平民者、器用卓抜之仁希有雖任之、可爲准僧正也。但、國王大臣之師範者各別事。
第15条		一　門跡者、僧都大、正、少、法印任叙之事。院家者、僧都大、正、少、權、律師法印法眼、任先例任叙勿論。但、平人者、本寺推擧之上、猶以相選器用、可申沙汰事。
第16条	紫衣の寺住持職	一　紫衣之寺住持職、先規希有之事也。近年猥勅許之事、且亂臈次、且汚官寺、甚不可然。於向後者、撰其器用、戒臈相積、有智者聞者、入院之儀可有申沙汰事。 （紫衣を許される住職は以前は少なかった。しかし、近年はみだりに勅許が行われて（紫衣の）席次を乱しており、ひいては寺院の名を汚すこととなり、大変よろしくない。今後は（当人の能力をもって）紫衣を与えるべきかどうかを良く選別し、その住職が紫衣を与えるに相応しい住職であることを確かめた上で、紫衣を与えるべきである。）
第17条	上人号	一　上人號之事、碩學之輩者、本寺撰正權之差別於申上者、可被成勅許。但、其仁躰、佛法修行及廿箇年者可爲正、年序未滿者、可爲權。猥競望之儀於有之者、可被行流罪事。
	末文、作成年月日、署名花押	右可被相守此旨者也。 （このむねをあいまもらるべきものなり） 慶長廿年乙卯七月日 （慶長20年7月） 昭　實（花押） 秀　忠（花押） 家　康（花押）

出典：http://ja.wikipedia.org/wiki/禁中並公家諸法度

第三章 主要漢字名詞の読み方

明仁〔あきひと〕	公武合体〔こうぶがったい〕
足利尊氏〔あしかがたかうじ〕	国体明徴〔こくたいめいちょう〕
葦原中国〔あしわらのなかつくに〕	後醍醐天皇〔ごだいごてんのう〕
熱田神宮〔あつたじんぐう〕	近衛文麿〔このえふみまろ〕
天照大神・天照大御神〔あまてらすおおみかみ〕	三種の神器〔さんしゅのじんぎ〕
天忍穂耳命〔あめのおしほみみのみこと〕	自由民権運動〔じゆうみんけんうんどう〕
現人神〔あらひとがみ〕	承久の乱〔じょうきゅうのらん〕
阿波巷原〔あわちまたはら〕	上皇〔じょうこう〕
伊邪那岐命・伊弉諾尊〔いざなぎのみこと〕	昭和天皇〔しょうわてんのう〕
大王家〔おおきみけ〕	神官〔しんかん〕
大日孁貴尊〔おおひるめむちのみこと〕	神道国教化〔しんとうこっきょうか〕
小門〔おかど〕	神仏分離〔しんぶつぶんり〕
織田信長〔おだのぶなが〕	神武天皇〔じんむてんのう〕
祖神〔おやがみ〕	枢軸国〔すうじくこく〕
家督者〔かとくしゃ〕	須佐之男命〔すさのおのみこと〕
関東軍〔かんとうぐん〕	征夷大将軍〔せいいたいしょうぐん〕
漢風諡号〔かんふうしごう〕	政敵〔せいてき〕
宮中祭祀〔きゅうちゅうさいし〕	摂関家〔せっかんけ〕
今上天皇〔きんじょうてんのう〕	摂関政治〔せっかんせいじ〕
草薙剣〔くさなぎのつるぎ〕	践祚〔せんそ〕
君臨〔くんりん〕	前方後円墳〔ぜんぽうこうえんふん〕
継体天皇〔けいたいてんのう〕	蘇我入鹿〔そがのいるか〕
穢〔けが〕(れる)	蘇我蝦夷〔そがのえみし〕
建武の新政〔けんむのしんせい〕	尊皇攘夷論〔そんのうじょういろん〕
光格天皇〔こうかくてんのう〕	大内裏〔だいだいり〕
皇室典範〔こうしつてんはん〕	高天原〔たかまがはら〕
皇祖神〔こうそかみ〕	高松宮〔たかまつのみや〕
公地公民制〔こうちこうみんせい〕	中央集権〔ちゅうおうしゅうけん〕
孝徳天皇〔こうとくてんのう〕	朝旨〔ちょうし〕
	勅定〔ちょくてい〕
	筑紫〔つくし〕

月読命〔つくよみのみこと〕	藤原氏〔ふじわらうじ〕
津田左右吉〔つだそうきち〕	平成〔へいせい〕
天孫降臨〔てんそんこうりん〕	火明命〔ほあかりのみこと〕
天皇機関説〔てんのうきかんせつ〕	「満洲」事変〔まんしゅうじへん〕
天皇家〔てんのうけ〕	三笠宮崇仁〔みかさのみやたかひと〕
統帥権干犯〔とうすいけんかんぱん〕	巫女〔みこ〕
棟梁〔とうりょう〕	美濃部達吉〔みのべたつきち〕
豊臣秀吉〔とよとみひでよし〕	民本主義〔みんぽんしゅぎ〕
中曽根康弘〔なかそねやすひろ〕	女神〔めがみ〕
中臣鎌足〔なかとみのかまたり〕	文武天皇〔もんむてんのう〕
中大兄皇子〔なかのおおえのおうじ〕	八坂瓊勾玉〔やさかにのまがたま〕
南北朝〔なんぼくちょう〕	八咫鏡〔やたのかがみ〕
邇邇芸命〔ににぎのみこと〕	邪馬台国〔やまたいこく〕
人間宣言〔にんげんせんげん〕	大和王権〔やまとおうけん〕
万世一系〔ばんせいいっけい〕	吉田茂〔よしだしげる〕
班田収授法〔はんでんしゅうじゅほう〕	吉田松陰〔よしだしょういん〕
日向の橘〔ひなたのたちばな〕	吉野作造〔よしのさくぞう〕
曾孫〔ひまご〕	黄泉〔よみ〕
卑弥呼〔ひみこ〕	律令制〔りつりょうせい〕
日孁〔ひるめ〕	論功行賞〔ろんこうこうしょう〕
武家政権〔ぶけせいけん〕	

第四章　国会

第一節　三権分立制

　新憲法によって国の権力を立法権(国会)、行政権(内閣)、司法権(裁判所)の三つに分ける仕組みを三権分立という。国会は法律を作ったり変えたり廃止したりする立法権が与えられている。

1．立法・執法・司法の相互関係

　国会と内閣　国会は、国会議員のなかから内閣総理大臣を指名し、また、衆議院において内閣不信任を決議することができる。内閣は国会を召集し、また衆議院を解散することができる。

　国会と裁判所　国会は裁判官を罷免するための弾劾裁判〔注釈1〕を行うことができる。裁判所は国会の制定した法律についての違憲審査権〔注釈2〕を有している。

　内閣と裁判所　内閣は、最高裁判所の長官を指名し、その他の裁判官を任命する。裁判所は内閣その他行政機関の命令、規則、処分についての違憲審査権を有している。

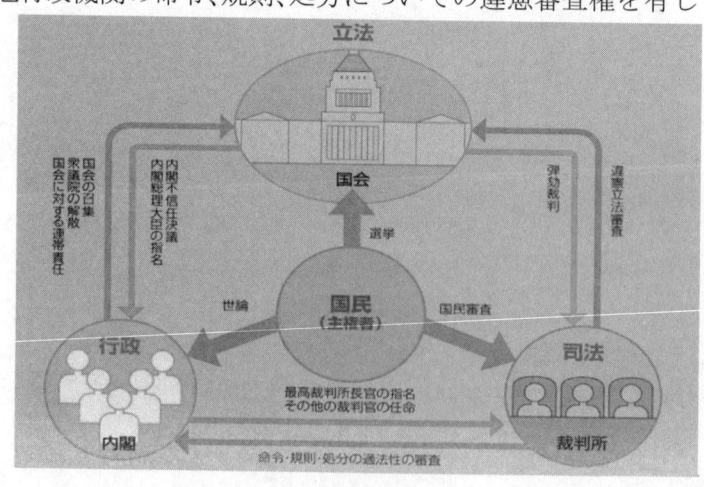

出典：http://image.search.yahoo.co.jp/search?ei=UTF-8&fr=top_lt2_sa&p

2．国会の地位

　国会は憲法41条に基づき、「国権の最高機関」であって「国の唯一の立法機関」と位置づけられて、1947年に設置された最高立法機関である。憲法43条1項では「国民の代表機関」として国民に選ばれた代表者である衆議院議員、参議院議員で組織されている。俗に国会ないし国会議員のことを指して「永田町」と呼ぶ。

　主権在民　明治憲法の主権在君に比べると、新憲法では主権在民を宣言し、国政は国民の厳粛な信託によるもので、その権威は国民に由来し、その権力は国民の代表者が行使し、その福利は国民が受けるものであると規定している。

　議院内閣制　日本の政治は、国会と内閣を中心に行われる。国会は、行政を担当する内閣と非常に密接な関係を持っている。内閣は、国民の意思を確かめる必要があるときには、衆議院を解散することがある。このような内閣の組織と存続の基礎を国会に置く制度を議院内閣制という。この制度のもとでは、原則として衆議院で多数の勢力を持つ政党を基礎に内閣がつくられることになる。

第二節　国会の仕組み

国会議事堂、東京都千代田区永田町一丁目7番1号

1．衆参二院制

　国会は、衆議院と参議院の二院からなる二院制（両院制）の議会である。衆議院・参議院は、いずれも全国民を代表する選挙された国会議員（衆議院議員、参議院議員）によって組織される。

　会派　会派は、議院内で活動を共にする議員の団体で、議員の活動の基礎となり、議会の働きの中心となるものである。議員2人以上で議長に届け出ることによって会派を結成できるが、通常、政党がそのまま議院内においても会派を結成し活動している。時に、無所属議員の間、政党と無所属議員、党員の間が議院内において会派を結成することもある。

両議院の関係 国会の意思が成立するには両議院の議決の一致が必要である。ある法律案を衆議院で可決したときは、参議院に送付し、参議院がこれを可決したときに法律となる。

また、参議院でその法律案を修正したときには、もとの衆議院に回付し、衆議院がその修正に同意したときに法律となる。両議院の議決が一致しない場合に、両議院の意見を調整するため両院協議会を開く道がある。

衆議院の優越 法律案・予算・条約・内閣総理大臣の指名について両議院の意思が一致しない場合には、憲法上一定の要件のもとに衆議院の優越〔注釈3〕が認められて、衆議院は参議院より強い権限が与えられている。

二院制の利点

(1) 国民の様々な意見を広く反映できる。
(2) 二重の検討によって審議が慎重に行う。
(3) 一院制の行き過ぎを抑え、不足を補完できる。

議員参政の規定と給源 議員は少なくともその一つの常任委員会の委員となることになっており、委員の員数は衆議院では一番多いのが予算委員会の50人で、その他の委員会は20人から45人までとなっている。国会議員の給源は、キャリア官僚、弁護士、地方議員などが多く、所謂世襲議員と並ぶ。

2．国会議員の地位

国会議員の職責 国会議員は、主権者である国民の信託を受け、全国民を代表して国政の審議に当たるという重要な職責になっている。この職責を果たすために、議員は法律案や決議案を提出し、国政全般について内閣に質問し、また、予算・条約・法律案などの議案について、質疑したり討論したり表決に加わったりする。

国会議員の特権 正しいと信ずるところに従い、議員は法律で定めた場合のほか、国会の会期中は逮捕されず、また、議院で行った演説、討論または表決について院外で責任を問われないという二つの特権が憲法で認められている。

第三節　国会の仕事

1．議員立法と議案の審議

議員立法 議員が法律案を提出して法律を作ること、または、議員提案で作られた法律そのもののことを議員立法〔資料一〕といっている。議員立法は、内閣提出による法律と比べより国民に身近なものが多い。しかし、現実では内閣によって提出された法律案を中心としている。

議案の審議 国の予算を議決することも、国会の大切な仕事である〔注釈4〕。法律案は、

議員からも内閣からも提出される。しかし、予算や条約は、内閣から提出される〔注釈5〕。また、各委員会も、それぞれ所管事項について、法律案を提出できる〔資料二〕。この場合には賛成者を必要としない。内閣が法律案や条約を国会に提出するときには、衆議院か参議院のいずれかに提出するが、予算については、法律案や条約と異なり衆議院に提出しなければならないことになっている。

2．国会の運営

委員会の役割　各議院の会議には本会議と委員会などがある。国会での審議や調査においては、委員会が中心的な役割を果たしている。議員全員で開く本会議では法律案を細かく検討することができないので、専門知識をもった少数の議員で委員会をつくり、そこで法律案の内容を細かく検討する。委員会で詳しく検討された結果を踏まえた上で、最終的な議院の意思は本会議で決定される。

委員会の開会　委員会を開くには、委員の半数以上の出席が必要である。委員会の意思を決定するときは、出席委員の過半数の賛成で決める。法律案の採決は、賛成者が起立する方法か挙手をする方法で行う。常任委員会は、国会法で定められている常設機関で、衆議院、参議院には各17の委員会が置かれている。委員会は、報道関係者その他の者で委員長の許可を得たものは傍聴できる。

条約の締結の承認　内閣が外国と結んだ約束を文書にしたものが条約である。内閣が条約を結ぶ時は、国会の承認を受けなければならない。

国政調査権　両議院は法律の制定、行政を監督するために、それぞれ国政についての調査を行うことができる。この国政調査〔注釈6〕は、各議院の委員会によって行われており、常任委員会は、会期ごとにその所管の範囲内で調査する事項を決めて議長の承認を得て行い、特別委員会は、付託された調査案件について行う。委員会は、調査の結果、法律案を作成して提出することがある。

衆議院の内閣不信任の決議　衆議院は、内閣に対して信任・不信任の決議をすることができる。内閣不信任決議案が可決されたとき、または内閣信任決議案が否決されたとき、内閣は、衆議院を解散しないかぎり、総辞職しなければならない。

国会の権限　国会は国の唯一の立法機関であるから、法律を制定すること、予算そのほか国の財政に関する議決、条約の締結を承認すること、内閣総理大臣を指名すること、憲法の改正を発議することなどの役目を持っている。衆議院および参議院は、共同してこのような国会の権限を行使するほか、一方では、各議院は、他の議院と関係なく独立して行使する権限を持っている。

各議院の内部選挙と規律　各議院は、議長・副議長・常任委員長などの役員を本会議において選挙する。そのほかに議院の会議や内部の規律などについて規則を作ったり、院内の秩序をみだした議員があるときには懲罰を加えることなどができる。

請願制度　各議院はそれぞれ請願を受け付けている。請願は憲法で保障された国民の権利であり、国会に提出されるものはその一つである。請願しようとする者は議員の紹介によって請願書を各議院の議長あてに提出する。提出された請願は所管の委員会で審

査のうえ、その内容が妥当と思われるものは採択され、そのなかで内閣において措置することが適当と認めたものは内閣に送られる。内閣は送られた請願の処理経過を毎年各議院に報告することになっている。

3．会議の種類

本会議 本会議は、すべての議員が自分の所属する議院の議場に集まって審議や議決を行う会議である。議院としての最終的な意思はここで決定される。本会議を開くには、総議員の三分の一以上の出席が必要である。会議で何かを決定するときは、特別の定めがある場合を除いて、出席議員の過半数の賛成で決める。現在、参議院の本会議で法律案を採決するときは、多くの場合押しボタン式投票で行われている。

本会議の時間と傍聴

> 本会議は、通常、衆議院では火曜・木曜・金曜日の午後1時、参議院では月曜・水曜・金曜日の午前10時から開かれる。本会議は公開を原則としているので、国民は傍聴することができる。

特別委員会 特別委員会は、会期ごとに各議院において必要と認めたときに、その院の議決で設けられ、委員の員数や所管もそのとき決められる。したがって、両議院に設けられた特別委員会が、その目的、名称、委員の員数など一致するとは限らない。

特別委員会の規模

> 特別委員会は付託された案件がその院で議決されれば自然消滅する建前になっている。閉会中審査をすることになった場合には、閉会中も存続するが、次の国会の召集の前になくなることになる。委員の員数は、これまでの例では、衆議院では25人の場合が最も多く、40人・50人の場合もあった。

閉会中審査 国会は、会期が終了すると閉会になるが、各議院の常任委員会と特別委員会は、その議院の議決があれば閉会中でも審査を行うことができる。この議決によって、各議院の委員会は、閉会中も会議を開いたり、委員を各地に派遣したりして、審査または調査をおこなっている。

公聴会 委員会で重要な議案を審査するときに、利害関係のある人、学者、専門家などの意見を聞くために公聴会を開くことがある。総予算の審査をするときは公聴会を開くことが義務づけられている。

参議院の調査会 参議院には委員会のほかに、参議院独自の機関として調査会がある。調査会は、委員会のように法律案の審査を行うのではなく、もっぱら国政の基本的事項に関し、長期的で総合的な調査を行う。調査の成果として、調査会から法律案を提案することもできる。

4．国会の会期

通常国会　通常国会は常会ともいう。毎年1回1月中に召集される。これは、次の年度の国の総予算やこの予算を実行するのに必要な法律案を審議する重要な役目を持ったものである。常会の会期は150日間と定められている。

臨時国会　臨時国会は臨時会ともいう。臨時に必要があるとき、例えば、緊急を要する災害対策のための補正予算や法律案の審議を求めるときなどに、内閣がその召集を決めるが、どちらかの議院の総議員の四分の一以上から要求があったときには、内閣はその召集を決めなければならない。また、衆議院議員の任期満了による総選挙や参議院議員の通常選挙の後には、必ず臨時会を召集しなければならないことになっている。

特別国会　特別国会は特別会ともいう。衆議院の解散による衆議院議員の総選挙後に召集される国会である。この特別会では、召集日に、衆議院はまず議長・副議長・常任委員長の選挙など議院の構成を決めるが、召集とともに内閣が総辞職するので、両院において内閣総理大臣の指名が行われる。臨時会と特別会の会期は、そのつど国会が決定する。また、会期は、常会においては1回、特別会と臨時会においては2回まで延長することができる。

参議院の緊急集会　衆議院の解散中、国に緊急の問題が起こった場合に、内閣が参議院の緊急集会を求める。緊急集会で取られた措置は、参議院の議決だけで行われた臨時のものであるから、次の国会開会後、10日以内に衆議院の同意が得られなければ、その効力を失うことになっている。緊急の案件がすべて議決された時終了する。

注釈

1. **弾劾裁判**：国会は、相応しくない裁判官を辞めさせるかどうかを決める裁判所（裁判官弾劾裁判所）を設けている。裁判官は、心身の故障のため職務をすることができなくなったほかは、この裁判によらなければ辞めさせられない。
2. **違憲審査権**：法令その他の処分が憲法に違背していないか（憲法適合性）を審査し公権的に判断する制度。この手続を違憲審査、違憲立法審査、法令審査、合憲性審査という。また、その権限は違憲審査権、違憲立法審査権、法令審査権、合憲性審査権と呼ばれる。
3. **衆議院の優越**：法律案は、衆議院で可決し、参議院でこれと異なった議決をした場合に、衆議院において出席議員の三分の二以上の多数で再び可決すれば法律となる。予算・条約・内閣総理大臣の指名について両院協議会を開いても意見が一致しないとき、または参議院が一定の期間内に議決しないときは、衆議院の議決が国会の議決となる。
4. **予算の議決と決算の審議**：内閣は、会計年度（毎年4月1日から3月31日まで）ごとに、税金による収入の見積もりと、国の機関が支出する経費の見積もりである予算を作成し、国会に提出する。国会は、税金が国民の生活に役立つことに支出されるかどうかなどを審議し、議決する。審議は、先に衆議院、次に参議院の順で行われる。また、翌年度になると内閣は、国の収入と支出の結果をまとめた決算を国会に報告する。国会は、内閣が予算に従って経費を正しく使ったかどうかなどを審議している。
5. **議案の審議**：各議院において、議員が法律案を提出するには、衆議院では20人以上（参議院では10人

以上)の賛成者がなければならないが、特に予算に影響を及ぼすような法律案については、衆議院では50人以上(参議院では20人以上)の賛成者が必要である。

6．**国政調査**　国政調査は、政府当局や関係者から説明を聴いたり、資料を要求したりして行うこと。

質問

1．議院内閣制の趣旨は何?
2．本会議決議有効の前提条件は何?

思考問題

1．国政について新憲法と明治憲法の根本的な違い
2．三権分立の意味

豆知識(4)

衆参議院常任委員会一覧

衆議院17の常任委員会	参議院17の常任委員会
内閣委員会	内閣委員会
総務委員会	総務委員会
法務委員会	法務委員会
外務委員会	外交防衛委員会
財務金融委員会	財政金融委員会
文部科学委員会	文教科学委員会
厚生労働委員会	厚生労働委員会
農林水産委員会	農林水産委員会
経済産業委員会	経済産業委員会
国土交通委員会	国土交通委員会
環境委員会	環境委員会
安全保障委員会	国家基本政策委員会
国家基本政策委員会	予算委員会
予算委員会	議院運営委員会
決算行政監視委員会	懲罰委員会
議院運営委員会	決算委員会
懲罰委員会	行政監視委員会

資料一

議員立法

　「議員によって法律案が発議され、成立した法律」は、一般に「議員立法」と呼ばれている(もっとも、「議員立法」という表現は、成立の有無にかかわらず、議員が提出した法律案の全体や法律案の提出等といった議員による立法活動全般を指して用いられる場合もある)。

　国会が「国の唯一の立法機関である」と定めた憲法41条からすれば、「議員が立法を行うこと」は当たり前であるかのように思われる。しかし、内閣が法律案を作成して国会に提出すること(「内閣立法」と呼ばれる)があり、しかも、従来、日本の立法では内閣立法が中心を占めるものと言われてきたため、内閣立法と対比する趣旨で、ことさらに「議員立法」という表現が用いられてきたのである。議員立法は、国民から直接選挙された代表である議員が、その政策を法律の形に結実させるものである。近年、複雑多様な社会経済情勢を反映して質量ともに拡充しており、その重要性はますます増大している。

出典：衆議院法制局ホームページ(組織概要/議員立法)

資料二

議案の審議

　議案が提出されると、議長は、その議案を所管する委員会に付託する。委員会では、まず、議員提出の議案ならその提出者から、また担当国務大臣から、提案の理由や議案の内容について説明を聴く。次いで、質疑に入り、議案によっては、この質疑に何日もかかることがある。必要があるときは参考人を招いて意見を聴くこともある。各会派の委員が、議案に対する賛否を表明し、次に、採決をして議案に対する委員会の意思を決定する。

　委員会の審査が終わると、その議案は本会議の審議に移される。本会議では、まず、その議案を審査した委員会の委員長からその内容、委員会の審査の経過および結果の報告を聴く。そのあと、採決によってその可否を決する。採決には、記名投票による方法で行われる場合が多い。本会議で議案を提出した議員あるいは内閣提出の議案についてはその担当国務大臣から、本会議において、その趣旨の説明を聴き、これに対して質疑をすることがある。このようにして、一院を通過した議案は、他の議院に送られ、その議院においても同じ手続で審議が行われる。

出典：衆議院ホームページ(国会関係資料/国会について/議案の審議)

第四章 主要漢字名詞の読み方

違憲〔いけん〕	請願〔せいがん〕
会派〔かいは〕	世襲〔せしゅう〕
過半数〔かはんすう〕	総辞職〔そうじしょく〕
公聴会〔こうちょうかい〕	弾劾〔だんがい〕
国権〔こっけん〕	懲罰〔ちょうばつ〕
参議院〔さんぎいん〕	永田町〔ながたちょう〕
三権分立〔さんけんぶんりつ〕	閉会中〔へいかいちゅう〕
参政〔さんせい〕	本会議〔ほんかいぎ〕
質疑〔しつぎ〕	無所属〔むしょぞく〕
衆議院〔しゅうぎいん〕	濫用〔らんよう〕
職責〔しょくせき〕	立法機関〔りっぽう〕
審議〔しんぎ〕	

第五章　内閣

第一節　内閣制度

　内閣制度は、世界の主な国々でとっている政治の制度である。「内閣」という漢語は、中国の明、清の時代、皇帝の諮問にあずかった内閣大学士制度から引用され、明治時代に日本で定着した。内閣制度はイギリスのキャビネットがその元祖であるが、最初は国王に対して助言するだけの諮問機関に過ぎなかった。時代や国によって様々な位置づけが見られる。

1．日本の内閣制度

　立憲主義体制の整備　1881年10月12日、明治天皇が出した「国会開設の詔」のなかで、1890年（明治23年）を期して「國會」（議会）の開設を目指すと表明した。政府の中心で立憲主義体制の整備を図っていた伊藤博文らは、太政官制に替わる新たな政府機構の策定に取り組んだ。

　内閣官制の制定　1885年12月22日に、「太政官達第69号」が発せられ、太政官制を廃止して内閣総理大臣と各省大臣による内閣制が定められ、ここに内閣制度が始まった。1889年2月11日に大日本帝国憲法が発布され、同年12月24日には、「内閣職権」を改定する形で「内閣官制」が制定された。

　超然内閣制と議院内閣制　内閣には、立法機関（議会）との関係という観点から、超然内閣制〔注釈1〕と議院内閣制の二つに類型化できる。現在の日本やイギリスなど、多くの国で採用されている議院内閣制は、議会の信任を内閣存立の条件とするタイプである。

　合議制　内閣制度は合議制の原則、分担管理の原則、首相指導の原則を基本原則とする。日本では内閣が組織された1885年当時、太政官制を廃止し、行政府の強化、能率化を目的とした。宮中に対し、内閣は府中（行政府）と呼ばれた。内閣は議会にではなく、総理大臣や天皇から個別に任命された国務大臣が天皇に対してのみ責任を負うものとされた。

　新憲法下の内閣制　1947年に新憲法が公布され、第5章に「内閣」の規定を置き、「行政

権は、内閣に属する。」と定めた。内閣は、内閣総理大臣及びその他の国務大臣から組織され、行政権の行使について国会に対し連帯して責任を負うとされるなど、名実共に国の行政の中心的機関[資料一]に位置づけられた。しかし、官僚の政治というように、行政機関の幹部公務員(キャリア官僚)の国政に対する影響力が強い現実、また、内閣と与党の関係の不透明などは内閣制の問題点になる。

日本の内閣制における問題点

(1) 政党が独走、国民不在、政治家同士の都合による首相交代。
(2) 所謂行政の縦割り、あるいは官僚のセクショナリズム。
(3) 内閣と与党との間の不透明な関係、腐敗に発展する。
(4) 内閣と民意による与党の分離。
(5) 官僚の既得権による内閣指導力の欠乏。

2．内閣の構成

内閣は、首長たる内閣総理大臣と、その他の国務大臣からなる合議制の機関であり、行政を行う最高機関である。行政とは色々な考え方があるが、だいたい漠然とするイメージとして、法律を作るのが立法、裁判をするのが司法であるから、それ以外が行政である。内閣は衆議院の解散権を持つ。衆議院で内閣不信任案が可決されると、内閣は総辞職するか10日以内に衆議院を解散しなければいけない。

組閣の手続

(1) 国会が、国会議員のなかから内閣総理大臣を指名する。
(2) 天皇が内閣総理大臣を任命する(親任式)。
(3) 内閣総理大臣が国務大臣を任命する。
(4) 天皇が国務大臣の任命を認証するより内閣が完成する。
(5) 内閣総理大臣が国務大臣の職を指定する(補職辞令)。

国務大臣 国務大臣の過半数は国会議員でなければならない。国務大臣は14人を原則として3人まで増員が可能と定められ、各中央省庁のトップとして各々が事務を分担している。内閣法、国家行政組織法、その他個別の法律によるため、中央省庁の長であるからといって国務大臣であるとは限らない(例：宮内庁長官、公正取引委員会委員長などは国務大臣ではない)。逆に、内閣府特命担当大臣のようなスタッフ的な閣僚も存在し、無任所大臣を置くことも認められている。

政府提出法案 国会で審議され、可決される法律案の大多数は、内閣が提出する政府提出法案(内閣提出法律案、閣法)である。政府提出法案は、内閣の下に置かれる行政機関(省庁)が、国会の多数を占める与党との調整を経て作成する。

閣議 閣議は内閣の職権行使に際して、その意思を決定するため開く国務大臣の会議のことである。閣議は内閣法で規定されているが、会議の手続きについては明文で規定されておらず、慣行によっている。内閣総理大臣が主宰し、内閣官房長官が進行係を務め

総理大臣官邸閣議室(出典:内閣ホームページ)

る。閣議の意思決定には参加できないが、内閣官房副長官と内閣法制局長官が陪席することになっている。閣議は非公開が原則である。

定例閣議 閣議には毎週火曜日と金曜日の午前中に開かれる定例閣議と、必要に応じて開く臨時閣議があり、原則として全閣僚が総理大臣官邸閣議室〔注釈2〕（国会期間中は国会内の院内閣議室）に集まって行われる。

持ち回り閣議 早急な処理を要する案件の場合には、内閣総務官が閣議書を持ち回りそれぞれの閣僚の署名を集めるという回議によって意思決定する場合がある。これを持ち回り閣議という。

閣議案件

> （1）一般案件：国政に関する基本的事項で、内閣としての意思決定が必要なもの（高級官僚や陸海空自衛隊将官の人事を含む）。
> （2）国会提出案件：法律案および予算案、条約など、承認を求めて国会に発議すべきもの（質問主意書に対する答弁書も含む）。
> （3）報告：国政に関する調査、審議会答申などを閣議に報告するもの。
> （4）配布：閣議の席上に資料を配付する。
> （5）其の他：法律・条約の公布、政令の決定など。

閣議決定と閣議了解 閣議の意思決定には、閣議決定と閣議了解の二つがある。内閣としての意思決定を閣議決定という。本来は主務大臣の管轄事項だがその重要性に鑑み閣議に付され閣議として意思決定を行ったものを閣議了解と言う。閣議の意思決定は出席した閣僚の全員一致を原則とする。これは、内閣が「行政権の行使について、全国民を代表する議員からなる国会に対し連帯して責任を負う」ことに基づく。

閣議書 閣議決定は閣議書に花押をもって署名することで行われる。全閣僚による閣議（決定）書への署名は原則であり、法律や条約の公布、特命全権大使等に交付する信任状や全権委任状などの案件については、内閣総理大臣のみが署名する。

閣議書は午後には天皇に提出され、天皇は目を通して署名や押印をする。定例閣議で

意思決定された案件のため、火曜日と金曜日の午後、天皇は皇居に滞在しているが、静養や行幸の際に臨時閣議が行われた場合は、宮内庁職員が閣議書を滞在先まで運んで、その署名をもらう。

3．内閣の組織

内閣総理大臣の主要所管機関〔資料二〕は各府省等のほか、特定の法律に基づいて内閣に設置される「本部」等にも、「主任の大臣」が置かれることがあるが、この場合の「主任の大臣」には、いずれも内閣総理大臣が当てられる。

内閣総理大臣所管機関

> （1）内閣官房、内閣官房長官が事務を統括する。
> （2）内閣法制局、内閣法制局長官が事務を統括する。
> （3）内閣府、特命担当大臣を置くことができる。
> （4）復興庁、自らを助けるものとして復興大臣を置く。
> （5）国家安全保障会議、内閣総理大臣が自ら議長を務める。

内閣広報室　内閣広報室では、内閣広報官のもとで次のような業務を行っている。広報に関する政府部内の総合調整、政府の重要政策の広報の実施に関する総合調整、内閣の総合的立場からの広報活動、内閣の重要政策・課題に関する重点広報テーマの決定・実施、内閣総理大臣や内閣官房長官などが行う記者会見の報道対応サポート、首相官邸ホームページの運用（意見募集を含む）など。

内閣情報調査室　機能の強化に関する基本方針の施行に関する連絡調整等を行うため、内閣情報調査室に内閣情報官をセンター長とするカウンターインテリジェンス・センターがに置かれる。

危機管理センター　総理大臣官邸内の危機管理センターにおいて24時間体制で緊急事態に備えるとともに、事態発生時には、初動対処を実施し、速やかな事態の把握、被災者の救出、被害拡大の防止、事態の終結に向けた対策の協議、政府の対応に関する総合調整等を行っている。

緊急事態の取り組み　地震災害、風水害、火山災害等の大規模な自然災害、航空・鉄道・原子力事故等の重大事故、ハイジャック、NBC・爆弾テロ、重要施設テロ、サイバーテロ、領海侵入、武装不審船等の重大事件、核実験、弾道ミサイルや新型インフルエンザの発生等、国民生活を脅かす様々な事態が想定される。そのため、平素から、危機管理のためのマニュアルの整備や特異な事案も想定した訓練、テロ対策の総合調整等を行い、関係機関相互の連携の下、適切な対応なども内閣の仕事である。

4．内閣官房

内閣官房は内閣の補助機関であって、内閣の庶務や重要政策の企画立案・総合調整、情報の収集調査などを担っている。その首長は内閣官房長官であり、下に三人の内閣官房

副長官補が置かれ、閣議に付議される案件を整理し、閣議が円滑に行われるよう内閣総理大臣や内閣官房長官を補佐している。

内閣官房長官　内閣官房長官は内閣府の事務(国家公安委員会や内閣府特命担当大臣の所掌は除く)の総括整理を担当し、内閣官房副長官は特定事項に係るものに参画する。

官房情報安全保障措置　「政府中核機能の整備」に基づいて、2000年2月には、「情報セキュリティ対策推進室」が設置され、2005年4月に「内閣官房情報セキュリティセンター(NISC)」として設置され、2005年5月には「情報セキュリティ政策会議」も設置された。政府全体としての「情報セキュリティ政策に関する基本戦略」を策定・推進する機能等を強化するようになった。

5．内閣の仕事

法律の執行　内閣は、国会で制定された法律を実行に移し、政治を進める。進める政治(行政)には、景気を安定させるための経済政策、港湾・道路建設などの公共事業、年金などの社会保障、環境保全、教育など、国民生活のあらゆる分野に及んでいる。

外交関係の処理と条約の結び　内閣は、国を代表して外国との交渉にあたる外交権をもっている。外交権の一つに、外国と文書による取り決めを結ぶ、いわゆる条約を締結する権限がある。ただし、条約の調印後、国会の承認を得ることが必要である。

予算案の作成　予算の発案権は内閣だけが持つ。まず、各省庁の予算見積書をもとに、財務省が予算原案をまとめる。予算原案を閣議で決定後、国会に提出する。

政令の制定　憲法や法律の規定を実施するために、内閣は政令(命令)を制定する。政令は、憲法73条、内閣法11条によって、特に法律の委任がなければ、罰則を設け、義務を課し、権利を制限する規定を設けることができない。

指名と任命　最高裁判所長官の指名は内閣が行い、天皇が任命する。また、最高裁判所の裁判官と下級裁判所の裁判官は、内閣が任命する。

助言と承認　天皇は国政に関する権能を持たず、形式的・儀礼的国事行為を行うには、新憲法第三条によって内閣の助言と承認が必要とされ、内閣がその責任を負う。

第二節　内閣総理大臣

1．内閣総理大臣の指名、資格と地位

指名　内閣総理大臣は、日本の行政府である内閣の首長であり特別職国家公務員である。総理大臣または総理と略され、内閣の首長(首班、首席)たる大臣として首相とも通称される。内閣総理大臣になるのは、衆議院議員または参議院議員のいずれ国会議員のなかから国会の議決で指名され、これに基いて天皇によって任命される。

資格　内閣総理大臣の資格は、国会議員と文民[注釈3]の二点のみである。また、内閣総理大臣その他の国務大臣は、文民でなければならない。日本での文脈でいう「文民統制」

とは、「軍人以外の人間」、具体的には「一般市民の代表である政治家」を指している。

地位　行政権は内閣に属する。内閣は内閣法の定めるところにより、その首長たる内閣総理大臣及びその他の国務大臣でこれを組織する。内閣総理大臣は「行政府の首長」と位置づけられている。衆議院において最大勢力を占める政党の党首、または連立を組む複数の党のいずれかの党首がその責に任じる。また国会議員として首班指名を受け続ける限り、内閣総理大臣の再選に制限はない。但し実際には内閣総理大臣の所属する党の党首としての任期が内閣総理大臣の任期となる。

2．内閣総理大臣の権限

任免権　新憲法下の内閣総理大臣は、閣内に意見の不一致が起こった場合は、反対派に辞職を迫るか罷免して自らの意見を通すことができる。また何らかの理由で大臣が突然辞職しても、内閣総理大臣はその後任を意のままに任命することができる。この顕著な例が解散権である。「解散権は内閣に属す」ということであり、「閣議決定なしには解散はできない」ということである。

職務権限　憲法に基づいて、内閣総理大臣の職務権限は、「内閣を代表して議案を国会に提出し、一般国務及び外交関係について国会に報告し、並びに行政各部を指揮監督する。」他に内閣府及びその外局（金融庁、消費者庁など）や内閣に置かれる本部等の主任の大臣として、審議会委員等の任免権や各種許認可権を有する。特に、内閣府の外局の一つである金融庁に関連する許認可権も多い。

3．内閣総理大臣の任期と退任

任期　憲法上、内閣総理大臣の任期について直接的に規定した条文はない。憲法第70条では衆議院議員総選挙の後に初めて国会の召集があったときは、内閣は総辞職をすべきだとされているので、このことから内閣総理大臣の一回の任期は次の衆議院議員総選挙の後に初めて国会の召集が行われる時までとなり最長でも4年を超えないことになる。

退任　新憲法において、内閣総辞職は憲法上の制度として定められており、内閣が総辞職すべき場合につき定められている〔資料三〕。

 注釈

1. **超然内閣制**：内閣の存立に関して議会の信任を法的要件としないタイプ。例えば、大日本帝国憲法下、天皇のみに対して責任を負っていた。この制度のもとでも政党内閣は成立しうるが、法的に担保されたものではないので超然内閣制下の政党内閣と議院内閣制とは違う概念である。
2. **閣議室**：現在の首相官邸閣議室は広さ約110平方メートルで、直径5.2メートルの円形テーブルが置かれており、通常は閣僚がこのテーブルを取り囲むように着席する（陪席の内閣官房副長官・内閣法制局長官は別テーブル）。
3. **文民**：一般的な文民は一般市民、文官（一般公務員、警察官を含む）を指し、非戦闘員のニュアンスを持ち、「軍隊（現在の日本においては防衛省・自衛隊）のなかに職業上の地位を占めていない者を指す。

第五章　内閣

質問
1．内閣総理大臣になる条件は何？
2．閣議決定の原則は何？

思考問題
1．国家安全保障会議設置の背景
2．官僚のセクショナリズム

豆知識（5）

議院内閣制と大統領制

　現代の国家では、議院内閣制や大統領制を採用しているところが多い。この二つの制度では、「三権分立」についての運用の仕方が違う。ここでいう「三権」というのは、「立法権」、「行政権」、「司法権」の三つの権力のことである。

　議院内閣制の場合、「行政権と立法権が不完全に独立している。」と言われる。内閣は議会の信任に基づいて構成される。また、内閣のほうは議会に対して連帯的な責任を負うという制度である。イギリスや日本などが、この制度を採用している。日本の場合、首相（総理大臣）は、国家の指導者であると同時に、それまでどおりに一議員でもある。

　「イギリス型」の場合、「国王は君臨すれども統治せず」の原則により、国王は名目上イギリスの三権（立法権、行政権、司法権）の源とされる（国王は法案を裁可するかしないかの権限を持っている）が、実質的な政治権力を保持していない。

　一方、大統領制は、行政権と立法権が完全に独立した形態と言われている。アメリカ合衆国が代表的な国である。しかし、大統領制にもさまざまな種類や形態がある。「アメリカ型」の大統領制や「フランス型」の大統領制などある。

　アメリカの場合、行政の首長としての大統領が絶大な権限を持つ。国民に直接的に（実際は間接的に）選ばれた大統領が、議会や裁判所と一定の距離を置いていて、身分的にも独立しているのが特徴である。また、アメリカ大統領は議会に議席を持っていない。議会の解散権は持たないが、法案の拒否権を持っている。

　「フランス型」の場合、大統領が国家元首であり、首相を任命する権限を持っている。平常時には首相と内閣に議会への対応や内政を任せ、大統領自身は外交的な方面に努めると言ったような役割分担が行われる場合が多い。当然、首相のほうが外交的な活動を多く受け持つ国もある。フランス型の国は、そのほかにドイツやロシアなどがある。

日本内閣制度の変遷

(1) 太政官制度(太政官職制)(1868—1885年)

1)明治政府の中央政治機構は三職の制(議政官・行政官・刑法官)に始まり(1868年)、太政官職制の制定(1871年)及びその後の変遷を経て、中央集権体制が整備されていった。 2)太政大臣がすべての行政に対し完全な指揮監督権を有していた。 3)国務国策の審議立案者である「参議」の議論の場として、「内閣」が設けられた。 4)太政官の補助部局として、内閣書記官長等が設置された。

(2) 明治憲法前の内閣制度(内閣職権)(1885—1989年)

1)1885年12月22日、内閣制度が導入された(太政官達第69号)。 2)内閣は、内閣総理大臣と各省大臣(外務、内務、大蔵、陸軍、海軍、司法、文部、農商務、逓信)で組織された。宮内大臣が内閣の外に置かれ、宮中事務を担当した。 3)内閣総理大臣は、各大臣の首班として行政各部を統督するなど、各省大臣に対し強い統制権を有した。 4)内閣の官房事務を所掌する内閣書記官室が設置され、また、法律、命令の起草・審査等を所掌する法制局が設置された。

(3) 明治憲法下の内閣制度(内閣官制)(1889年—)

1)天皇を輔弼するための国務各大臣の協議の場として、また、国務大臣が諸施策を決定し行政上の方針を統一するための場として、内閣が設置された(1889年)。 2)内閣は、国務各大臣(内閣総理大臣、各省大臣、班列大臣)で組織された。国務大臣の概念が導入されたが、憲法上、内閣総理大臣に関する規定はなかった。また、無任所大臣の制度が定められた。 3)内閣総理大臣の各省大臣に対する統制権は弱められ、内閣総理大臣は、同等の地位で天皇を輔弼する各大臣中の首席にすぎなくなった。 4)内閣の補助部局として内閣官房が設置された。(班列大臣=無任所大臣)

(4) 現行内閣制度(内閣法)

1)行政権は内閣に属することとされた。 2)内閣は、その首長たる内閣総理大臣及び20人以内の国務大臣で組織され、内閣がその職権を行うのは閣議によるものとされた。 3)憲法上、内閣総理大臣の地位と権限が、他の国務大臣とは異なるものとして明確に規定された。また、内閣総理大臣は内閣の首長とされ、内閣の統一性と一体性の確保のため、行政各部への指揮監督権を持つこととなった。 4)内閣の補助部局として内閣官房に6室が置かれ、その職員の多くは総理府と兼務関係にある。

首相官邸ホームページ(http://www.kantei.go.jp/jp/gyokaku/0312besi.html)の関連内容によって整理したもの

資料二

内閣の組織

- 内閣総理大臣
  - 内閣官房長官
    - 内閣官房副長官
      - 国家安全保障局長
      - 国家安全保障局
      - 内閣総務官
      - 内閣総務官室 ─ 総理大臣官邸事務所
      - 内閣官房副長官補 (3人)
        - 情報セキュリティセンター
        - 情報通信技術(IT)総合戦略室
        - 遺棄化学兵器処理対策室
        - 知的財産戦略推進事務局
        - 空港・港湾水際危機管理チーム
        - 総合海洋政策本部事務局
        - 地域活性化統合事務局
        - 公文書管理検討室
        - 宇宙開発戦略本部事務局
        - 新型インフルエンザ等対策室
        - アイヌ総合政策室
        - 郵政民営化推進室
        - 沖縄連絡室
        - 社会保障改革担当室
        - 原子力発電所事故による経済被害対応室
        - 東日本大震災対応総括室
        - 原子力規制組織等改革推進室
        - 日本経済再生総合事務局
        - 教育再生実行会議担当室
        - 拉致問題対策本部事務局
        - 国土強靱化推進室
        - 行政改革推進本部事務局
        - 領土・主権対策企画調整室
        - 健康・医療戦略室
        - TPP(環太平洋パートナーシップ)政府対策本部
        - 行政改革推進本部国家公務員制度改革事務局
        - 法曹養成制度改革推進室
        - 消費税価格転嫁等対策推進室
        - 2020年オリンピック・パラリンピック東京大会推進室
        - 特定秘密保護法施行準備室
      - 内閣危機管理監
      - 内閣情報通信政策監
      - 内閣広報官
      - 内閣広報室
        - 国際広報室
        - 総理大臣官邸報道室
      - 内閣情報官
      - 内閣情報調査室 ─ 内閣衛星情報センター
  - 内閣総理大臣補佐官 (5人以内)

出典：内閣官房ホームページ(内閣官房/内閣官房の概要/組織図)

資料三

内閣総理大臣の退任について

（1）内閣は議会の信任を要するとするもので議院内閣制の核心的原則である。衆議院で内閣不信任決議案が可決され、又は内閣信任決議案が否決されて、10日以内に衆議院が解散されないとき、議会が不信任決議を行った場合には当然に内閣は総辞職すべきとする法制と内閣総辞職か議会の解散かの二者択一とする法制がある。

新憲法は後者を採用し、衆議院で内閣不信任決議が可決又は内閣信任決議が否決された場合にも、総辞職とするのではなく10日以内に衆議院を解散すれば一定期間内閣は存在することとしている。

衆議院の解散を選択する場合にも衆議院議員総選挙の後に初めて国会の召集があった時には内閣は総辞職することになるが、総選挙の結果、首相支持勢力が衆議院で過半数以上となっていれば総理大臣指名選挙で再任される形で続けることが可能であり、反対に首相支持勢力が衆議院で過半数を割り込んでいれば総理大臣指名選挙で再任ができず内閣総理大臣を続けることができない。

（2）内閣総理大臣を中心とする内閣の一体性を保障するもので、内閣総理大臣は国会で指名され、他の国務大臣を任免する地位にあり、内閣総理大臣が欠けたとき（死去、昏睡状態、失踪、国外への亡命、失格、内閣総理大臣の任命資格を失うことを意味し、文民たる資格を喪失する場合又は除名・資格争訟・選挙争訟・当選訴訟等によって国会議員たる資格の喪失する場合）、法的には当然に内閣は総辞職することになる。

内閣総理大臣の自発的な辞職については、職務執行内閣が成立する根拠が失われる。他方、病気による入院等は内閣法9条の「内閣総理大臣に事故のあるとき」にすぎず、内閣は総辞職する必要はなく内閣総理大臣臨時代理が置かれるにすぎない。首相が留任したまま閣僚の入れ替えが行われるのは、それが総替えであっても内閣改造であって総辞職ではない。

（3）衆議院議員総選挙の後に初めて国会の召集があった時、それまでの内閣総理大臣を指名した衆議院が存在しなくなり、衆議院議員総選挙によって新たに衆議院が構成されることになった以上、例え同一の者が内閣総理大臣に指名されるとしても内閣は新たにその信任の基礎を得るべきであるとの趣旨である。総選挙後に初めて国会が召集された場合、法的には当然に内閣は総辞職することになる。

出典：http://ja.wikipedia.org/wiki/内閣総理大臣

第五章 主要漢字名詞の読み方

委任〔いにん〕	銃器〔じゅうき〕
解散権〔かいさんけん〕	主宰〔しゅさい〕
外局〔がいきょく〕	首班指名〔しゅはんしめい〕
外交権〔がいこうけん〕	召集〔しょうしゅう〕
花押〔かおう〕	条文〔じょうぶん〕
下級裁判所〔かきゅうさいばんしょ〕	情報官〔じょうほうかん〕
閣議室〔かくぎしつ〕	職務権限〔しょくむけんげん〕
閣僚〔かくりょう〕	助言〔じょげん〕
官邸〔かんてい〕	辞令〔じれい〕
官房〔かんぼう〕	審議〔しんぎ〕
官僚機構〔かんりょうきこう〕	政令〔せいれい〕
企画立案〔きかくりつあん〕	背広組〔せびろくみ〕
許認可権〔きょにんかけん〕	専権〔せんけん〕
金融庁〔きんゆうちょう〕	総辞職〔そうじしょく〕
宮内庁〔くないちょう〕	喪失〔そうしつ〕
軍務文官〔ぐんむぶんかん〕	争訟〔そうしょう〕
原案〔げんあん〕	総選挙〔そうせんきょ〕
懸案事項〔けんあんじこう〕	総務官〔そうむかん〕
減刑〔げんけい〕	組閣〔そかく〕
兼務〔けんむ〕	対決姿勢〔たいけつしせい〕
合議制〔ごうぎせい〕	竹下登〔たけしたのぼる〕
貢献度〔こうけんど〕	大赦〔たいしゃ〕
広報室〔こうほうしつ〕	着席〔ちゃくせき〕
国益〔こくえき〕	調印〔ちょういん〕
国事行為〔こくじこうい〕	長官〔ちょうかん〕
国政補欠選挙〔こくせいほけつせんきょ〕	調査室〔ちょうさしつ〕
国務大臣〔こくむだいじん〕	締結〔ていけつ〕
国家公務員〔こっかこうむいん〕	統制〔とうせい〕
昏睡〔こんすい〕	特赦〔とくしゃ〕
最高裁判所〔さいこうさいばんしょ〕	特別職〔とくべつしょく〕
裁判官〔さいばんかん〕	特命全権大使〔とくめいぜんけんたいし〕
失格〔しっかく〕	
執行免除〔しっこうめんじょ〕	内閣総理大臣〔ないかくそうりだいじん〕
失踪〔しっそう〕	

日本政治概況

内閣府〔ないかくふ〕	文脈〔ぶんみゃく〕
難易度〔なんいど〕	文民〔ぶんみん〕
難関〔なんかん〕	亡命〔ぼうめい〕
二者択一〔にしゃたくいつ〕	補佐〔ほさ〕
任免権〔にんめんけん〕	補職〔ほしょく〕
陪席〔ばいせき〕	道筋〔みちすじ〕
発案権〔はつあんけん〕	夢想〔むそう〕
罰則〔ばっそく〕	無任所大臣〔むにんしょだいじん〕
非戦闘員〔ひせんとういん〕	予算見積書〔よさんみつもりしょ〕
武装不審船〔ぶそうふしんせん〕	予備費〔よびひ〕
復権〔ふっけん〕	

第六章　行政

第一節　公務員制度

　公務員は昔、役人、お上などと呼ばれたが、今は、政府及び独立行政法人に属する公務員を国家公務員といい、地方公共団体に属する公務員を地方公務員という。それぞれ国家公務員法、地方公務員法他、関係法令の定める所により職務を遂行する。

1．責務と権利

　責務と罷免　国家公務員法第96条では、「すべて職員は、国民全体の奉仕者として、公共の利益のために勤務し、且つ、職務の遂行に当たっては、全力を挙げてこれに専念しなければならない」。憲法第15条第1項では「公務員を選定し、及びこれを罷免することは、国民固有の権利である。」と規定されている。これは「あらゆる公務員の終局的任免権」が国民にあるという国民主権の原理を表明したものである。

　義務と制限　非正規雇用の者を除き、すべて公務員は、憲法第99条に基づき、憲法を尊重し擁護する義務を負い、任命の辞令を受けるに当たってその旨書面で宣誓する。

　採用後は守秘義務、法律や条例等を厳正に遵守することが求められるとともに、上司の職務上の命令には「重大かつ明白な瑕疵」(明らかに違法な点)がある場合を除いて、忠実に従う義務を有し、公共の利益のために勤務するという一般的な義務を負う。いずれも一般職の公務員に関するものであるが、特別職でも個別の定めでこれに準拠した職務規定と制限〔資料一〕がなされていることが多い。

　権利　公務員は、職務上の義務の代償あるいは職務の公平性を担保することを目的として、次のような権利が与えられている。

公務員の権利

(1) 身分保障に関する権利。法定の事由による場合、また職員本人の事情により退職する場合のほかは、降任、休職、免職されない。このため公務員は雇用保険に加入できない。
(2) 勤務条件に関する行政措置の要求の権利がある。

> (3) 財産上の権利。給与を受給することができる、退職年金等(長期給付)、保険給付等(短期給付)を受ける権利、公務傷病に対する補償を受ける権利、職務上の実費弁償等を受ける権利。

2. 公務員の種類

公務員の数と分類 日本の公務員には、国家公務員が約63万9千人、地方公務員が約274万3,654人おる(2014年4月1日現在〔注釈1〕)。日本の公務員数は人口1,000人あたり約30人であり、欧米と比べて最低(米国は人口1000人当たり約80人、フランスは85人、ドイツは55人など)である。

国家公務員は、一般職の国家公務員と特別職の国家公務員に分けられ、一般職の国家公務員には原則として国家公務員法が適用されるのに対し、特別職の国家公務員には、その性格から国家公務員法が適用されない。

公務員の区分 職業として官公庁に勤務する場合には所属する官公庁等の職員と表記するのが正しいという意見もある。例えば、内閣府職員、東京都日野市職員、また、公安系公務員の場合は警察官、消防官などの職種である。

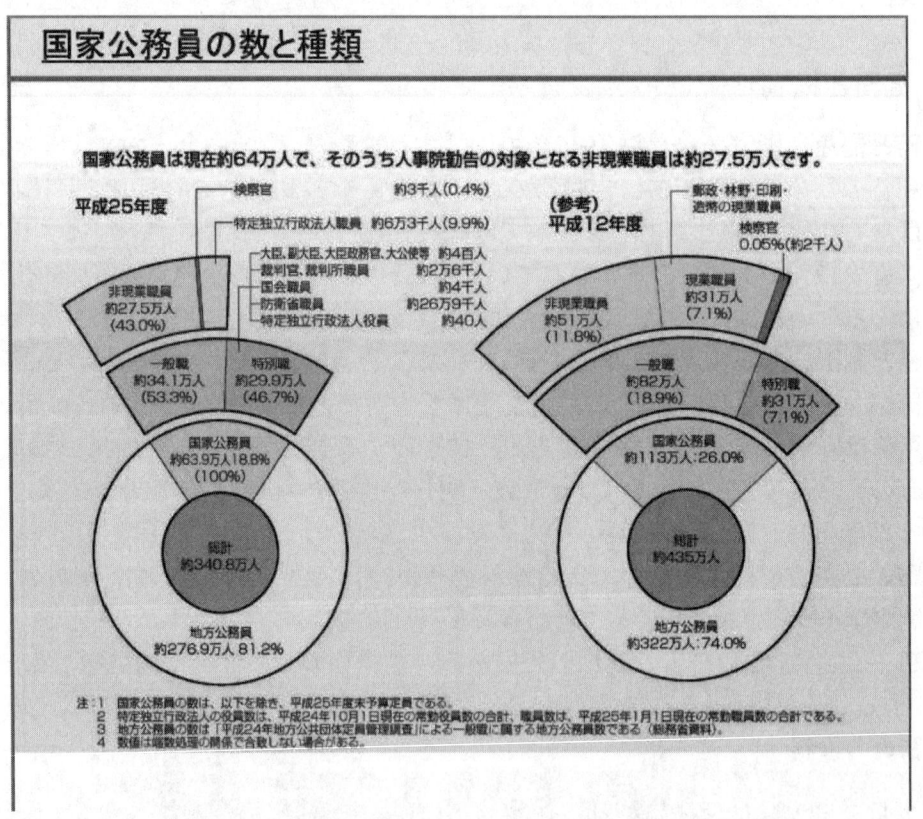

出典:人事院ホームページ(http://www.jinji.go.jp/booklet/booklet_Part5.pdf#search='%E5%85%AC%E5%8B%99%E5%93%A1%E3%81%AE%E6%95%B0%E3%81%A8%E7%A8%AE%E9%A1%9E')

（1）国家公務員

国家公務員は、日本の行政機関に勤務する者や特定独立行政法人に勤務する者等、国家公務員法が適用される者を指す。

特別職　公務員の職のうち、選挙によって就任する職（国会議員、地方公共団体の長、地方議会議員など）、任命権者の裁量により政治的に任命することが適当とされている職（国務大臣、副大臣、内閣法制局長官、大使・公使など）、任命に国会・地方議会の議決もしくは同意が必要とされている職（人事官、検査官、副知事、副市町村長など）、権力分立の原則に基づき内閣の監督から除かれるべき立法や司法の各部門における職（裁判官、裁判所職員、国会職員）、職務の性質から特別の取り扱いが適当な職（宮内庁の幹部職員、防衛省の職員など）の職、内閣総理大臣や国務大臣が設置する公設な諮問会議の委員、地方自治法に基づく審議会の委員、首長が設置する委員会の委員などをいう。これらの服務等に関する条件は、原則として国家公務員法または地方公務員法の規定が適用されず、個別に取り扱いが決められている。

一般職　特別職以外の、採用選考によって任命される職員全てをいう。すなわち、所謂事務職員だけではなく、技術職員、警察官、消防吏員、海上保安官、教員なども含まれる。自衛官を除けば、就職から定年まで公務員として過ごす職業公務員の大半は一般職であり、単に「公務員」と言う場合は、一般職のみを含意している場合も少なくない。また、一般職は現在、国家公務員であれば一般職の職員の給与に関する法律（一般職給与法）第6条の規定により、また地方公務員であれば多くの場合、一般職給与法に準じて制定された条例の規定により、職務の種別に応じて体系の異なる俸給表に基づく給与を支給されるが、この俸給表の種別〔資料二〕が一般職を細分類する種目として用いられる。

（2）地方公務員

地方公務員法第2条の規定では、「地方公共団体のすべての公務員」を地方公務員と定義している。

特別職　特別職には、就任について公選又は地方公共団体の議会の選挙、議決若しくは同意によることを必要とする職（都道府県知事、市町村長、議会の議員、副知事、副市町村長、行政委員会の委員など）があり、地方開発事業団の理事長、理事及び監事の職（地方公営企業の管理者及び企業団の企業長）、法令又は条例、地方公共団体の規則若しくは地方公共団体の機関の定める規程により設けられた審議会その他これに準ずるものを含む委員及び委員会の構成員の職（臨時又は非常勤の顧問、参与、調査員、嘱託員及びこれらの者に準ずる者の職）のほか、地方公共団体の長、議会の議長その他地方公共団体の機関の長の秘書の職で条例で指定するものなどがある。

一般職　一般職は、特別職に属する職以外の一切の職（地方公共団体の事務系・技術系職員、会計管理者、公立学校教員・職員、警察官、消防吏員、特定地方独立行政法人の職員）をいう。

3．公務員試験

公務員試験　公務員試験は、人事院等が実施し、国の行政機関の職員を採用する試験で

ある国家公務員試験と、各地方公共団体ごとに実施され、当該地方公共団体の職員を採用する試験である地方公務員試験に大別される。

試験の種類　職種の別によって様々な種類があるが、一般に筆記試験と面接等の人物試験からなる。内閣所轄下にある人事院による試験のほかには、「準公務員試験」「選考採用試験」があって、国会、最高裁判所による「独自試験」もある。

「準公務員試験」「選考採用試験」「独自試験」

> （1）「準公務員試験」は独立行政法人や国立大学法人等の職員採用試験や、国や地方公共団体の外郭団体である団体職員試験のなかには、公務員試験の試験方法に準じて行われるものが「準公務員試験」と認識されている。
> （2）「選考採用試験」は通常の採用試験では適格者を得がたい場合、任命権者は適任者を「選考採用試験」によって採用する。
> （3）「独自試験」は権力分立原則の制約から内閣所轄下にある人事院の関与が憲法上許されず、衆議院・参議院の各事務局及び最高裁判所がそれぞれ独自に行う国会職員および裁判所職員の採用試験である。

受験資格　国家公務員の場合、採用試験には主なものとしてI種試験（大卒程度）、II種試験（大卒・短大卒程度）、III種試験（高卒程度）がある。括弧内の程度とは相当する学力を示すもので、原則として学歴による受験の制限はなく、受験資格は年齢で定まっている。

また、かつてはIII種試験を受験できる年齢の上限が現在より高かったため、21歳～24歳の大卒程度の学力を持つとされるものは夏に行われるI種、II種試験と秋に行われるIII種の併願が可能であった。I種、II種、III種試験は、人事院が一括して実施しているが、採用は各省庁が行っており、合格後、一部の試験区分を除き、希望する官庁への官庁訪問を行ったり、採用面接を受ける必要がある。

一般職公務員の任用　公務員の組織は必ず定員が定められている。一般職の採用と任用は、公開の競争試験（公務員試験）に基づいて行うことを原則として、採用や昇任等に当たっては、人種、性別、宗教、社会的身分等による差別が禁止される。

特別職公務員の任命　内閣総理大臣・最高裁判所長官の任命権者は、形式的に天皇である。最高裁判所・下級裁判所（高等裁判所・地方裁判所・家庭裁判所・簡易裁判所）の裁判官については内閣が任命権者である。国務大臣については内閣総理大臣が任命権者である。任命権者が2人以上存在することはありえない。

第二節　政治家と官僚

1．政治家

政治家　古代から近代にかけて日本の政治家は、朝廷、幕府、藩それぞれの主体たる天

第六章 行政

皇、将軍、大名をはじめ、その重臣たる公卿や宿老、家老など執政・参政の地位にあった者を指すことが多い。

現代の日本では、「衆議院議員、参議院議員並びに地方公共団体の議会の議員及び長の職」（国会議員、地方議員、地方首長）は公職選挙法の適用対象となる公職とされ、公職にある者、公職の候補者または候補者となろうとする者が政治家の代表的な存在である。副知事、副市長、民間人閣僚、政治を志している人（政治活動家）も政治家と呼んで差し支えない。

行政家 行政において裁量権を持つ高級官僚は、一般に行政家（もしくは行政官）と呼ばれ政治家に含めないことが多いが、広義の意味では政治家に含める場合がある（明治憲法下での貴族院勅選議員の大半もこのような高級官僚出身者であり、厳密な意味で政治家なのか否かについては曖昧である）。

タレント政治家 近年では、親族や親戚の後を継承した世襲政治家や、タレントとしての知名度を武器に当選したタレント政治家の割合が増えつつあるが、このような形で政治家となることに疑問を呈する意見もある。高い知名度のある人を国会議員に当選させ採決要員とする政党のスタンスが問題だとの指摘もある。比喩として、政治的な感性のある人、あるいは巧妙な言動を取る人に対して政治家と呼ぶ場合もある。他に揶揄をして政治屋〔注釈2〕を呼ばれる存在もある。

2．官僚

国家公務員制度を中心に行政機構を考えるに、国民に選出されていない官僚は、国民に選出された政治家の補佐役であるはずである。

官僚の定位 日本における「官僚」は、最も広い意味では試験に合格して採用された公務員全般を指すが、狭義的には、国の行政機関に所属する国家公務員のなかでも、特に中央省庁の課室長級以上（これらの職級は任用上も特殊な扱いとなる）を指す。また「高級官僚」は、国の行政機関に所属する国家公務員のなかでも、特に中央省庁の指定職以上の地位にある者を指すことが一般的である。

都庁官僚 地方公務員は通常、官僚とは呼ばれないが、大規模自治体の幹部職員に対して「都庁官僚」のように比喩的に使われることがある。

官僚の意味 官僚という用語は法律で規定されている訳ではなく、公的なものを含めて明確な定義は存在しない。日常会話において「官僚」と言う場合、霞が関〔注釈3〕の中央省庁で政策に携わる公務員を漠然と指すことが多い。大臣や副大臣、大臣政務官は上級の公務員であるが、選挙で選出された政治家（国会議員）であるため官僚に当らない。

3．官僚の任務

日本における官僚の任務は、主に下記として分類される（政府機関によって異なる）。

予算 予算は、内閣府の経済財政諮問会議において基本方針が立てられ、財務省の主計局は各省庁予算の細部を審査し、内閣が予算を作成して国会の議決を経る。

法案 法律の議案のこと。法律の制定は国会の仕事であるが、実際には官僚主導で内

閣が議案を提出し国会で制定されることが多い。これは、各官庁の大臣官房の文書課長、各局総務課長や審議官を中心として案をまとめ、国会議員への根回し〔注釈4〕を行う。

人事 各省庁の大臣官房の秘書課長や官房長、事務次官が採用されたキャリア公務員の人事を決定するとされており、非公式ながらこれらと同様に退職後の天下り先の手配まで行っていると一般には指摘される。

指揮・監督・許認可 指揮、監督、指導、許認可の権限と実施は影響力や予算規模の大小に応じて担当部署が類別されており、小規模の案件は地方局や地方公共団体(都道府県)で行うが、大きな案件は中央官庁が管轄し、各局の担当官にて執行される。

政策 官僚は政策の企画と施策を行うことが多い。この実現方法としては、法令の制定、予算確保による補助金や施設の発注、行政指導や許認可による民間企業へのコントロールという形を取る。この政策をまとめる局は、各省庁の筆頭局となることが多く、他局間の調整を行う。

4．キャリア・システム

キャリア 日本では、官僚が強大な権力を握っている。こうした官僚支配を支えているメカニズムの一つがキャリア・システムである。キャリアとは、国家公務員試験に合格し、本省庁に採用されたエリート国家公務員である。この採用は省庁ごとであるため、セクショナリズムの温床になっている。

キャリア・システム 公務員採用後は、特権的な昇進が約束されている。こうした特権的昇進は、課長になるまでは、原則として、すべてのキャリアに約束されている。しかしその後は、同期の者が局長や事務次官になると、それ以外の同期組は退職する慣行があるため、局長や事務次官になれなかったキャリアは、定年に近づくと特殊法人〔注釈5〕などに「天下り」することになる。

天下り 退職した公務員が関連する民間企業に再就職すること。現在では退職した高級官僚が、出身官庁が所管する外郭団体、関連する民間企業や独立行政法人・国立大学法人・特殊法人・公社・公団・団体などに就職斡旋する事を指して批判的に用いられる。

民間企業の上位幹部が子会社の要職に就く際にも使われる場合もある。官僚の天下りの範囲については、中央省庁の斡旋・仲介がある場合のみを含めるとする意見と、斡旋・仲介などの手法に関係なく、特定企業・団体に一定の地位で迎えられる場合全てを含むとする意見がある。また官民問わず斡旋による再就職を「天下り」と揶揄することもある。

天下りの弊害 天下りは、公務員がその地位を利用して退職後の就職を有利にしたり、官庁の内部事情に精通した人材を取り込みたいとの企業の思惑が交錯するなど、公務の公正な執行を妨げる恐れがある。天下りは、省庁と企業のコネクションを再生産する役割を果たしている。天下りしたキャリアは、国家公務員としての退職金だけでなく、特殊法人や企業での退職金も手にすることになる。こうしたキャリア・システムは、いわゆる「官僚優秀論」の温床になってきた。

公務員制度の改革 昨今キャリアの不祥事が相次いで、キャリア・システムを廃止す

べきであり、一般に公務員の勤務条件の引き下げ、員数の削減、倫理意識及び服務規律の強化を求める意見が支配的である。特に幹部職員が退職後に、所属官庁の関係する企業や政府関係機関に再就職する慣行は強い批判にさらされている。

天下りの規制 2006年以降、中央政府においては公務員制度改革を特命事項とする大臣が常置され、2008年6月には国家公務員制度改革基本法が成立するなど、公務員制度改革が重点的な政策課題として取り組まれている。天下りを規制するため、国家公務員法〔資料三〕では、退職者が、退職以前5年間の地位に関係する民間会社へ再就職することを退職後2年間禁止し、この再就職制限は公務員として知りえた機密情報漏洩を防止するための規定である。

第三節　行政機関

1．内閣府と中央省庁

内閣府は内閣及び内閣総理大臣の主導による国政の運営を実現するため、内閣総理大臣を長として設置された内閣の機関である。特命担当大臣及び行政内外から結集したスタッフを擁し、国の骨格となる基本的な政策の立案をはじめ、国政の中心たる機関において直接処理すべき課題等を幅広く担っている。

内閣府

> 内閣府は、中央省庁における重要な部門である。中には、主に国家公安委員会(警察庁)、公正取引委員会、宮内庁、金融庁、消費者庁などの職能部署がある。

中央省庁と外局

> 中央省庁とは国の行政機関で、原則として内閣に属している。他に、会計検査院は内閣に属さない唯一の国の行政機関である。現行の中央省庁は、2001年1月6日の中央省庁再編で体制の大枠ができた。中央省庁には内閣府のほか、復興庁、総務省、法務省、外務省、財務省、文部科学省、厚生労働省、農林水産省、経済産業省、国土交通省、環境省、防衛省などがある。
> 一般的には、国家行政組織法において「国の行政機関」と定める省とそれらの外局(委員会、庁)、および、内閣府設置法に定める内閣府とその外局(委員会、庁)〔資料四〕を指す。

2．各省庁の機能

復興庁 東日本大震災復興基本法(2011年6月24日　法律第76号)に復興庁設置の基本方針が規定された。2011年12月9日に成立した復興庁設置法によってその目的、所掌事務、組織が具体化された。内閣の下に置かれ、東日本大震災からの復興に関する内閣の

事務を内閣官房とともに助けること、復興に関する行政事務の円滑かつ迅速な遂行を図る。

総務省 行政組織、公務員制度、地方行財政、選挙、消防防災、情報通信、郵政事業など、国家の基本的仕組みにかかわる諸制度、国民の経済・社会活動を支える基本的システムを所管し、国民生活の基盤に広く関わる行政機能を担う。

法務省 法務に関する行政を総合的に所掌する行政機関、登記・戸籍等の民事業務、刑事事件の捜査・公訴の提起等の検察業務、犯罪者等の収容・社会復帰を図る矯正業務、更正保護業務、人権擁護業務、出入国の審査、外国人登録等の出入国管理業務。

外務省 日本国民の安全・安心の確保に資する外交を展開し、国家の成長・発展に資する外交を推進していくために、各種外交政策の立案、外国政府との交渉及び協力、国際機関等への参加・協力、国際約束の締結、国際情勢に関する情報の収集・分析、海外における日本国民の安全と利益の保護等を行っている。

財務省 予算の作成、税制及び関税に関する制度の企画立案、財政投融資計画の作成、外国為替に関する制度の企画立案、金融危機管理等に日々取り組んでいる。

文部科学省 「未来への先行投資」の役割を担っている。日本の教育、科学技術・学術、スポーツ及び文化の振興を進めるとともに、豊かな人間性を備えた創造的な人材を育成する。

厚生労働省 人の誕生から雇用を経て、老後まで国民に安心と活力をもたらすため、医療保険、年金、介護保険、福祉、国民の健康と安全の確保、働く環境の整備、雇用の創出・安定などの政策の立案、実施。

農林水産省 農林水産業の振興、食料の安定供給、国土・自然環境の保全、農山漁村地域社会の発展、食品産業の振興など国民経済、国民生活に密着する業務。

経済産業省 「国際競争力の強化」と「地域経済の活性化」を軸にした新たな経済社会システムの構築を戦略的に推進。経済構造改革、通商政策、地域経済、技術革新、IT、環境、中小企業、エネルギー等のあらゆる政策を駆使し、創造性あふれる社会の実現に挑戦。

国土交通省 24時間、365日、人のあらゆる活動の基礎となる社会・交通基盤を「よりよく」することを使命とする行政機関である。まちづくり、観光立国、都市再生、国際交通ネットワーク整備、危機管理、災害対策など。この幅広い行政フィールドを運営すべく、柔軟で創造的な政策の企画立案に取り組んでいる。

環境省 政府全体の環境政策の企画立案・推進、地球環境保全対策、大気汚染、水質汚濁等の公害を防止するための規制、監視測定を行う。自然環境の保全・整備、野生動植物の種の保存、廃棄物対策、有害廃棄物の輸出入規制、化学物質対策など。

防衛省 日本の平和と独立を守り、国の安全を保つため、適切な防衛力の整備及び運用並びに日米安保体制の保持などを図るとともに、国際平和協力業務等を通じて、より安定した安全保障環境の構築への貢献、大規模災害等各種事態への対応を推進する。

第六章　行政

注釈

1. **出典**：総務省ホームページ（政策/ 地方行財政/ 地方自治制度/ 地方公共団体の行政改革等/ 地方公務員数の状況）。
2. **政治屋**：政治よりもお金や権力など利権を得ることに熱心だと思われる政治家を揶揄して「政治屋」と呼ぶことがある。日本の政治家のなかに、特定の業界の単なる代理人でしかない者や暴力団と深いつながりを持っている者がいることも、こうした揶揄を生む理由となっている。
3. **霞が関**：官庁街と言われ、日本の行政機関の庁舎が建ち並んでいることで知られる東京都千代田霞が関という地名である。
4. **根回し**：根回しは、樹木を移植するに先立ち準備する一連の作業のこと。転じて、物事を行う際に事前に関係者からの了承を得ておくこと（下打ち合わせや事前交渉などの段取り）をも指す言葉となった。
5. **特殊法人**：営利目的の市場原理による実施では不可能か、不可能に近いような事業を実施を目的として設立されることが通常である。公団、公社、事業団、特殊銀行、金庫、公庫、特殊会社など多岐にわたる形態がある。総務省行政管理局では、特殊法人の新設、目的の変更その他当該法律の定める制度の改正及び廃止に関し、審査を行っていく。

質問

1. 天下りの意味は何?
2. 公務員の権利は何か?
3. 公務員の特別職と一般職の区別は何?

思考問題

1. 公務員試験の種類から見た三権分立
2. 官僚と政治家の区別と連帯

豆知識（6）

日本官庁のセクショナリズム

セクショナリズム（英: sectionalism、部局割拠主義）　集団・組織内部の各部署が互いに協力し合うことなく、自分たちが保持する権限や利害にこだわり、外部からの干渉について排他的傾向のことをいう。官僚制における逆機能の一つとして指摘されたもので、組織内部の専門性を追求しすぎた結果起こってくる機能障害である。このような傾向の顕著な例が「縄張り意識」や「派閥主義」で、自分たちが担当する職務に関して、他の部局の人間が関与することを嫌い、組織全体の利益・効率性を無視して自分たちの都合ばかりを優先するというものである。

　また、自らが担当する職務以外に関心が薄く、専門外のことは避けようとし、専門以外のことはほとんど知らないという傾向も特徴としてある。組織内部のセクショナリズムを解消するために、組織横断的に各部局からメンバーを選抜して協力させるプロジェクトを発足させると

日本政治概況

いう方法がとられるようになってきた。しかし、このようなプロジェクトも参加メンバーに対して、通常業務との掛け持ちで過度の負担を強いることも多くなるマイナスの面がある。

広義のセクショナリズムとして、本来であれば自分とは無関係ではない事柄であっても他に責任者がいる場合はあえて関与しない、それでいて担当者のやる事に対して無責任に非難中傷する事も挙げられる。

「縄張り意識」 人間社会においては、いわゆるやくざのグループが自己の支配する領域に対する言葉として縄張りを使う。それ以外にも、地域間、組織間、分野間でグループ相互の間でそれぞれの関係する領域がぶつかりあう場合に、自己の領域の存在を主張したがることを縄張り根性あるいは縄張り意識という。そういった縄張り意識が強い場合、さまざまな問題を引き起こしている。

人間の、特に不動産の所有、狩猟・漁労権などは本質的に縄張りである。また、パーソナルスペース、対人距離という概念がある。暴力団対策法では「縄張」を「正当な権限がないにもかかわらず自己の権益の対象範囲として設定していると認められる区域」と定義している。

資料一

公務員の職務規定と制限

一、規定

（１）職務遂行上の義務（職務遂行・職務専念義務。国家公務員法第101条、地方公務員法第35条）

（２）法令と上司の命令に従う義務（服命義務。国家公務員法第98条第1項、地方公務員法第32条）

（３）秘密を守る義務（守秘義務。国家公務員法第100条第1項、第109条第12号、地方公務員法第34条第1項、第60条第2号）

（４）品位と信用を保つ義務（国家公務員法第99条、地方公務員法第33条）業務上横領や接待はもちろん、勤務時間外の傷害事件、飲酒運転も含まれる。

二、制限

（１）ストライキの禁止など、労働基本権に関し制限又は特別な取扱いがある（政令第201号、及びこれを起源とする国家公務員法第102条、地方公務員法第37条）。国際労働条約第98号（1949年の団結権及び団体交渉権）、市民的及び政治的権利に関する国際規約第22条違反との指摘がある。

（２）中立的な立場を保つため、所定の政治的行為が禁止されている（政令第201号、及びこれを起源とする国家公務員法第102条、人事院規則14—7、地方公務員法第36条）。この点については言論の自由・思想信条の自由を阻害するなどとする違憲性はなく最高裁で合憲判決が下されている。

（３）営利企業及び非営利事業との関係について制限を受ける（国家公務員法第103条、第104条、地方公務員法第38条第1項）退職後の再就職の制限、兼業の禁止などNPOやNGOのメンバーとなって活動する事にも制限が課される。

出典：http://ja.wikipedia.org/wiki/日本の公務員

資料二

公務員俸給表に基づく職種区分

一、常勤の職員(「正規職員」)

　常勤の職員は「正規職員」、正職員、プロパー職員とも言われるが、いずれも法令上の呼称ではない。定年に達しない者を、任期を切らずに任用して常勤の職員とした者で、企業でいう「正社員」に相当する。様々な責任ある職務に就き、転勤、転属、昇給、昇進がある。

　行政職：一般の行政事務に携わるものをいう。採用試験で法律、経済などの区分から採用された事務系職員(事務官、事務吏員)と、土木、建築、機械工学、農業などの区分から採用された技術系職員(技官、技術吏員)などがいる。

　専門行政職：行政職のうち、植物防疫官、家畜防疫官、特許庁審査官、船舶検査官、航空管制官等の高度な技術を必要とする業務に携わる職員をいう。

　税務職：国税庁で租税の徴収等に従事する職員をいう。

　教育職：教員。教育行政に携わるものでも、教育委員会や学校の一般事務を担当する者は、行政職である。

　医療職：公務員医師の官職の、医務官や医官、公務員歯科医師の官職である歯科医務官や歯科医官、薬剤師、看護師や、役所における保健師、栄養士などが含まれる。

　研究職：公立の研究機関や検査機関の技術系職員。博物館や美術館の学芸員は研究職として採用する自治体と行政職として採用する自治体がある。

　公安職：警察官、海上保安官、消防吏員など、治安・安全に関係する職にあるもの。公安職に含まれる公務員の職は、職務の特殊性から労働三権が保障されていないものが多いが、皆無ではない。

二、そのほかの職員

　国や地方公共団体の機関に勤務する公務員のなかには、正規職員のほかに、雇用条件の違いによって次のような身分の違いが見られる。

　臨時的任用職員：臨時職員とも言われるが、正規職員が一時的に欠けるなどの緊急の場合や、臨時の職が設置された場合などに、緊急避難的に置くことが法律で認められた職員。6ヶ月を限度とする任期を切って雇用され、更新も一回までしか認められない。雇用期間中は正職員に準じる待遇を受けるが、常勤より短い時間のみ勤務し、その分の給与を抑制される短時間勤務の場合もある。転属、昇給はない。

　再任用職員：定年退職した職員のなかから退職以前の勤務実績等を基に選考され、1年の任期を限って再任用された職員。臨時的任用と同様に、常時勤務と短時間勤務の2種類がある。

　任期付採用職員：高度な専門的知識を有する者を任期を限って採用する必要がある場合や、以後一定の期間に特定の業務量が増大することが見込まれ、一定期間職員を増員する必要がある場合等に限り、5年を越えない範囲で任期を切って採用される職員。雇用期間中は正職員に準じる待遇を受

ける。
　任期付短時間勤務職員：一定期間内に業務量の増加が認められる場合等に限り、1年を越え3年を越えない任期で採用され、短時間勤務を行う職員。
　非常勤職員：常時勤務を要しないとされる職員の総称。消防団員のような特別職のものと、嘱託等の一般職のものがある。一般職の非常勤職員は、一般の職員の指揮の下、補助的な事務に当たるものとされており、待遇も安定性の高い一般の職員に比べると極めて不安定である。非常勤職員は雇用形態による様々な種別があり、採用機関によって制度が異なるが、代表的なものとして次のようなものがある。
　（1）嘱託職員：「嘱託」と呼ばれる非常勤職員の種別は機関によって様々であるが、1年程度の期間を任期とし、3年程度を限度として雇用され、常勤より短い時間のみ勤務する者を指す場合が多い。
　（2）日々雇用職員：期間限定で雇用される臨時の非常勤職員。制度上、雇用期間は一日単位であり、雇用予定期間中の一日ごとに雇用が更新されることから「日々雇用」と称される。非正規雇用。
　　　　　　　　　　　出典：http://ja.wikipedia.org/wiki/日本の公務員

資料三

「離職後の就職に関する規制」

　職員であつた者であつて離職後に営利企業等の地位に就いている者（退職手当通算予定職員であつた者であつて引き続いて退職手当通算法人の地位に就いている者（以下「退職手当通算離職者」という。）を除く。以下「再就職者」という。）は、離職前五年間に在職していた局等組織に属する役職員又はこれに類する者として政令で定めるものに対し、国、特定独立行政法人若しくは都道府県と当該営利企業等若しくはその子法人との間で締結される売買、貸借、請負その他の契約又は当該営利企業等若しくはその子法人に対して行われる行政手続法（平成五年法律第八十八号）第二条第二号に規定する処分に関する事務（以下「契約等事務」という。）であつて離職前五年間の職務に属するものに関し、離職後二年間、職務上の行為をするように、又はしないように要求し、又は依頼してはならない。
出典：国家公務員法1947年10月21日法律第百二十号；最終改正2014年6月25日法律第八二号第百六条の四

第六章　行政

資料四　国（中央政府）の統治機構

[立法] 国会
- 衆議院
- 参議院
  - 裁判官弾劾裁判所
  - 裁判官訴追委員会
  - 国立国会図書館

[行政] 内閣
- 内閣官房
- 内閣法制局
- 国家安全保障会議
- 高度情報通信推進本部
- 構造改革特区推進本部
- 都市再生本部
- 知的財産戦略本部
- 地球温暖化対策推進本部
- 中心市街地活性化本部
- 郵政民営化推進本部
- 道州制特別区域推進本部
- 総合海洋政策本部
- 宇宙開発戦略本部
- 社会保障改革国民会議
- 原子力防災会議
- 人事院

会計検査院

各省庁：
- 内閣府（宮内庁、金融庁、公正取引委員会、国家公安委員会）
- 復興庁
- 総務省（消防庁、公害等調整委員会）
- 法務省（公安調査庁、公安審査委員会）
- 外務省
- 財務省（国税庁）
- 文部科学省（文化庁）
- 厚生労働省（中央労働委員会）
- 農林水産省（林野庁、水産庁）
- 経済産業省（資源エネルギー庁、特許庁、中小企業庁）
- 国土交通省（観光庁、気象庁、運輸安全委員会、海上保安庁）
- 環境省（原子力規制委員会）
- 防衛省

[司法] 最高裁判所
- 高等裁判所
- 地方裁判所
- 家庭裁判所
- 簡易裁判所

出典：寺崎秀俊「日本の行政システム―その現状と今後の課題―」外交学院学術講座（2014年11月17日）

第六章主要漢字名詞の読み方

斡旋〔あっせん〕	矯正業務〔きょうせいぎょうむ〕
天下り〔あまくだり〕	金融危機〔きんゆうきき〕
お上〔おかみ〕	警視〔けいし〕
会計検査院〔かいけいけんさいん〕	公営企業〔こうえいきぎょう〕
外国為替〔がいこくかわせ〕	公卿〔こうけい〕
介護保険〔かいごほけん〕	公職選挙法〔こうしょくせんきょほう〕
瑕疵〔かし〕	公訴〔こうそ〕
家老〔かろう〕	公団〔こうだん〕
官公庁〔かんこうちょう〕	交通基盤〔こうつうきばん〕
観光立国〔かんこうりっこく〕	候補者〔こうほしゃ〕
給付〔きゅうふ〕	公務傷病〔こうむしょうびょう〕
給与〔きゅうよ〕	子会社〔こがいしゃ〕
行政家〔ぎょうせいか〕	国民世論〔こくみんよろん〕

日本政治概況

戸籍	[こせき]	退職年金	[たいしょくねんきん]
国家公務員	[こっかこうむいん]	大名	[だいみょう]
顧問	[こもん]	地方公務員	[ちほうこうむいん]
採決要員	[さいけつよういん]	地方自治法	[ちほうじちほう]
再就職	[さいしゅうしょく]	知名度	[ちめいど]
財政投融資	[ざいせいとうゆうし]	中央官庁	[ちゅうおうかんちょう]
採用選考	[さいようせんこう]	仲介	[ちゅうかい]
参政	[さんせい]	懲戒	[ちょうかい]
参与	[さんよ]	朝廷	[ちょうてい]
恣意的	[しいてき]	勅選議員	[ちょくせんぎいん]
執政	[しっせい]	登記	[とうき]
諮問	[しもん]	都庁官僚	[とちょうかんりょう]
宿老	[しゅくろう]	任命権者	[にんめいけんしゃ]
守秘義務	[しゅひぎむ]	農山漁村	[のうさんぎょそん]
準拠	[じゅんきょ]	廃棄物	[はいきぶつ]
遵守	[じゅんしゅ]	幕府	[ばくふ]
所轄下	[しょかつか]	非常勤	[ひじょうきん]
嘱託員	[しょくたくいん]	筆記試験	[ひっきしけん]
所掌	[しょしょう]	服務規律	[ふくむきりつ]
職階制	[しょっかいせい]	部署	[ぶしょ]
審議会	[しんぎかい]	不利益処分	[ふりえきしょぶん]
審議官	[しんぎかん]	併願	[へいがん]
人物試験	[じんぶつしけん]	俸給表	[ほうきゅうひょう]
水質汚濁	[すいしつおだく]	奉仕者	[ほうししゃ]
政治屋	[せいじや]	補佐役	[ほさやく]
世襲政治家	[せしゅうせいじか]	面接	[めんせつ]
宣誓	[せんせい]	役人	[やくにん]
捜査	[そうさ]	揶揄	[やゆ]
代償	[だいしょう]	倫理意識	[りんりいしき]

第七章　司法

第一節　司法制度

　司法は行政・立法と並ぶ国家作用の一つであり、司法作用を行う国家の権能を司法権といい、行政権・立法権と対比される。

1．日本の司法制度

　明治憲法の性格　日本の近代的司法制度は、明治憲法制定後の1890年から裁判所構成法によってその骨格が定められた。裁判所に検事局が置かれ、裁判官及び検察官はともに司法官として養成され、司法行政の監督権は司法大臣が有するなど、その骨格は主としてドイツの制度に類似しており、裁判手続も職権主義〔注釈1〕を基本としていた。

　新憲法の性格　戦後の司法制度は、新憲法の制定に伴って、司法制度もアメリカの制度にならって大きな変革を遂げた。裁判所に違憲審査権が与えられるとともに、司法権はすべて裁判所に属することとされ、戦前にあった行政裁判所のような特別裁判所の設置が禁止された。裁判手続の面では、民事訴訟、刑事訴訟において、当事者の訴訟活動をベースに審理を進め、その結果に基づき裁判所が判断を示すという当事者主義〔注釈2〕の手続が大幅に採り入れられた。法律の優先順位〔資料一〕は憲法＞法律＞政令＞省令＞告示＞訓令＞要綱のようになる。

2．司法行政権と任命制度

　司法行政権　司法行政権〔注釈3〕に基づいて行使される行政作用を、司法行政という。通常、司法権を行使するのは裁判所であるため、裁判所に係る行政作用の行使権限と同じ意味である。その内容としては、裁判官その他の裁判所職員の任免・配置・監督、庁舎の管理、会計経理など、裁判所運営上の人的物的両側面に及ぶ。

　任命制度　最高裁判所長官は最高裁判所の長たる裁判官であり、内閣総理大臣、衆議院議長・参議院議長とともに、三権の長と呼ばれる。最高裁判所は、最高裁判所長官1人と、最高裁判所判事（「その他の裁判官」）14人の計15人の最高裁判所裁判官からなる。

最高裁判所長官以外のその他の裁判官を「最高裁判所判事」という。最高裁判所長官が内閣の指名に基づいて天皇が任命するのに対し、最高裁判所判事は内閣が任命し天皇が認証する。

裁判官は、原則として、司法試験に合格し、司法修習〔注釈4〕を終えた人のなかから任命される。ただ、裁判官のなかでも、最高裁判所判事は、学識経験者などから任命されることがあるし、簡易裁判所判事については、司法修習を終えた人でなくても必要な知識があれば、任命されることがある。

3．裁判官の仕事

裁判官は、憲法や法律に拘束されるほかは、良心に従って、独立して各事件について裁判を行う。裁判は、担当する裁判所や事件の内容などによって、一人の裁判官が取り扱う場合と複数の裁判官で構成する合議体で取り扱う場合があり、後者を合議制という。合議制で裁判を行う場合は、裁判官のうちの一人が裁判長として手続を進めていく。

刑事事件　捜査機関が強制捜査をする場合には、被疑者などの基本的人権を守る観点から、原則として逮捕状や捜索差押令状などの令状を発付するか否かを判断する。また、検察官から提出された証拠を調べ、被告人やその弁護人の言い分や証拠も調べて、被告人が有罪・無罪を判断する。その上で、罪を犯したと認められる場合には、どのような刑罰を与えればいいのかも判断する。

民事事件　貸したお金を返してほしいなどの個人間の紛争や、売掛代金に関する企業間の紛争などを解決するための手続に関する事件である。民事事件のうち民事訴訟では訴訟を起こした原告とその相手方である被告の双方の主張を聴き、提出された証拠を調べたりして、法律を適用し、原告の請求を認めてよいかを判断する。

民事事件の主な内容

> （1）解雇や賃金の不払などの労働事件。
> （2）特許権や著作権など知的財産権に関する知的財産権事件。
> （3）裁判内容を守らない相手に、強制執行させる執行事件。
> （4）債務や財産の清算、生活の立て直しを図るための破産事件。
> （5）配偶者からの暴力、身体に重大な危害に関する保護命令事件。

家事事件　裁判官が当事者の言い分を聴いたり、当事者が提出する証拠を調べるなどして、事案に応じて、家庭裁判所調査官の報告や参与員の意見を聴くなどした上で審判をする。

家事事件の仕組み　家庭内の紛争などの家庭に関する事件は、家族の感情的な対立が背景にあることが多いので、これを解決するには、法律的な観点からの判断をするばかりでなく、相互の感情的な対立を解消することが求められている。また、家庭に関する事件を解決するに当たっては、その性質上、個人のプライバシーに配慮する必要があるし、裁判所が後見的な見地から関与する必要がある。これに対して職権主義の下に、具体的妥

当性を図りながら処理する仕組みになっている。

少年事件 窃盗などの犯罪をしたと疑われる非行少年審判の場合、捜査機関から送られた記録などを調査した上で、少年、保護者、付添人の言い分を聴いたり、家庭裁判所調査官の調査結果の報告と意見を聴いたりして、少年が非行を犯したかどうか、今後の更生のためにはどのような処分が適当かを裁判官が判断する。

家庭裁判所が取り扱う少年事件

> （1）犯罪少年、罪を犯した14歳以上20歳未満の少年（女子も含む）。
> （2）触法少年、14歳未満の実質的な犯罪、刑法上犯罪ならない少年。
> （3）ぐ犯少年：20歳未満の不良行為、将来罪を犯すおそれある少年。

4．裁判官弾劾制度

裁判官は、公正な裁判を行うことを通じて国民の権利を守るという重要な役割を担っている。国家権力等ほかからの影響を受けずに公正で充実した裁判を行うためには、裁判官の身分の保障が必要となる。また、憲法上一定の手続によって罷免される場合を除いては、その意思に反して免官、転官、転所、停職又は俸給の減額を受けることはない。

裁判官訴追委員会 新憲法は「国会は、罷免の訴追を受けた裁判官を裁判するため、両議院の議員で組織する弾劾裁判所を設ける。」と定めており、国会法、裁判官弾劾法が、弾劾の組織及び手続、罷免の事由などを定めている。日本国民は、誰でも訴追の請求をすることができる。裁判官訴追委員会は、裁判官に国民の信託に対する背反行為があった場合に、その裁判官の罷免の訴追を行う機関であって、刑事事件における検察庁のような役割を担っている。

裁判官訴追委員会の構成 裁判官訴追委員会は、20人の訴追委員（衆議院議員及び参議院議員各10人）と10人の予備員（衆議院議員及び参議院議員各5人）で構成されている。委員及び予備員は各院の本会議で選任され、その任期は議員としての任期で、委員長は訴追委員が互選する。

5．裁判員制度

裁判員に関する法律 「裁判員の参加する刑事裁判に関する法律」は2004年5月21日に成立し、2009年5月21日から裁判員制度が始まった。国民が刑事裁判に参加することにより、司法に対する国民の信頼の向上につながることが期待されている。

裁判員制度 裁判員制度は国民に裁判員として刑事裁判に参加してもらい、被告人が有罪かどうか、有罪の場合どのような刑にするかを裁判官と一緒に決めてもらう制度である。最終的に事件ごとに、裁判は、原則として裁判員6名、裁判官3名の合議体で行われ、被告人が事実関係を争わない事件については、裁判員4名、裁判官1名で審理することが可能な制度となっている。この制度は、アメリカ、イギリス、フランス、ドイツ、イタリア等でも行われている。

裁判員の選出と参与 　市町村の選挙管理委員会がくじで選んで作成した名簿に基づき、翌年の裁判員候補者名簿を作成し、就職禁止事由や客観的な辞退事由に該当するかについて調査票を送付して、また、くじで裁判員候補者が選ばれる。

　選ばれた裁判員は公判（法廷）に立ち会う。公判では証拠書類を取り調べ、証人や被告人に対する質問をして被告人が有罪か無罪か、また有罪の場合、刑にするべきかを、裁判官と一緒に議論し決定することになる。全員意見が一致ではなかったとき、決定は多数決により行われる。

裁判員制度の対象となる事件 　地方裁判所で行われる刑事裁判（第一審）のうち殺人、強盗(強盗致死傷)、傷害致死、危険運転致死、現住建造物等放火、身の代金目的誘拐、保護責任者遺棄致死、覚せい剤取締法違反などの刑事案件がある。例外として、「裁判員やその親族に危害が加えられるおそれがあり、裁判員の関与が困難な事件」は裁判官のみで審理・裁判する。被告人に拒否権はない。

第二節　裁判所の組織と配置

1．裁判所の組織

裁判所の審級制度 　正しい裁判を実現するために、日本では三審制度〔資料ニ〕、すなわち、第一審、第二審、第三審の三つの審級の裁判所を設けて、当事者が望めば、原則的に3回までの反復審理を受けられるという制度を採用している。第一審に不服のある当事者は、第二審の裁判所に不服申立て（控訴）をすることができ、第二審にも不服のある当事者は、更に第三審の裁判所に不服申立て（上告）をすることができる。

各級裁判所の関係 　審級関係において上位にある裁判所を上級裁判所、下位にある裁判所を下級裁判所と呼び、不服申立ての控訴と上告を併せて上訴という。個々の裁判所は、それぞれ独立して裁判権を行使し、上級裁判所の判断が下級裁判所の判断より優先し下級裁判所を拘束する。例えば、第一審を地方裁判所が行う場合、その控訴審を行う高等裁判所をさす。上級審ともいう。

2．裁判所の配置

　憲法第76条第1項は、「すべて司法権は、最高裁判所及び法律の定めるところにより設置する下級裁判所に属する。」と規定し、裁判所法が下級裁判所として高等裁判所、地方裁判所、家庭裁判所及び簡易裁判所の4種類の裁判所を設け、それぞれの裁判所が扱う事件を定めている。

最高裁判所 　最高裁判所は、憲法によって設置された日本における唯一かつ最高の裁判所で、上告及び訴訟法において特に定められた抗告について司法裁判権を持つほか、人事官の弾劾に関する裁判について、第一審かつ終審としての裁判権を持っている。

第七章　司法

最高裁判所長官

> 現任最高裁判所第18代長官寺田逸郎は2014年4月1日に就任、親子2代での長官就任は初めて戦後生まれの長官も初である。

憲法は司法権の完全な独立を守るために、訴訟に関する手続、弁護士、裁判所の内部規律及び司法事務処理に関する事項について規則を制定する規則制定権を、また、下級裁判所の裁判官に任命されるべき者の指名、裁判官以外の裁判所職員の任命及び補職、裁判所に関する予算の編成への関与及び実施等のいわゆる司法行政権を、最高裁判所に与えた。

高等裁判所　高等裁判所は、日本の8か所の大都市（東京、大阪、名古屋、広島、福岡、仙台、札幌、高松）に置かれているほか、その支部は6か所の都市（金沢市（名古屋高等裁判所金沢支部）、岡山市（広島高等裁判所岡山支部）、松江市（広島高等裁判所松江支部）、宮崎市（福岡高等裁判所宮崎支部）、那覇市（福岡高等裁判所那覇支部）、秋田市（仙台高等裁判所秋田支部））が設けられている。また、特別の支部として、東京高等裁判所に知的財産高等裁判所が設けられている。

知的財産高等裁判所

> 2005年4月には、知的財産権に関する事件を専門的に取り扱う裁判所として知的財産高等裁判所（知財高裁）が、東京高等裁判所の「特別の支部」として設置された。

高等裁判所の組織　高等裁判所は、高等裁判所長官及び判事によって組織されている。高等裁判所長官は、内閣によって任命され、天皇の認証を受ける。高等裁判所における裁判は、原則として3人の裁判官から成る合議体によって審理される。内乱罪及び公正取引委員会の審決の訴訟等は、5人の裁判官から成る合議体によって審理する。

高等裁判所の仕事　高等裁判所は、地方裁判所若しくは家庭裁判所の判決又は簡易裁判所の刑事の判決に対する控訴、地方裁判所の民事の第二審判決に対する上告及び簡易裁判所の民事の判決に対する飛躍上告、地方裁判所又は家庭裁判所の決定に対する抗告について裁判権を持っている。

地方裁判所　地方裁判所は、全国に50か所あり、その管轄区域は北海道が四つに分かれているほか、各都府県と同じである。地方裁判所に支部が設けられており、その総数は203である。

地方裁判所の仕事　地方裁判所は、原則的な第一審裁判所で、他の裁判所が第一審専属管轄権を持つ特別なものを除いて、第一審事件のすべてを裁判することができるものとされている。さらに、地方裁判所は、簡易裁判所の民事の判決に対する控訴事件についても裁判権を持っている。

地方裁判所の事件は、単独裁判官又は原則として3人の裁判官から成る合議体のどちらかで取り扱われる。大多数の事件は、単独裁判官によって処理されている。

地方裁判所の合議体裁判の必要とする事件

(1)「合議体で審理及び裁判をする」旨を合議体で決定した事件。
(2)死刑又は無期、短期1年以上の懲役、禁錮に当たる罪の事件。
(3)控訴事件。
(4)その他法律によって合議事件と定められたもの。

　家庭裁判所　家庭裁判所とその支部は、地方裁判所とその支部の所在地と同じ所にある。このほか、特に必要性の高いところに家庭裁判所出張所が設けられる。家庭裁判所においては、夫婦関係や親子関係の紛争などの家事事件について調停や審判、非行を犯した少年の事件について審判を行う。

　簡易裁判所　簡易裁判所は、全国に438か所ある。簡易裁判所は、民事事件については、訴訟の目的となる物の価額が140万円を超えない請求事件について、また刑事事件については、罰金以下の刑に当たる罪及び窃盗、横領などの比較的軽い罪の訴訟事件等について、第一審の裁判権を持っている。簡易裁判所は、その管轄に属する事件について、罰金以下の刑又は3年以下の懲役刑しか科することができない。この制限を超える刑を科するのを相当と認めるときは、事件を地方裁判所に移送しなければならない。

　調停制度　簡易裁判所には、身近な民事紛争を話し合いで解決するため調停という制度もある。民事調停は、費用も安く、裁判官又は民事調停官と2人以上の民事調停委員によって構成された調停委員会が当事者双方の言い分を十分聴いて双方の合意を目指す。調停で合意が成立し、その内容が調書に記載されると、その調書の記載は、裁判所がした判決と同じ効力を持つことになる。

第三節　検察制度

1. 検察制度の特色

　検察官及び検察庁は、行政と司法との両性質を持つ機関であるため、その組織と機構も両者の特徴を併有している。日本の刑事司法手続においては、検察審査会による起訴議決に基づく公訴提起の制度を例外とするほかは、検察官が、国家の刑事訴追機関として公訴権を独占し、その権限行使の適正を期するため捜査を行い、原告官として訴訟を遂行するとともに裁判の執行を指揮監督するなど、刑事司法運営の中核的機能を担っているのである。

　検察制度の三つの特色

（1）検察官は、自ら被疑者、参考人などの取り調べ、証拠の収集を行う。
（2）検察官は、的確な証拠によって有罪判決を得られる高度の見込みがあるのを起訴する。
（3）起訴便宜主義[注釈5]が採られている。

2．検察庁と検察官

検察庁　検察庁は、検察官が行う事務を統括する国家機関である。検察庁は、司法権、立法権、行政権の三権の内、行政権を持つ行政に帰属する官庁であり、国民の権利保持の観点から、俗に準司法機関とも呼称されている。検察庁は、裁判所の機構に対応して、最高検察庁、高等検察庁、地方検察庁及び区検察庁の四つに分かれている。

検察官　検察官は、公益の代表者として、刑事事件について裁判所に裁判を求めるための公訴を提起(起訴)することができる(刑事訴訟法第247条)。新憲法第77条の法律規約では、「検察官は、最高裁判所の規則に従わなければならない」と規定されている。検察官に任命されるためには、原則として、司法試験に合格し、司法修習を終えることが必要である。

検察官の区分　検察官は、検事総長、次長検事、検事長、検事及び副検事に区分される。なお、地方検察庁には、検事から任命される検事正が置かれている。このうち、検事総長、次長検事及び検事長は、内閣が任免し、天皇が認証することとなっている。

最高検察庁検事総長

> 検事総長は国務大臣待遇で、現任の検事総長大野恒太郎は第28代検事総長として2014年7月18日に就任した。

検事総長は、最高検察庁の長として庁務を掌理し、かつ、その庁並びにその庁の対応する裁判所の管轄区域内にあるすべての検察庁の職員を指揮監督している。次長検事は、最高検察庁に属し、検事総長を補佐し、検事総長に事故のあるとき、又は検事総長が欠けたときは、その職務を行う。

検事正と検事　検事正(地方検察庁の長である検事)は、その地方検察庁の庁務を掌理し、かつ、その庁及びその庁の対応する裁判所の管轄区域内にある区検察庁の職員を指揮監督している。検事は、最高検察庁・高等検察庁及び地方検察庁などに配置され、捜査・公判及び裁判の執行の指揮監督などの仕事を行っている。副検事は、区検察庁に配置され、捜査・公判及び裁判の執行の指揮監督などの仕事を行っている。

検察官の職務　検察官は、刑事訴訟についての公訴を裁判所に提訴することにより、裁判所に法律の正当な適用を請求し、かつ、裁判の執行を監督する社会的権利を有する。また、裁判所の権限に属するその他の事項についても職務上必要と認めるときは、裁判所に、通知を求め、または意見を述べ、公益の代表者として他の法令がその権限に属させた事務を執行する。地方公共団体が罰則の定めのある条例を制定しようとするときは、検事が審査する。

検察官の権限　主として刑事裁判における公判を受け持つ他、検察庁法第六条や刑事訴訟法第191条の規定に基づき、大型経済犯罪や政界絡みの汚職事件等、単独で犯罪の捜査を行う場合もあるが、警察とは異なり実力を以て、「犯罪を予防鎮圧する機能(行政警察活動)」はなく、そのため、専ら行政警察活動を適切に遂行し得るために警察官に付与されている武器の携帯使用、職務質問、立入権限、保護、交通規制等の権限は保有しない。

検察官の仕事 検察官が罪を犯したとして起訴して初めて、裁判所は、その事件について裁判を行うことになる。検察官は、起訴した事件について、その被告人がその犯罪の証拠に基づいて立証する役割を担っているし、その事件の捜査をしたり、裁判の執行を監督することも検察官の仕事である。

また、少年事件においては、非行事実の存否について争いがある、一定の重大な事件で裁判所が必要と認めたときには、検察官に、審判への出席を求めることがある。

検察審査制度 検察官が、起訴すべきであると思われる事件を不起訴処分にした場合、その処置に不服のあるものが検察審査会〔注釈6〕に審査を請求できる制度である。検察事務に民意を反映させ、その適正な運用を図るための制度である。

注釈

1. **職権主義**：訴訟法上、裁判所に訴訟活動の主導権を与え、訴訟上の各権限を集中する訴訟構造をいう。当事者主義に対する日本の旧刑事訴訟法は職権主義を採用したが、現行法は逆に当事者主義を採用している。
2. **当事者主義**：訴訟当事者の主張、立証を基本として訴訟が行われる制度。
3. **司法行政権**：司法行政権とは、司法権を行使する機関の設営・管理などの行政作用を行う権限である。
4. **司法修習**：日本の司法試験合格後に法曹資格を得るために必要な裁判所法に定められた「司法修習生の修習」の通称である。
5. **起訴便宜主義**：公訴を提起し、これを維持するに足りる十分な犯罪の嫌疑があり、かつ、訴訟条件が具備している場合においても公訴権者（検察官）の裁量により起訴しないことを認める制度。
6. **検察審査会**：各地方裁判所の所在地などにあり、審査員11名は衆議院議員の選挙権を持つ者からくじで選ばれ、任期は6カ月である。

質問

1. 裁判員はどの種類の裁判に参加できるか？
2. 三審制度とは何？

思考問題

1. 違憲審査権の追究限度
2. 知的財産高等裁判所の意義

第七章　司法

豆知識（7）

主要な日本の法律の分野による一覧

	分野	要項
1	公法	1.1 憲法編　1.2 国会・選挙法編　1.3 裁判法編　1.4 国家行政組織法編　1.5 地方自治法編　1.6 行政通則法編　1.7 財政・租税法編　1.8 警察・防衛法編　1.9 国土整備法編　1.10 環境法編
2	民事法	2.1 民法編　2.2 商法編　2.3 民事訴訟法編　2.4 国際私法編
3	刑事法	3.1 刑法編　3.2 刑事訴訟法編　3.3 矯正保護法編
4	社会法	4.1 労働法編　4.2 社会保障・厚生法編
5	産業法	5.1 経済法編　5.2 事業関連法編　5.3 知的財産法編
6	関連文書	政令 内閣府令 府令・省令

公法と私法

公法とは、国家と市民との関係を規律する法をいい、私法とは、私人間の関係を規律する法をいう。具体的には、憲法や行政法が前者の典型であり、民法や商法が後者の典型とされる。このような区別は、国家の立場と市民の立場が区別されていることを前提としたものである。また、取引関係に国家が介入することを予定した経済法を中心に、公法と私法の中間領域と認められる法分野も発達しており、両者の区別は専ら理念型的な区別ともいいうる。

資料一

法律の優先順位

（1）憲法：国家の統治権、統治作用に関する根本原則を定める基礎法。他の法律や命令で変更することのできない国の最高法規。

（2）法律（法）：国会で決められた社会秩序を維持するために強制される規範、法。

（3）政令（令）：内閣が制定する命令。憲法及び法律の規定を実施するための執行命令と、法律の委任に基づく委任命令とがある。

（4）省令（則）：各省大臣が、主任の事務について発する命令。執行命令と委任命令とがある。

（5）告示：国家や地方公共団体などが、ある事項を公式に広く一般に知らせること。また、そのもの。一般に、官報または公報の掲載によって行われる。告示までが官報に載る。

日本政治概況

(6) 訓令、通達：各省庁から下部組織に出す命令。

(7) 要綱、要領：役所の内部ルール。各省庁の担当課で作る。省令にするほど重要でないものを要綱で定める。要領は行政機関内部における規律、行政指導の一般的な基準、職員の業務執行上必要な細目的事項である。

出典：(http://ja.wikipedia.org/wiki/法_法学)より整理したもの

資料二

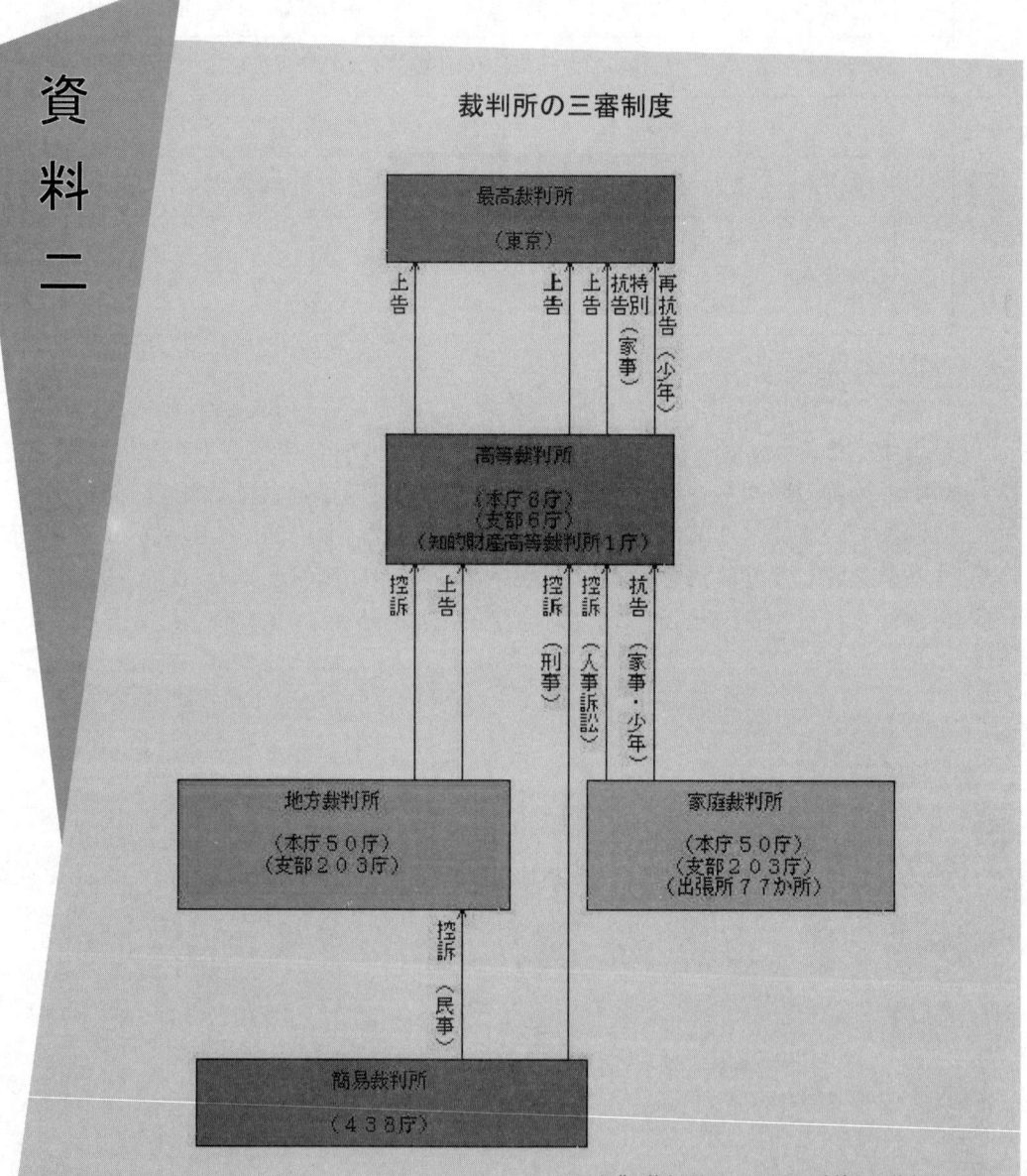

出典：裁判所ホームページ(概要/裁判所の配置)

第七章主要漢字名詞の読み方

違憲審査権〔いけんしんさけん〕	相続〔そうぞく〕
売掛代金〔うりかけだいきん〕	捜索差押令状〔そうさくさしおさえれいじょう〕
横領〔おうりょう〕	訴追〔そつい〕
大野恒太郎〔おおのこうたろう〕	弾劾〔だんがい〕
簡易裁判所〔かんいさいばんしょ〕	知的財産権〔ちてきざいさんけん〕
管轄区域〔かんかつくいき〕	懲役刑〔ちょうえきけい〕
官報〔かんぽう〕	調書〔ちょうしょ〕
起訴〔きそ〕	著作権〔ちょさくけん〕
拒否権〔きょひけん〕	通達〔つうたつ〕
刑事訴訟〔けいじそしょう〕	付添人〔つきそいじん・つきそいにん〕
検察官〔けんさつかん〕	寺田逸郎〔てらだいつろう〕
公益〔こうえき〕	当事者主義〔とうじしゃしゅぎ〕
公正取引〔こうせいとりひき〕	特許権〔とっきょけん〕
公訴〔こうそ〕	内乱罪〔ないらんざい〕
控訴〔こうそ〕	配慮妥当性〔はいりょだとうせい〕
拘束〔こうそく〕	判事〔はんじ〕
告示〔こくじ〕	非行〔ひこう〕
裁判員〔さいばんいん〕	被告人〔ひこくにん〕
裁判官〔さいばんかん〕	飛躍上告〔ひやくじょうこく〕
三審制度〔さんしんせいど〕	不服申立て〔ふふくもうしたて〕
司法官〔しほうかん〕	弁護士〔べんごし〕
出張所〔しゅっちょうしょ〕	未遂罪〔みすいざい〕
傷害致死〔しょうがいちし〕	民事訴訟〔みんじそしょう〕
触法〔しょくほう〕	民事紛争〔みんじふんそう〕
職権主義〔しょっけんしゅぎ〕	有罪・無罪〔ゆうざい・むざい〕
審決〔しんけつ〕	履行勧告〔りこうかんこく〕
人事官〔じんじかん〕	
審判〔しんぱん〕	

第八章　政党

第一節　政党政治の歴史

1．藩閥政治から政党政治へ

　明治憲法下の議会　1889年、明治憲法の発布から、公選の衆議院と非公選の貴族院からなる帝国議会開設後、藩閥は官僚内閣ともいう超然内閣が組織され、政党政治排斥を旨に貴族院や枢密院などを藩閥政治〔注釈１〕の基盤として絶対主義天皇制の支柱となった。

　政治団体の参政　議会制に相まって政党勢力が伸張すると、1900年、伊藤博文は政友会（立憲政友会）を組織し総裁となって指導権を確保し国政を左右した。政治運営は代表的な藩閥人物の伊藤博文、山県有朋、桂太郎などを中心としたので、政党政治とは言えない。

　原敬の政党内閣　1910年代から、日本では本格的に利益誘導政治を展開し、政友会の支持基盤を全国に広げる。原敬は政友会の総裁として、1918年に政党内閣が樹立され、衆議院に議席を持つ政治家として初の組閣となり、「平民宰相」と呼ばれて政友会の全盛時代を現出した。しかし、やがて原敬をめぐっては贈収賄などの疑惑・スキャンダルが絶えなかったため、1921年11月4日に原敬は政党の腐敗を糾弾すると称する暴漢に東京駅で暗殺された。

　政党政治の衰退　原敬暗殺後、政友会は内紛を起こした。1927年、民政党（立憲民政党）が成立し、政友会・民政党の二大政党の時代に入った。1932年、政友会総裁の犬養毅首相が五・一五事件で殺害され、その年からは、海軍長老の齋藤実を首相とし、政友会・民政党の双方が加わる挙国一致内閣となり、1934年、当時の最大与党政友会が野党に転じ、1936年、二・二六事件後、軍の組閣への影響力が強まり、社会主義政党の躍進もあって、政友会・民政党は徐々に影響力を衰退させ、軍人出身政治家の組閣は主とした。

2．挙国一致体制から政党政治への復帰

　大政翼賛会　1940—1945年間　大政翼賛会は近衛文麿首相を総裁として既成政党を吸収し結成した政党である。大日本産業報国会・大日本婦人会・町内会などを下部組織と

して全国民組織を統合して国民統制の中核機関として活動し東亜新秩序建設、国防国家体制が完成され、職域奉公、臣道実践などの観念的綱領を掲げ、実質上新体制運動の指導組織で、政府の補助機関となった。

占領下の政党復活と誕生　戦後の米軍占領下において、1945年に日本共産党が既有組織の合法政党として活動を再開し、続いて旧無産政党を統合して日本社会党が結成され、旧政友会系の日本自由党と旧民政党系の日本進歩党の二大保守政党が組織された。1946年4月の総選挙で第一党になった日本自由党は、日本進歩党の協力によって吉田茂内閣を成立させ、ここに戦後政党内閣制が確立された。

第二節　55年体制と連立政権

1．55年体制の背景

改憲に対する態度　1951年のサンフランシスコ講和条約の調印後、日本では、一つは軍事をどうするかが大きな問題になった。自由党の吉田茂首相は改憲に消極の姿勢が現れたが、アメリカは再軍備をすべしという意見が次第に強まった。一方、政界に復帰した鳩山一郎は、改憲・再軍備を掲げて民主党を率い首相になった。

社会党の両派合同　講和条約に対して、1951年の党大会で分裂していた左右両派の日本社会党は強い危機感を持った。分裂は、主として単独講和条約に対する賛否をめぐって生じたので、単独講和が既成事実となった以上、決定的な意見の対立は弱くなる。当時の衆議院の社会党は左派89人右派67人で、合わせて156人という強勢の背景に、1955年10月に両派は合同(統一)された。

自由・民主両党の合併　保守側も社会党両派合同の機会を探って、吉田茂を支持する自由党の政治家たちもやがて改憲に賛成し、民主党との意見の相違は小さくなった。合併を強く後押ししたのは、革新政党の拡大を危惧する経済界であった。1955年11月、民主党と自由党は合併して自由民主党(略称自民党)を結成した。

2．55年体制の形成と崩壊

1955年は、敗戦後10年経って保革の二大政党を中心とした政党政治が各種の問題を抱えながらも確立した重要な年となった。当時の新聞論調のほとんどはイギリス流の保革の二大政党による政権交代可能な緊張感のある与野党関係に期待を寄せていた。

「保守合同」政治体制　1955年、国会では保守合併をした自民党に一貫して最多の議席を占め、左右二派に分裂した社会党左右合同が議会内第二党・野党第一党となったことを、55年体制と呼ばれる「保守合同」政治体制が形作された。

55年体制の崩壊　55年体制は、結果として「吉田自由党」の日米安保条約を基盤とする日米協調の基本路線を引き継ぎ、また、比較的安定して経済成長路線を進める自民党一党支配の時代となった。自民党と社会党の議席の比率は概ね二対一で、「改憲を阻止する体

制」でもあった。社会党は次第に議席を減らし代わって共産党、公明党などが野党として「二対一政治」の構成員として加わった。自民党一党による長期政権の継続は、政財官の癒着構造、官僚政治などを強固にし、「民意の忠実な反映」という国民代表の機能にも重大な問題を蓄積して、ついに冷戦後の1993年に崩壊に面した。

3．連立政権

連立政権の背景　中曽根康弘内閣からの国鉄民営化などの改革や冷戦終焉など国内外の環境変化において、社会党は都市部の労働者や知識人からの支持の基盤が薄くなり、本来の体制牽制の役割が変わってきた。一方、二大政党もう一つの自民党は、いずれの汚職事件〔注釈2〕の発生によって、支持率が減り、一方農村部への減反政策〔注釈3〕の逓減に従って農村部票田の喪失などによって、1993年に自民党羽田孜派が離党して新生党を結党した契機に、非自民・非共産の連立政権である細川護熙内閣が成立したことで、55年体制は崩壊し、自民党は政権を離れた。これより、日本の政党政治は連立政権の形で続けていった。

連立政権の持続　1994年6月に、連立政権（自社さ連立）である村山富市内閣が成立したことで自民党は政権に復帰して、橋本竜太郎内閣（1996—1998年）以後、小渕恵三内閣（1998—2000年）では自由党との連立（自自連立）、同じく小渕内閣で公明党を加えた連立（自自公連立）、森喜朗内閣（2000—2001年）・小泉純一郎内閣（2001—2006年）で自由党が抜けて自由党の一部からなる保守党（保守新党）が残った連立（自公保連立、自公保新連立）、保守新党が解党した連立（自公連立）、安倍晋三第一次内閣（2006—2007年）から、福田康夫内閣（2007—2008年）、麻生太郎内閣（2008—2009年）をへて（民主党の連立政権を除き）、安倍晋三第二次内閣（2012—今現在）は公明党との自公連立政権が続いた。

民主党を中心する連立政権　鳩山由紀夫内閣（2009—2010年）では、社会民主党、国民新党との連立（民社国連立）は1994年の羽田孜内閣以来、15年ぶり自民党を退治した非自民政権であった。続いて菅直人内閣（2010—2011年）も民社国連立で、野田佳彦内閣（2011—2012年）は国民新党との連立（民国連立）政権であった。

第三節　派閥と利益団体

1．自民党内の派閥現象

派閥政治　政治家の利害、思想などによって結ばれた政党内の小集団によって政治を進めることは派閥政治という。自民党一党政権下では、党の総裁は首相になるため、総裁の座をめぐって派閥〔資料一〕の抗争が激化した。また、中選挙区制下では一選挙区で保守政党候補同士が対立するため、候補は派閥を背景に立候補し、派閥の機能が強化された。

族議員　自民党の長期政権のなかで、重要政策は自民党と各省庁との間で決定されることが多く、特に自民党政調部会を中心に特定省庁、業界との関係を強めることによっ

第八章　政党

て、一方で政策決定過程で大きな力を持つと同時に他方で利権獲得の基盤を築く議員が生まれた。

2．政治団体と利益団体

政治団体　政治資金規正法においては、政治上の主義若しくは施策を推進し支持し、又はこれに反対する活動を本来の目的とする団体及び政策研究団体、政治資金団体、特定パーティー開催団体として組織的かつ継続的に行う団体を政治団体〔資料二〕としている。

利益団体　利益団体は圧力団体、ロビー団体ともよばれる。議会や政府などの政策決定過程に影響力を行使して、集団や団体の利益あるいは主張の実現・推進をめざす活動集団である。利益団体と政党との違いは、政党活動の支援をさまざまな形で行うが、政権担当を志向しない点にある。一般的には経営者団体、労働組合、さまざまな業界団体、農業団体、医師会などの専門家団体がその具体例である。

利益団体の利害と活動　利益団体は、政党中心の代議制をさまざまな形で補完する必要不可欠な存在であるが、政府が政策決定過程で豊かな活動資金と巨大な組織をもつ利益団体の要求に屈服して、公正な決定をゆがめる危険性も孕んでいる。

具体的な活動形態として政治家や政党への政治献金〔注釈4〕、陳情、票集め、パブリック・コメントにおける政策提言や情報提供、各種メディアを通じた広告キャンペーンの展開などがある。利益団体の活動がどの程度まで影響力をもち、成功をおさめるかは、成員の規模、メンバーの忠誠度と統一性、指導者の力量、財源、さらにその目的の意義性をどこまで国民が支持するかにかかっている。

利益団体の機能分類

> (1) 立法作業に専門的な情報と助言をあたえる。
> (2) 国民と政府の間の「仲介集団」として機能する。
> (3) 政治的過激主義に対する抑止力の機能する。
> (4) 選挙のない期間、公共政策や行政に対する監視役の機能する。
> (5) 政党が政策のなかで十分配慮していない特殊な利益を表す。
> (6) 政府役人のおかした誤りと不正を摘発する。

注釈

1. **藩閥政治**：明治政府の指導権を握った薩摩・長州・土佐・肥前四大雄藩(特に薩長二藩)の出身者は陸海軍を握って政府の要職を独占した政治をいう。
2. **汚職事件**：汚職とは、公職にある者が、その地位や職権を利用して収賄や個人の利益を図る不正行為を行うことをいう。不正行為には贈収賄や便宜供与のほかに、作為・不作為による公務上の義務に反する行為がある。公務上の義務に反する行為は、違法行為を黙認する不作為も含めて公務員職権濫用罪に問われる。また汚職のうち、政治にからむ大規模な贈収賄事件や、犯罪の事実が特定しにくく判決のむずかしい裁判事件のことを、特に疑獄という。国際的な組織犯罪の防止に関する国際連合条約を始めとした国際法では、汚職は「腐敗」の一部と認識されており、トランスペアレンシー

・インターナショナルは毎年世界の腐敗度を示す腐敗認識指数を発表している。
3．**減反政策**：米の生産過剰と食糧管理赤字増大に対処するため、政府によって行われる米の生産抑制政策。休耕田の増加と転作により米の作付け面積を減らし、米の需給調整をはかろうとするもので、減反政策という。
4．**政治献金**：選挙や政治活動などのため、企業などが政治家や政党に資金を提供すること。政治資金規正法では寄附とされる。1994年の政治資金規正法改正で、政治家個人への献金は原則として禁止されており、政治家に献金する場合は、政治団体（後援会など）を通じて日本国籍を持つ者、個人年間150万円迄の献金のみ可能で、企業から政治家個人への献金は一切禁止されている。政党へ献金する場合は、個人献金だけでなく企業献金も可能である。

質問

1．原敬政党内閣成敗の原因?
2．55年体制崩壊の背景は何?

思考問題

1．自民党の派閥政治の歴史的要素
2．金権政治による汚職事件の起因

豆知識（8）

族議員

族議員とは、日本の特定の省庁についての政策知識に明るかったり、人脈を築いたりする中で政策の決定権を握ったり、業界団体や利益団体の利益保護に影響力を持ったりする国会議員およびその集団のことである。

族議員は特定分野を所管する官庁の官僚出身議員が多いとされる。また、族議員は各省庁に対応する形で設置された政務調査会の政策部会に属して、必ずしも一様ではないが、衆議院議員で当てはめると当選回数2回で関連省庁の政務次官、当選回数3回で部会長、当選回数4回で国会の委員長、当選回数5回以上で大臣に就任、というふうに当選回数と役職を重ねていくことによって序列のなかを上昇していって、やがてドンやボスと呼ばれるような存在となって政策立案決定の際にさらに強い影響力を行使する族議員となっていく。

族議員は長期政権下の自由民主党議員に限定されたイメージを持たれているが、与野党双方を経験した旧日本社会党・公明党・民主党議員のなかにも族議員が存在していると認識されている。

日本で族議員が台頭したのは1970年代からと言われる。これは政府提出法案の国会提出前に党政務調査会の各部会で法案の事前審査を行うことが政府・自民党におけるルールとして確立したことと、高度経済成長の終焉と社会保障制度の推進の必要が生じたことで、以前のように潤沢な予算を配分することが困難になったことにより党内での調整が必要とされたためである。また、自民党の長期支配が定着したことによる「知識や能力の蓄積」が進んだ点もあった。

第八章　政党

資料一

自民党の現在の主な会派（2015年4月現在）

名称	通称	領袖	勢力	衆院	参院	系譜	先代領袖	先々代領袖
清和政策研究会	細田派	細田博之	94	61	33	岸信介	町村信孝	森喜朗
平成研究会	額賀派	額賀福志郎	51	30	21	佐藤栄作	津島雄二	橋本龍太郎
宏池会	岸田派	岸田文雄	43	30	13	池田勇人	古賀誠	谷垣禎一
為公会	麻生派	麻生太郎	37	29	8	宏池会系	河野洋平	（宮澤喜一）
志帥会	二階派	二階俊博	34	27	7	中曽根	伊吹文明	亀井静香
近未来政治研究会	石原派	石原伸晃	14	13	1	春秋会系	山崎拓	（渡辺美智雄）
番町政策研究所	山東派	山東昭子	11	8	3	三木武夫	大島理森	高村正彦

出典：http://ja.wikipedia.org/wiki/自由民主党の派閥

資料二

政治団体の種類

分類	事項
政党	次のいずれかにあてはまる政治団体 (1)所属国会議員が5人以上 (2)前回の衆議院議員総選挙小(選挙区・比例代表)、前回又は前々回の参議院議員通常選挙(選挙区・比例代表)の全国を通じた得票率が2％以上
政治資金団体	政党のために資金を援助することを目的とし、政党が指定した団体
その他の政治団体	政党・政治資金団体以外の政治団体(主義主張団体、推薦団体、後援団体、特定パーティー開催団体等)
資金管理団体	公職の候補者が、その者が代表者である政治団体のうちから、一の政治団体をその者のために政治資金の拠出を受けるべき政治団体として指定したもの
国会議員関係政治団体	(1)国会議員に係る公職の候補者が、代表者である政治団体 (2)特定の国会議員に係る公職の候補者推薦支持の政治団体 (3)政党の支部で、選挙区、選挙の行われる区域を単位として、国会議員に係る公職の候補者が代表者であるもの

出典：総務省ホームページ（選挙・政治資金/政治団体とは）

第八章 主要漢字名詞の読み方

麻生太郎〔あそうたろう〕	贈収賄〔ぞうしゅうわい〕
安倍晋三〔あべしんぞう〕	大政翼賛会〔たいせいよくさんかい〕
犬養毅〔いぬかいつよし〕	単独講和〔たんどくこうわ〕
汚職事件〔おしょくじけん〕	中曽根康弘〔なかそねやすひろ〕
小渕恵三〔おぶちけいぞう〕	野田佳彦〔のだよしひこ〕
桂太郎〔かつらたろう〕	橋本竜太郎〔はしもとりゅうたろう〕
菅直人〔かんなおと〕	羽田孜〔はたつとむ〕
官僚政治〔かんりょうせいじ〕	鳩山一郎〔はとやまいちろう〕
共産党〔きょうさんとう〕	鳩山由紀夫〔はとやまゆきお〕
減反政策〔げんたんせいさく〕	派閥政治〔はばつせいじ〕
小泉純一郎〔こいずみじゅんいちろう〕	原敬〔はらたかし〕
公職追放〔こうしょくついほう〕	福田康夫〔ふくだやすお〕
公明党〔こうめいとう〕	平民宰相〔へいみんさいしょう〕
講和条約〔こうわじょうやく〕	保守合同〔ほしゅごうどう〕
国鉄民営化〔こくてつみんえいか〕	細川護熙〔ほそかわもりひろ〕
国務長官〔こくむちょうかん〕	村山富市〔むらやまとみいち〕
近衛文麿〔このえふみまろ〕	森喜朗〔もりよしろう〕
再軍備〔さいぐんび〕	山県有朋〔やまがたありとも〕
齋藤実〔さいとうまこと〕	立憲政友会〔りっけんせいゆうかい〕
自民党〔じみんとう〕	冷戦終焉〔れいせんしゅうえん〕
社会党〔しゃかいとう〕	連立政権〔れんりつせいけん〕
政治献金〔せいじけんきん〕	

第九章　選挙

第一節　小選挙区制と比例代表制

　2014年現在では、公職選挙法4条により、衆議院は475人（小選挙区295人・比例代表180人）、参議院は242人（選挙区146人・比例代表96人）と規定されている〔資料一〕。
　小選挙区制と比例代表制を並立して行う選挙制度のなか、有権者が1人2票を持つ。衆議院選挙の有権者は小選挙区選挙では候補者に、比例代表区選挙（全国11ブロックの比例区に180名を同時に選出する）では政党に投票する。小選挙区の候補者は同時に比例ブロックでの政党の名簿登載者となることができる（重複立候補）。現行の選挙制度〔資料二〕は1994年の公職選挙法改正により採用された。

1．小選挙区制

　小選挙区制　選挙区ごとに議員を1名選出する選挙の方式。各選挙区において最も多くの票を獲得した候補者が当選する。これに対して同一選挙区から2人以上議員が選出される方式を大選挙区制と呼ぶ。（小選挙区制を採用している国の例としてアメリカ、イギリス、インド、カナダ、フランス、オーストラリアなどがある。）
　小選挙区制の利害　小選挙区制では、対立候補を擁立しやすく政権交代が速やかに行われるなどといった利点の一方で、二大政党制が生まれやすく少数者の意見が尊重されない、あるいは各選挙区における死票〔注釈1〕が増加するといった欠点がある。小選挙区制において政党の議席数は、政党の得票数に対して三次関数の議席数になることが知られ、これは「三乗法則」と呼ばれる。
　重複候補と復活当選　小選挙区制と比例代表制の両方を重複して立候補することが認められており、小選挙区で落選した候補者が比例代表で復活当選する場合もある。重複候補は小選挙区での当選を優先し、落選した場合でも名簿順位が政党に配分された当選圏にあれば、復活当選する。名簿で同一順位となった複数の候補は、小選挙区での最多得票者に対する得票率（惜敗率）が高い方から当選となる。
　小選挙区の区割り　現在の小選挙区の区割りについては、法律に明記されていないが、

概ね最大剰余法で決定されている。すなわち、各都道府県の小選挙区の配分については、300小選挙区について、各都道府県に1ずつ配分した上で、残りの253を2000年国勢調査の人口に応じて比例配分する〔注釈2〕。

衆議院小選挙区の区割りの改定　区割り改定法が2013年6月28日に公布、施行された。この改正によって、衆議院議員小選挙区の総数は300から295へ減少した。そのなか、17都県において42選挙区の改定が行われている〔資料三〕。

小選挙区制の仕組み　選挙区の区割りについては総務省の衆議院議員選挙区画定審議会が選定する。小選挙区制の長所としては、選挙区が比較的狭いため、選挙費用が低く抑えられる。また、きめの細かい選挙運動が可能である。大政党に有利で、政権が安定すると言われる。短所としては、死票が多くなり、少数意見が反映されにくくなる。死票にふくまれる国民の意思は、政治に反映されないことになる。

2．比例代表制

比例代表制　比例代表区は政党ごとの得票数に応じて議席数を配分し、事前発表の名簿順位に従って当選者が決まる。有権者は、全国11ブロックの比例代表区〔資料四〕では政党の名前を書いて投票する。当選者は小選挙区選挙では1位の候補者、比例代表区選挙では名簿届け出政党の名簿のなかからドント式(D'Hondt method)〔資料五〕によって決まる。

名簿届け出政党の資格

> (1) 国会議員を5人以上有すること
> (2) 直近の国政選挙で2%以上の得票率を獲得していること
> (3) 名簿登載者を定数の2割以上有すること、上記いずれかの条件を満たす必要がある

比例代表制の仕組み　現在の日本では、衆議院と参議院の選挙で、比例代表制が導入されている。比例代表制では、各政党の得票率に応じて議席数が決まる。得票率とは、獲得した得票数を有効得票総数で割った値である。

3．拘束名簿式と非拘束名簿式

衆議院選挙の拘束名簿式　衆議院選挙の比例代表制は、政党があらかじめ提出した候補者名簿によって、候補者ではなく政党に投票する拘束名簿式比例代表制である。この制度のもとでは、有権者は名簿のどの候補者に投票するかの自由がなく、政党によって決められた当選順位を変えることができない。

参議院選挙の非拘束名簿式　参議院では、2001年の通常選挙から非拘束名簿式に変わった。非拘束名簿式では、有権者は政党または立候補者のいずれにも投票することができる。個人名が書かれた票は、その者が所属する政党の得票となる。名簿順位は政党があらかじめ決めることはできず、個人票の得票数に応じて順位付けされ、当選者が決定する。

比例代表制の長所と短所

> 長所：
> (1) 小政党でも国会に代表を送ることができる。
> (2) 死票が少なく、小政党も国会に議席を持つようになった。
> 短所：
> (1) 小党分立になりやすく安定的な政権担当が困難である。
> (2) 有権者と候補者の距離が遠くなる。
> (3) 拘束名簿式の場合、有権者が候補者を自由に選べないと指摘される。

4．選挙管理

選挙管理委員会の区分　衆議院比例代表選挙と参議院比例代表選挙、最高裁判所裁判官の国民審査に関する事務などは総務省の附属機関とする中央選挙管理会によって管理する。

衆議院小選挙区選挙、参議院選挙区選挙、都道府県の議会の議員および知事の選挙に関する事務は都道府県の選挙管理委員会によって管理する。

市区町村の議会の議員および長の選挙に関する事務は市町村の選挙管理委員会によって、すべての選挙について投開票を行い選挙人名簿の作成・管理〔資料六〕を担当する。

選挙管理委員会の職務　選挙管理委員会は、選挙に関する事務の管理の他にも、選挙が公明かつ適正に行われるよう、あらゆる機会を通して有権者の政治常識の向上に努めることや、投票の方法、選挙違反など選挙について必要と認める事項を有権者によく知らせることも、重要な職務である。

第二節　選挙権と被選挙権

1．選挙の意義と原則

憲法第15条第3項で「公務員の選挙については、成年者による普通選挙を保障する」明記されている。選挙によって選ばれた代表者は、国民や住民の代表者となる。その代表者が職務を行うに当たっては、一部の代表としてではなく、すべての国民や住民のために政治を行うことになる。多数決は、人々の意見を集約し、決定する際に用いる方法で、多くの支持者を得た代表者とする民主政治の原則である。

2．選挙権と被選挙権

選挙権　選挙権は満20歳以上の日本国民に与えられる。地方選挙に関しては、3ヵ月以上当該選挙区内に住んでいることが必要とされる。ただし、満20歳以上であっても、犯罪を行った場合等で選挙権が停止されることもある（公民権の停止）。

被選挙権　参議院議員や都道府県知事の場合は満30歳以上の日本国民に与えられ、衆議院議員や市町村長の場合は満25歳以上の日本国民、市町村議会の議員の場合は、満25歳以上かつ、その選挙についての選挙権を有する日本国民に与えられる。

　被選挙権は、みんなの代表として国会議員や都道府県知事・都道府県議会議員、市区町村長・市区町村議会議員に就くことのできる権利である〔資料七〕。

　有権者　有権者とは、権利を有する者のことであり、特に選挙権を有する者を指すことが多い。日本では公職選挙法第9条と第11条で選挙権に関する規定があって「20歳以上の者は選挙権を持つ有権者」とされ、その有権者総数は1億424万人強〔注釈3〕で、国民全体の8割が国政選挙の有権者で占められることから、国政選挙の報道では「国民＝有権者」であるかのように混同されがちで、明確な区別があるため国民と有権者は同義ではない。ただし、政治家の建前と実践の格差による有権者の消極的態度の原因か、近年、投票率が減りつつある〔資料八〕。

第三節　選挙の分類と規定

1．選挙の分類

　人選と事由　選挙は大きく二つの分類に分けられる。一つは、どんな公職の人を選ぶかという分類である。国会議員や都道府県知事・都道府県議会議員、市区町村長・市区町村議会議員など、選ぶ対象が定められる。もう一つは、選挙を行うべき理由（選挙事由）での分類である。任期満了、議会の解散、議員の欠員など選挙を行う理由が定められる。

　総選挙　総選挙とは、衆議院議員の全員を選ぶために行われる選挙のことである。小選挙区選挙と比例代表選挙が同じ投票日に行われる。総選挙は、衆議院議員の任期満了（4年）によるものと、衆議院の解散によって行われるものの二つに分けられる。衆議院議員の定数は475人で、うち295人が小選挙区選出議員、180人が比例代表選出議員である。

　憲法第7条の4号に「国会議員の総選挙」という記述があるが、これは条文のミスとされていて、公的には国会議員のうち衆議院議員の選挙のみが総選挙である。

　一般選挙　一般選挙とは、都道府県や市区町村（地方公共団体）の議会の議員の全員を選ぶ選挙のことである。任期満了（4年）だけでなく、議会の解散などによって議員または当選人のすべてがいなくなった場合も含まれる。

　地方公共団体の長の選挙　都道府県知事や市区町村長など地方公共団体の長を選ぶための選挙である。任期満了（4年）のほか、住民の直接請求（リコール）による解職や、不信任議決による失職、死亡、退職、被選挙権の喪失による失職の場合などにも行われる。

　統一地方選挙　地方公共団体の長と議会の議員の選挙を、全国的に期日を統一して行う選挙を統一地方選挙という。有権者の選挙への意識を全国的に高め、また、選挙の円滑かつ効率的な執行を図る目的で、1947年からこれまで4年ごとに行われてきた。

　設置選挙　新しく地方公共団体が設置された場合に、その議会の議員と長を選ぶために行われる選挙である。

通常選挙 参議院議員の半数を選ぶための選挙である。参議院議員の任期満了に伴う選挙をいう。参議院に解散はないから、常に任期満了（6年）によるものだけである。ただし、参議院議員は3年ごとに半数が入れ替わるよう憲法で定められているので、3年に1回、定数の半分を選ぶことになる。参議院議員の定数は242人で、うち96人が比例代表選出議員、146人が選挙区選出議員である。

法律によって定められた選挙 他には法律によって定められた選挙がある（農業委員会委員、海区漁業調整委員会委員、土地改良区の役員や総代、水防組合の組合会議員の選挙などである）。また、最高裁判所裁判官国民審査の投票は、衆議院議員総選挙の時に一緒に行われる。

特別の選挙 地方公共団体の議会の議員の再選挙、補欠選挙または増員選挙は、任期が終わる6カ月以内に当該選挙を行うべき事由が生じた場合には議員の数が定員の3分の2に達しなくなったときを除いて、行わないこととされる。

（1）**再選挙** 選挙のやり直しや当選人の不足を補うことは再選挙。選挙が行われても、必要な数だけの当選人が決まらなかったり、投票日の後で当選人の死亡、当選の無効があったなどの場合で、しかも繰上当選などによっても当選人が不足する場合に行われる選挙である。一人でも不足する時に行われるものと、不足が一定数に達した時に行われるものがある。

（2）**補欠選挙** 議員の不足を補うことは補欠選挙である。選挙の当選人が議員となった後に死亡や退職し、しかも繰上当選によっても議員の定数が不足する場合に行われる選挙である。（知事や市区町村長が死亡や退職したときは、補欠選挙ではなく、一般の選挙として行われる。）国の選挙の場合、原則として、補欠選挙は年2回、4月および10月の第4日曜日に行われる。

（3）**増員選挙** 議員の任期中に、議員の定数を増やして行われる地方公共団体の議会の議員の選挙である。

（4）**みそぎ選挙** 政治スキャンダルで議員辞職をした後の選挙に立候補した選挙である。

（5）**弔〔とむら〕い選挙** 現職議員が亡くなったことを受けて、親族や秘書など、故人と関係の深い者が立候補した選挙である。

2．選挙の規定

くじ当落 最下位当選者の票数が同数の場合、最下位の当選において得票数を得た同数得票者が二人以上いた場合（定数が一人の場合）、クジで当落を決定する。1946年以前の選挙では、年長者を当選としていた。

選挙の運動期間 選挙告示（公示）日から数えての運動期間のことである。選挙の際に活動できる期間が規定され、この期間に候補者と政党は制限付きの選挙活動を行うことができる。期間は公職選挙法が規定するが、選挙の種類により期間は異なっている。

国会については参議院が17日間、衆議院は12日間、都道府県知事選挙は17日間、政令指定都市の市長選挙は14日間、都道府県・政令指定都市の議会議員選挙は9日間、政令市以

外の市・東京都23特別区の首長・議会議員選挙は7日間、町村の首長・議会議員選挙は5日間となる。

戸別訪問の禁止や文書等の配布制限　戸別訪問の禁止や文書等の配布の制限なども著しく厳しい。通常投票日は日曜日に設定されている。一部離島の地域では日曜日に悪天候で投票箱の輸送ができなくなるのを避けるため通常投票日の3日前〜前日に繰上げ投票が行われる。

政治資金の規正　政治資金規正法は、政党その他の政治団体の機能の重要性及び公職の候補者の責務の重要性にかんがみ、政治団体及び公職の候補者により行われる政治活動が国民の不断の監視と批判の下に行われるようにするため、①政治団体の届出、②政治団体に係る政治資金の収支の公開、③政治団体及び公職の候補者に係る政治資金の授受の規正〔資料九〕、④その他の措置を講ずることにより、政治活動の公明と公正を確保し、もって民主政治の健全な発達に寄与すること、⑤寄付の禁止〔資料十〕を目的とする。

投票制度　投票制度には、選挙期日に投票に行けない、仕事や旅行などで住んでいる地域以外の場所に出かけている、海外に住んでいるなどさまざまな状況を考慮した期日前投票制度がある。選挙期日（投票日）に投票所において投票することを原則としていうが、期日前投票制度は、選挙期日前であっても、選挙期日と同じ方法で投票を行うことができる仕組である。

即日開票と翌日開票　公職選挙法では「すべての投票箱が送致された日か翌日」としている。国政選挙では即日開票が行われているが、地方選挙では地方自治体によって、翌日開票とする自治体もある。翌日開票は即日開票と比較して、超過勤務手当の経費節減になる。

 注釈

1．**死票**：選挙で落選者に投票された票である。小選挙区制は、候補者の票数が接近している場合や当選できない複数の候補者の票が合計8割から9割を占めているような場合に、最高得票者だけが当選するので死票が多くなる。見方によっては一党制に極めて近い状況も生まれる。
2．**小選挙区の区割り**：都道府県内の小選挙区の画定については、2010年国勢調査の人口に基づき、そのうち人口の少ない小選挙区の人口の1倍未満、2倍以上の選挙区については、都道府県内の隣接小選挙区との境界変更によって、人口の1倍以上2倍未満の範囲内に収める。
3．**有権者総数**：総務省は2014年12月4日、衆院選の公示に合わせて発表した1日現在の選挙人名簿登録者（有権者）数は1億424万9187人であった。

質問

1．選挙権は、なぜ満20歳以上になるのか?
2．総選挙は、衆議院と参議院のどちらの選挙を指すのか?
3．一般選挙とはどういう意味か?
4．選挙は大きい二つの分類は何か?

 思考問題

1．小選挙区制と比例代表制を並立する選挙方式の長所と短所
2．政治資金規正法の役割

豆知識（9）

選挙の「三ばん」

「三ばん」とは公職選挙において当選するために必要と言われる三つの要素が必要であるとされている。「三ばん」のなかの地盤（じばん）は組織、選挙民とのつながりを指し、看板（かんばん）は知名度、肩書きを指し、鞄（かばん）は資金（選挙資金）を指す。

地盤は世襲候補、旧藩主家出身者等に有利であり、看板は芸能人、文化人、スポーツ選手、地元有名企業の社長等に有利であり、鞄は事実上の選挙対策費、事務所経費、交通費や後援会活動費などが必要である。

理想としては、政治家は優れた政策や資質、能力で選ばれるべきとされているが、日本では、実際の当落は後援組織の充実度、知名度の有無、選挙資金の多寡や集金力の多少に依存している場合が多く、これで、「三ばん」を揶揄する文脈で用いられることが多い。

日本政治概況

資料一

選挙区地図

衆議院議員小選挙区選挙　各都道府県別選挙区数（定数295人）

小選挙区の区割りは、国勢調査で調べた人口をもとに、原則10年ごとに見直されます。

参議院議員　選挙区選挙　選挙区と各選挙区別定数（定数146人）

出典：総務省ホームページ（選挙・政治資金/選挙の種類）

第九章　選挙

資料二

選挙制度

国会議員（衆議院・参議院）の選挙制度

衆議院	参議院
任期　4年（解散あり）	任期　　　6年（解散なし）
定数　480人	定数　　　242人【3年毎に半選】
小選挙区　295人	選挙区　　146人
比例代表　180人	比例代表　96人（全国）
11ブロック	
選挙運動の期間　12日間	選挙運動の期間　17日間
投票方法（自書式）	投票方法（自書式）
小選挙区選挙　比例代表選挙	選挙区選挙　比例代表選挙
小選挙区選挙―候補者を選ぶ	選挙区選挙―候補者を選ぶ
（各党が小選挙区毎に候補者を擁立、無所属等での立候補も可）	（選挙区毎に、各党の公認、推薦、無所属等での立候補）
当選	当選
最多得票者　法定得票数（有効投票総数の6分の1以上）必要	得票数の多い者から定数に達するまでの者法定得票数必要
比例代表選挙【拘束名簿式】―政党を選ぶ	比例代表選挙【非拘束名簿式】―名簿登載の候補者または政党を選ぶ
（各党がブロック単位の比例選名簿を順位付きで提出）	（各党が全国を単位とする比例選名簿を順位は付けず提出）
（小選挙区との「重複立候補」も可）	（選挙区との「重複立候補」は不可）
当選	当選
各党の得票数に基きドント式で議席を配分	各党の得票数（各名簿登載者の得票数含）に基きドント式で議席を配分
同一順位の場合、小選挙区の「惜敗率」で決定	
小選挙区選挙で供託物没収点（有効投票総数の10分の1）未満の重複立候補者は比例代表選挙の当選人となることができない	名簿登載者間の当選人の順位は、得票数の多い者から順次定める※参議院選挙区選挙での供託物没収点は、有効投票総数の8分の1

日本政治概況

資料三

17都県42選挙区の区割り図

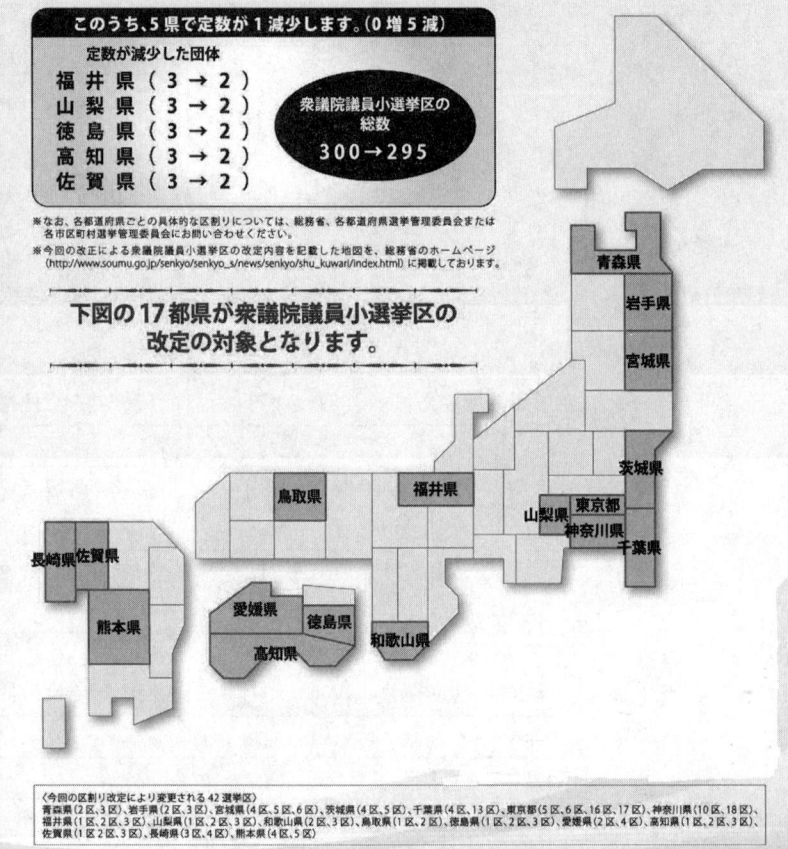

出典：総務省ホームページ（選挙・政治資金/選挙制度）

*公職選挙法の改正規定は2013年（平成25年）7月28日から施行。

この改正によって0増5減なので、衆議院議員小選挙区の総数は300から295へ減少。

第九章　選挙

資料四

衆議院・参議院議員比例代表選挙一覧

衆議院比例代表選挙区（区別定数180人）　単位：人数

ブロック	都道府県	定数
北海道	北海道	8
東北	青森／岩手／宮城／秋田／山形／福島	14
北関東	茨城／栃木／群馬／埼玉	20
南関東	千葉／神奈川／山梨	22
東京都	東京	17
北陸信越	新潟／富山／石川／福井／長野	11
東海	岐阜／静岡／愛知／三重	21
近畿	滋賀／京都／大阪／兵庫／奈良／和歌山	29
中国	鳥取／島根／岡山／広島／山口	11
四国	徳島／香川／愛媛／高知	6
九州	福岡／佐賀／長崎／熊本／大分／宮崎／鹿児島／沖縄	21

参議院比例代表選挙区（区別定数73人）　単位：人数

ブロック	都道府県
北海道	北海道2
東北	青森県1岩手県1宮城県2秋田県1山形県1福島県2
北関東	茨城県2栃木県1群馬県1埼玉県3
南関東	千葉県3神奈川県4山梨県1
東京	東京都5
北陸信越	新潟県2富山県1石川県1福井県1長野県2
東海	岐阜県1静岡県2愛知県3三重県1
近畿	滋賀県1京都府2大阪府4兵庫県2奈良県1和歌山県1
中国	鳥取県1島根県1岡山県1広島県2山口県1
四国	徳島県1香川県1愛媛県1高知県1
九州	福岡県2佐賀県1長崎県1熊本県1大分県1宮崎県1鹿児島県1沖縄県1

地域区分は衆議院比例代表制選挙のブロックに基づく。
2013年の第23回参議院議員通常選挙より、神奈川・大阪が1人増で4人区、福島・岐阜が1人減で1人区となる。

資料五

ドント式(D'Hondt method)

　各政党の得票を1から順に整数で割り、その商の大きい順に議員定数に達するまで当選人を決めていく方法。この計算式は、仮に本来の比例配分をした場合（小数点以下の議席も認めた配分の場合）、1議席あたりの得票数は、一致する考えに基づく。まず得票数を÷1、÷2、÷3…で割る。この割り算の答え（商）の多い順に議席を配分することになる。

　例：定数10の場合において、A党の得票数が1500、B党が700、C党が300、D党が200獲得したときの例で説明する。

	÷1	÷2	÷3	÷4	÷5	÷6	÷7
A党	1500(1)	750(2)	500(4)	375(5)	300(7)	250(9)	214
B党	700(3)	350(6)	233(10)	175			
C党	300(7)	150					
D党	200						

　商の大きいものから順に議席数10までが当選となる。まず一番大きい1500のA党が1議席。次にA党の÷2とB党の÷1で比較するとA党の÷2が大きいので、A党が2議席。次にB党÷1が1議席。このように進め、B党÷3の233で全10議席が確定する。最終的にはA党が6議席、B党が3議席、C党が1議席、D党は議席無しとなる。日本の比例代表制選挙では、いずれもドント式を用いている。

資料六

選挙管理機構

（1）中央選挙管理会
　主な職務　衆議院比例代表選挙と参議院比例代表選挙に関する事務、最高裁判所裁判官の国民審査に関する事務などを管理している。これらの事務について、都道府県または市区町村の選挙管理委員会に助言・勧告するのも大切な仕事である。
　組織　委員数は5人、任期は3年。委員は、国会議員以外で、参議院議員の被選挙権を持つ人のなかから国会が指名し、内閣総理大臣によって任命される。委員長は、委員のなかから互選される。この中央選挙管理会は、総務省の附属機関である。
（2）都道府県の選挙管理委員会
　主な職務　衆議院小選挙区選挙、参議院選挙区選挙、都道府県の議会の議員および知事の選挙に関する事務を管理し、また、海区漁業調整委員会の

委員の選挙に関する事務なども管理する。さらに市区町村の選挙管理委員会に助言・勧告する。

組織　委員数は4人、任期は4年。委員は、選挙権を持っている人で、人格が高潔、政治および選挙に公正な識見を持つ人のうちから、議会の議員による選挙で選ばれる。委員長は、委員のなかから互選される。

（3）市区町村の選挙管理委員会

主な職務　市区町村の議会の議員および長の選挙に関する事務を管理し、すべての選挙について投開票を行い、選挙人名簿の作成・管理を担当する。指定都市の区の選挙管理委員会は、市区町村選挙管理委員会の職務の多くの部分を担当する。

組織　委員数は4人、任期は4年。委員は、選挙権を持っている人で、人格が高潔、政治および選挙に公正な識見を持つ人のうちから、議会の議員による選挙で選ばれる。委員長は、委員のなかから互選される。

（4）選挙会・選挙長

各選挙では、開票の結果を開票管理者からの報告によって確認するなどしたうえで当選人を決定する選挙会が置かれる。この選挙会に関する事務を行うのが選挙長である。選挙長は、立候補の届出の受理なども行う。また、選挙長は、その選挙の有権者のなかから、その選挙を管理する選挙管理委員会によって選任される。

（5）投票管理者

各選挙ごとに置かれ、その選挙の投票に関する事務を行う。具体的には、投票用紙の交付、代理投票の許容、選挙人の確認、投票箱の開票管理者への送致、投票所の秩序維持などである。投票管理者は、その選挙の有権者のなかから、市区町村の選挙管理委員会によって選任される。

（6）開票管理者

各選挙ごとに置かれ、その選挙の開票に関する事務を行う。具体的には、投票の点検、投票の効力の決定、開票の結果の報告、開票録の作成、開票所の秩序維持などである。開票管理者は、その選挙の有権者のなかから市区町村の選挙管理委員会によって選任される。

（7）投票立会人

投票事務の執行に立ち会い、公正に行われるよう監視する。具体的には、投票手続きの立ち会いや投票箱の送致・立ち会いなどを行う。その人数は、2人以上5人以下である。

（8）開票立会人

開票事務の執行に立ち会い、公正に行われるよう監視します。具体的には、開票手続きの立ち会いや投票の効力の決定に際しての意見陳述などを行う。その人数は、3人以上10人以下である。

（9）選挙立会人

選挙会に立ち会い、当選人決定手続きに参与する。その人数は、3人以上10人以下である。

出典:総務省ホームページ(選挙・政治資金/選挙管理機関)

日本政治概況

資料七

選挙と被選挙の条件

選挙権	備えるべき条件	権利を失う条件
衆議院・参議院議員の選挙	日本国民で満20歳以上※20年目の誕生日の前日の午前0時から満20歳	● 禁錮以上の刑に処せられその執行を終わるまでの者 ● 禁錮以上の刑に処せられその執行を受けることがなくなるまでの者（刑の執行猶予中の者を除く） ● 公職にある間に犯した収賄罪により刑に処せられ、実刑期間経過後5年間（被選挙権は10年間）を経過しない者。または刑の執行猶予中の者 ● 選挙に関する犯罪で禁錮以上の刑に処せられ、その刑の執行猶予中の者 ● 公職選挙法等に定める選挙に関する犯罪により、選挙権、被選挙権が停止されている者 ● 政治資金規正法に定める犯罪により選挙権、被選挙権が停止されている者
知事・都道府県議会議員の選挙	日本国民で満20歳以上であり、引き続き3カ月以上その都道府県内の同一の市区町村に住所のある者※上記の人が引き続き同一都道府県内の他の市区町村に住所を移した場合も含む。ただし、移転先市区町村からさらに同一都道府県内の他の市区町村に住所を移した場合は含まれない。	
市区町村長・市区町村議会議員の選挙	日本国民で満20歳以上であり、引き続き3カ月以上その市区町村に住所のある者	

被選挙権	備えるべき条件
衆議院議員	日本国民で満25歳以上
参議院議員	日本国民で満30歳以上
都道府県知事	日本国民で満30歳以上
都道府県議会議員	日本国民で満25歳以上 その都道府県議会議員の選挙権を持つ
市区町村長	日本国民で満25歳以上
市区町村議会議員	日本国民で満25歳以上 その市区町村議会議員の選挙権を持つ

被選挙権の資格年齢は、選挙期日（投票日）に達していればよいので、立候補の時点ではまだ上の表の年齢でなくてもよいとされている。

出典：総務省ホームページ（選挙・政治資金/選挙と被選挙）により

第九章 選挙

資料八

投票率の推移

衆議院議員総選挙における年代別投票率（抽出）の推移

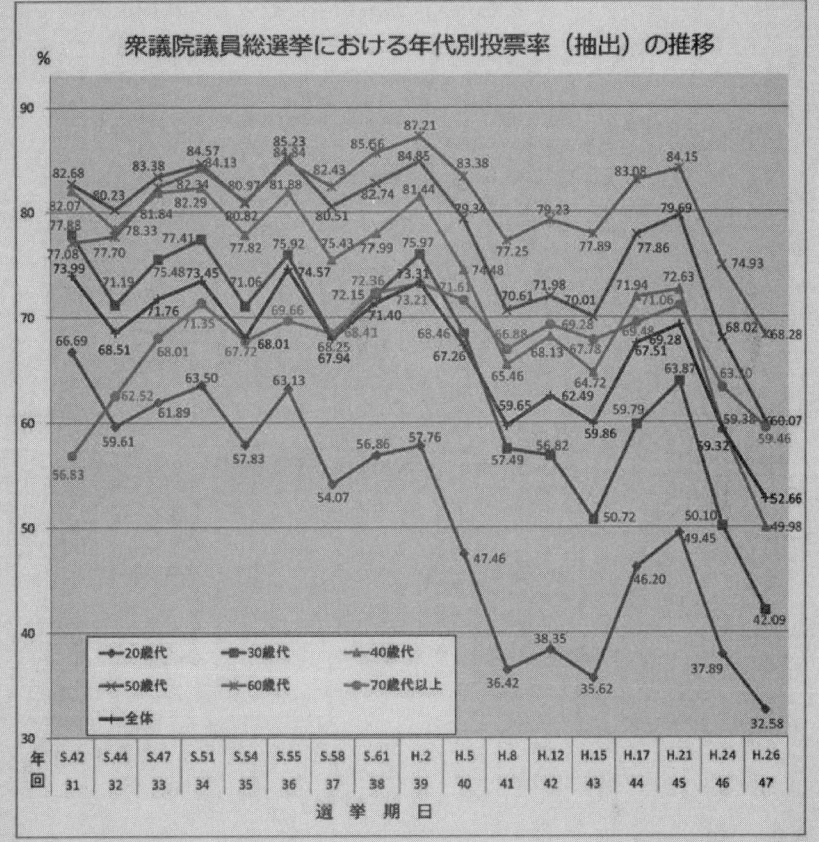

（％）

年	S.42	S.44	S.47	S.51	S.54	S.55	S.58	S.61	H.2	H.5	H.8	H.12	H.15	H.17	H.21	H.24	H.26
回	31	32	33	34	35	36	37	38	39	40	41	42	43	44	45	46	47
20歳代	66.69	59.61	61.89	63.50	57.83	63.13	54.07	56.86	57.76	47.46	36.42	38.35	35.62	46.20	49.45	37.89	32.58
30歳代	77.88	71.19	75.48	77.41	71.06	75.92	68.25	72.15	75.97	68.46	57.49	56.82	50.72	59.79	63.87	50.10	42.09
40歳代	82.07	78.33	81.84	82.29	77.82	81.88	75.43	77.99	81.44	74.48	65.46	68.13	64.72	71.94	72.63	59.38	49.98
50歳代	82.68	80.23	83.38	84.57	80.82	85.23	80.51	82.74	84.85	79.34	70.61	71.98	70.01	77.86	79.69	68.02	60.07
60歳代	77.08	77.70	82.34	84.13	80.97	84.84	82.42	85.66	87.21	83.38	77.25	79.23	77.89	83.08	84.15	74.93	68.28
70歳代以上	56.83	62.52	68.01	71.35	67.72	69.66	68.41	72.36	73.21	71.61	66.88	69.28	67.78	69.48	71.06	63.30	59.46
全体	73.99	68.51	71.76	73.45	68.01	74.57	67.94	71.40	73.31	67.26	59.65	62.49	59.86	67.51	69.28	59.32	52.66

※① この表のうち、年代別の投票率は、全国の投票区から、回ごとに144～188投票区を抽出し調査したものです。
※② 第31回の60歳代の投票率は60歳～70歳の値に、70歳代以上の投票率は71歳以上の値となっています。

出典：総務省ホームページ（選挙・政治資金/啓発その他）

日本政治概況

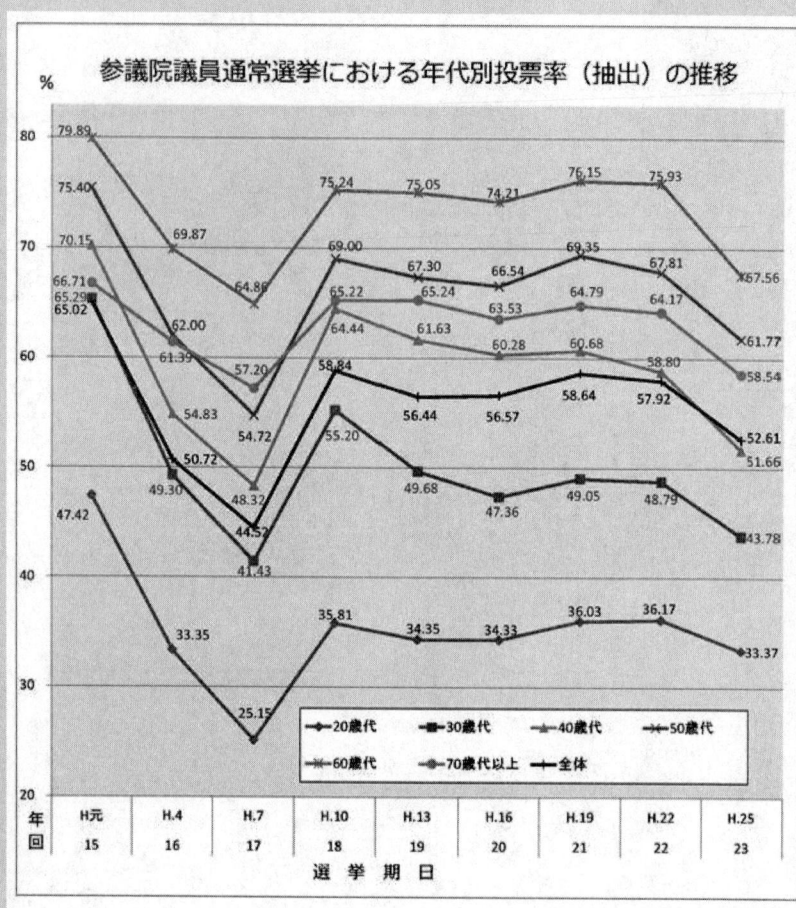

参議院議員通常選挙における年代別投票率（抽出）の推移

(%)

年	H元	H.4	H.7	H.10	H.13	H.16	H.19	H.22	H.25
回	15	16	17	18	19	20	21	22	23
20歳代	47.42	33.35	25.15	35.81	34.35	34.33	36.03	36.17	33.37
30歳代	65.29	49.30	41.43	55.20	49.68	47.36	49.05	48.79	43.78
40歳代	70.15	54.83	48.32	64.44	61.63	60.28	60.68	58.80	51.66
50歳代	75.40	62.00	54.72	69.00	67.30	66.54	69.35	67.81	61.77
60歳代	79.89	69.87	64.86	75.24	75.05	74.21	76.15	75.93	67.56
70歳代以上	66.71	61.39	57.20	65.22	65.24	63.53	64.79	64.17	58.54
全体	65.02	50.72	44.52	58.84	56.44	56.57	58.64	57.92	52.61

※ この表のうち、年代別の投票率は、全国の投票区から、回ごとに142～188投票区を抽出し調査したものです。

出典：総務省ホームページ（選挙・政治資金/啓発その他）

資料九

政治資金の規正

一、政治資金を規正する基本的考え方

政治資金の規正については、大きく分けて二つある。

(1) 政治資金の収支の公開　政治団体の収入、支出及び資産等を記載した収支報告書の提出を政治団体に義務付け、これを公開することによって政治資金の収支の状況を国民の前に明らかにすること。

(2) 政治資金の授受の規正等　政治活動に関する寄附について、対象者による制限や、量的、質的制限などを行うこと。

二、政治資金の収支の公開

政治団体の会計責任者は、毎年12月31日現在で、当該政治団体に係るすべての収入、支出及び資産等の状況を記載した収支報告書を翌年3月末日までに、都道府県の選挙管理委員会又は総務大臣に提出しなければならない。(国会議員関係政治団体の収支報告書の提出期限は翌年5月末日までとされる。)

(1) 公表　政治団体の収支報告書の要旨は、官報又は都道府県の公報により、原則として11月30日までに公表される。

(2) 閲覧　政治団体の収支報告書は、総務省又は都道府県選挙管理委員会において、収支報告書の要旨が公表された日から3年間閲覧に供される。

三、政治資金の授受の規正等

政治活動に関する寄附については、次のような制限がある。

(1) 会社等のする寄附の制限　政治団体を除く会社・労働組合等の団体は、政党・政党の支部及び政治資金団体以外の者に対しては、政治活動に関する寄附をしてはいけない。また、これに違反する寄附をすることを勧誘し又は要求してはいけない。

(2) 公職の候補者の政治活動に関する寄附の制限　何人も、公職の候補者の政治活動(選挙運動を除く。)に関して金銭及び有価証券による寄附をしてはいけない(ただし、政党がする寄附及び政治団体に対する寄附は認められている)。

(3) 寄附の量的制限　寄附の量的制限とは、政治活動に関して一の寄附者が年間に寄附することのできる金額についての制限で、寄附の総額の制限(総枠制限)と同一の受領者に対する寄附額の制限(個別制限)がある。なお、金銭等以外の財産上の利益についても時価に見積もった金額により制限の対象となること、制限の対象となる政治団体については本部・支部を通じて一体であることに注意が必要である。

出典:総務省ホームページ(選挙・政治資金/政治資金の規制)

寄附の禁止

　政治家と有権者のクリーンな関係を保ち、選挙や政治の腐敗を防止するために。政治家（候補者、立候補予定者、現に公職にある者）と有権者とのつながりはとても大切である。しかし、金銭や品物で関係が培われるようでは、いつまでたっても明るい選挙、お金のかからない選挙に近づくことはできない。

（1）政治家からの寄附禁止

　選挙の有無に関わらず政治家が選挙区内の人に寄附を行うことは、名義のいかんを問わず特定の場合を除いて一切禁止されている。有権者が求めてもいけない。冠婚葬祭における贈答なども寄附になる。

　禁止されている寄附は（例：病気見舞い・祭りへの寄附や差入れ・地域の運動会やスポーツ大会への飲食物の差入れ・結婚祝、香典（政治家本人が結婚披露宴、葬式等に自ら出席してその場で行う場合は罰則が適用されない場合がある）・葬式の花輪、供花・落成式、開店祝の花輪・町内会の集会や旅行等の催物への寸志や飲食物の差入れ・入学祝、卒業祝・お中元、お歳暮）などとされる。

（2）後援団体からの寄附禁止

　政治家の後援団体（後援会など）が行う寄附も、政治家の寄附同様に禁止されている。「後援団体の設立目的により行う行事または事業に関する寄附」は例外とされているが、この場合も花輪、供花、香典、祝儀などや選挙前一定期間にされるものは禁止されている。

（3）政治家の関係会社などからの寄附禁止

　政治家が役職員・構成員である会社や団体が、政治家の名前を表示して行う寄附や、政治家の名前などを冠した会社・団体がその選挙に関して行う寄附も、政治家の寄附同様に禁止されている。

（4）その他の寄附制限

　政治家への寄附についても、国や地方公共団体と請負などの関係にある者の寄附の制限、政治資金規正法による制限などがある。

　「時候のあいさつ」などにも制限がある。

　政治家が選挙区内にある者に年賀状や暑中見舞状などの時候のあいさつ（電報も含む）を出すのは、「答礼のための自筆によるもの」以外は禁止されている。また、政治家や後援団体が選挙区内にある者にあいさつする目的で、新聞・雑誌・テレビ・ラジオなどで有料広告（いわゆる名刺広告など）を出すと処罰される。このような広告を出すように求めることも禁止されている。

出典：総務省ホームページ（選挙・政治資金/寄付の禁止）

第九章主要漢字名詞の読み方

議席数〔ぎせきすう〕	設置選挙〔せっちせんきょ〕
禁錮〔きんこ〕	選挙権〔せんきょけん〕
繰上当選〔くりあげとうせん〕	増員選挙〔ぞういんせんきょ〕
公職選挙法〔こうしょくせんきょほう〕	総選挙〔そうせんきょ〕
拘束名簿〔こうそくめいぼ〕	当選〔とうせん〕
候補者〔こうほしゃ〕	投票日〔とうひょうび〕
公民権〔こうみんけん〕	得票数〔とくひょうすう〕
国政選挙〔こくせいせんきょ〕	二大政党制〔にだいせいとうせい〕
三次関数〔さんじかんすう〕	被選挙権〔ひせんきょけん〕
三乗法則〔さんじょうほうそく〕	表裏一体〔ひょうりいったい〕
実刑期間〔じっけいきかん〕	比例代表制〔ひれいだいひょうせい〕
執行猶予〔しっこうゆうよ〕	不信任議決〔ふしんにんぎけつ〕
失職〔しっしょく〕	復活当選〔ふっかつとうせん〕
死票〔しひょう〕	補欠選挙〔ほけつせんきょ〕
重複立候補〔じゅうふくりっこうほ〕	名簿登載者〔めいぼとうさいしゃ〕
収賄罪〔しゅうわいざい〕	名簿届け出〔めいぼとどけで〕
小選挙区制〔しょうせんきょくせい〕	有権者〔ゆうけんしゃ〕
政治資金規正法〔せいじしきんきせいほう〕	落選〔らくせん〕
	立候補〔りっこうほ〕
惜敗率〔せきはいりつ〕	離島〔りとう〕

第十章　外交

第一節　外交の基本方針

　日米同盟の強化、近隣諸国との協力関係の重視、日本経済の再生に資する経済外交の強化といった三本柱を軸とする日本外交の基本方針[注釈1]は、日米同盟、近隣関係、経済外交の三つの重点を強調し、「国益」と「世界全体の利益」を取り組む目標として外交を行うこととされている。

1．日本外交の戦略

　日米同盟　「日本国とアメリカ合衆国との間の安全保障条約」は、1951年9月8日に調印され、日本における安全保障のため、アメリカ合衆国が関与し、アメリカ軍を日本国内に駐留させることなどを定めた二国間条約である。1960年、あらためて、「日本国とアメリカ合衆国との間の相互協力及び安全保障条約」（新日米安保条約）が調印され、後に「日米防衛協力のための指針」などの合意文書によって日本外交の基軸たる日米同盟関係が定められている。

　国際協調主義　日本は、国連を中心とした国際協調の推進を外交政策の主要な柱の一つとして掲げ、国連平和維持活動（PKO）、政府開発援助（ODA）[注釈2]などの取組、知的貢献及び人材育成を3本柱に、具体的に取組んでいるとされる。

　外交戦略の展開　2013年12月17日、日本は国家安全保障戦略[注釈3]が策定された。この国家安全保障に関する外交政策及び防衛政策に関する基本方針を定める文書に基づいて、「地球儀を俯瞰する外交」、「国益と世界全体の利益を増進する外交」、「国民と共にある外交」を主として日本外交の戦略[注釈4]を展開するとされた。

2．経済外交の展開

　経済のグローバル化の進展とともに、拡大する国際市場を巡る資源獲得競争の激化のなか、日本国内では、貿易赤字や財政赤字といった要素はあるものの、企業収益や雇用の改善という形で経済の好循環が生まれつつあり、この好循環を力強く回転させていくこ

とが課題となっている。

　世界の成長の糧を日本の成長に取り込み、日本経済再生に資する国際経済環境を創出し、それによって日本経済の力強い成長を達成するために、日本企業の海外展開支援や包括的かつ高いレベルの経済連携の推進、多角的自由貿易体制の強化、資源の安定供給確保などの経済外交を展開していく。

　貿易・投資の自由化推進　日本は、G8・G20(サミット)、APEC(アジア太平洋経済協力)、WTO(世界貿易機関)、OECD(経済協力開発機構)などを活用し、貿易分野では、保護主義の抑止とともに、国際貿易に法的安定性と予見可能性をもたらすWTO体制の維持・強化、二国間・多国間で知的財産権保護の強化が引き続き重要な課題となっている。

　経済外交の強化　日本政府は、日本経済の再生に資する経済外交の強化のなか、「資源外交」の強化〔注釈5〕、インフラ輸出や日本産品の輸出促進など輸出機会の拡大、対外投資をしやすい環境を整備していくため、高いレベルの経済連携を戦略的に推進していくことが重要視されている。

　具体的には、2013年からTPP(環太平洋パートナーシップ)協定の交渉、RCEP(東アジア地域包括的経済連携)、EPA(経済連携協定)〔注釈6〕・FTA(自由貿易協定)、日EU・EPAなど大規模な経済連携協定交渉などがある。また、鉱物資源・エネルギー・食料・漁業、インフラ海外展開、日本企業支援推進本部〔注釈7〕の立ち上げなどが含まれる。

日本のEPAの現状

> 　日本は、これまで(2015年3月現在)、シンガポール、メキシコ、マレーシア、チリ、タイ、インドネシア、ブルネイ、フィリピン、ベトナム、スイス、ASEAN全体、インド、ペルー、オーストラリア、モンゴルとのEPAが発効済・署名済をした。また、現在、ASEAN全体(投資サービス)、カナダ、コロンビア、EU、トルコとのEPA交渉、韓国とのEPA交渉再開に向けている。

3．ODA援助理念の移り変わり

　日本のODA(政府開発援助)は1954年のコロンボ・プラン(開発途上国支援のための国際機関)加盟に始まった。日本の援助政策の基本原則として、1992年6月にODA大綱が閣議決定された。そのなかには(1)開発と環境の両立、(2)平和的用途、(3)受け入れ国のミサイル開発・製造などの軍事面に対する注意、(4)途上国の民主化の促進という基本的援助理念を示した。

　戦略性の強調　1999年8月には、日本は「中期政策」を定め、「外交政策や国益に関わる重要な政策との連携」を図るとして、ODA援助の戦略性を強調し、また量から質への転換としてインフラ整備ばかりでなく、社会資本や民生面の向上なども重視する姿勢を打ち出した。

　国益重視の観点　2003年8月、閣議でODA大綱改定案が決定され、(1)環境と開発の両立、(2)軍事的用途の回避、(3)軍事支出・大量破壊兵器等に十分注意、(4)民主化・人権等に十分注意、との4原則を掲げている。ここでは、相手国からの要請に基づいて援助内容を決めてきた「要請主義」が見直され、国益重視の観点が強調され、援助の理念としての日

本の安全と繁栄や国民の利益の増進、などが明記された。

「未来への投資」 2014年、外務省では国際協力60周年の節目の年に当たって、『ODA60年の成果と歩み』というパンフレット〔注釈8〕を作成し、主に三つの理念を示している。

（1）資源や食糧の多くを海外に依存する日本にとって、ODAは重要な外交手段であり、途上国との友好関係の構築、国際社会における日本の地位や発言力の強化、ひいては日本の安全と繁栄に対する役割が大きい。

（2）ODAを通じてビジネス環境が整備されたことにより、日本企業の投資が促進されて雇用と消費が生まれ、めざましい経済成長がもたらされ、それがさらに日本企業の投資を呼び込むという好循環が生まれていく。

（3）ODAは、途上国のみならず、日本そして国際社会全体のための「未来への投資」なのである。日本の特色を活かした効果的な援助を実施することが求められていると認識し、近年の途上国の経済成長の重要性も認識される状況のなか、日本における国際協力の形も、次第に変化を遂げつつある。

日本のODA援助の現状 1989年、日本のODA実績はそれまで1位だった米国を抜き、世界1位となった。その後1993—2000年の8年間、日本はまたODA実績で世界1位を維持してきたが、2001年を境に、その実績額は縮小の傾向にあり、2006年度で7597億円となったが、2012年には約106億ドルの拠出、地域別に見たODA実績では、対アジア援助に占める日本の援助の割合は36.2%で1位〔注釈9〕となった。2013年のODA実績(暫定値)は117億8600万ドル(約1兆2千億円)で、米国や英国、ドイツに次いでODA援助の世界4位〔注釈10〕。

対中ODA 日本の対中ODAは、1979年に開始され、これまでに協議金額として255項目の建設のため有償資金協力（円借款）約3兆3,164.86億円を承諾し、2012年までに中国は、28,709億円を実際に使用し、元金と利息の返済は20,289億円に達している。2013年末まで累計対中投資は955.6億ドルとなっている。2011年までに、環境保全、教育、貧困削減、医療など148項目建設に無償資金協力を計1,566.3億円、技術協力を1,446億円、有償資金協力を含めて総額約3兆円以上のODAを実施してきた〔注釈11〕。

4．広報文化外交

外務省は、外交政策を円滑かつ効果的に行い、また、日本人が国境を越えた活動や世界の人々との交流を円滑に進める上で、日本への関心を高め、理解と信頼・親近感を深めてもらうことが不可欠だと認識して、日本の外交政策や一般事情に関する様々な情報を積極的に発信するとともに、日本文化の紹介や人的交流、海外での日本語の普及に対する支援などを行っていくと示している。

また、文化は、政治、経済と並ぶ日本外交の重要な分野であり、その果たす役割は近年ますます大きくなっていくと強調し、外務省は、国際交流基金とも連携し、日本の伝統文化やポップカルチャーをはじめとする多面的な日本の魅力を諸外国に紹介するとともに、

民間団体の国際交流活動を積極的に支援していくと強調している。

第二節　近隣関係

1．中国との関係

　中国と日本の間では、古代から通交関係や民間交流の歴史があり、甲午戦争、第二次世界大戦における中国が日本に侵略された歴史もあった。戦後30年に近い間、中日関係は冷戦とサンフランシスコ体制に悪影響され、不正常状態に置かれた。1972年に国交正常化が実現され、また、1978年に中日平和友好条約が調印された。

　中日間の釣魚島問題について、中国側は「釣魚島及びその付属島嶼は、中国の領土の不可分の一部である。歴史、地理、法理のいかなる角度から見ても、釣魚島及びその付属島嶼は中国固有の領土であり、中国はそれに対して争う余地のない主権を有している」[注釈12]という主張を堅持している。

　中日関係に関する中日の有識者の共通認識　2014年12月3日、中日の有識者からなる「中日友好21世紀委員会」の第5回会議が北京で開催され、4日に双方が達した共通認識〔資料一〕について公表した。公表の趣旨は、中日関係は双方にとって最も重要な関係の一つであり、両国はアジア・太平洋地域ひいては世界の平和、安定、発展において重要な責任を担い、平和、友好、協力は中日両国の唯一の正しい選択だと考えられている。

　双方は中日の4つの政治文書の各原則と精神を遵守し、中日の「双方は協力パートナーであり、脅威をもたらさない」、「相手側の平和的発展を互いに支持する」という重要な共通認識を各自の政策と行動に表し、平和的発展の道を共に歩み、各自の優位性を発揮しアジアひいては世界の平和、安定、繁栄に貢献すべきであると表されている。

中日関係に関わる4政治文書

> （1）中日政府の共同声明（1972年9月29日に北京）
> （2）中日平和友好条約（1978年8月12日に北京）
> （3）中日共同宣言（1998年11月に東京）
> （4）中日共同声明（2008年5月7日に東京）

2．ロシアとの関係

　1956年10月19日、日本の鳩山一郎首相とソ連のニコライ・ブルガーニン首相が日ソ共同宣言を発表し、国交が回復された。また、平和条約調印をすれば歯舞群島・色丹島を返還すると約束した。1956年12月18日、ソ連は日本の国際連合加盟に対し、拒否権発動から支持に転換し、加盟が実現された。

　日露関係の懸案　日本側にとって、ロシアとは地域のパートナーとしての関係を発展させるべく、首脳レベルを始めとした政治対話を進め、安全保障、経済等あらゆる分野での協力の進展を図る。最大の懸案である北方領土問題については、両国の立場に依然大

きな隔たりがあるが、北方四島（歯舞群島・色丹島・択捉・国後島）の帰属の問題を解決して平和条約を締結すべく、粘り強く交渉に取り組むとされている。

日露関係に関わる主要政治文書

（1）日ソ共同宣言（1956年にモスクワ）
（2）日ソ共同声明（1973年にモスクワ）
（3）日ソ共同声明（1991年4月に東京）
（4）東京宣言（1993年10月に東京）
（5）イルクーツク声明（2001年にイルクーツク）
（6）「日露行動計画」（2003年1月にモスクワ）

日露首脳の共通認識　2008年7月の北海道洞爺湖サミットの際に行われた日露首脳会談において、両首脳は、(1)日露間に平和条約が存在しないことは、幅広い分野における両国関係の進展にとり支障になっていること、(2)平和条約については、日露間の領土問題を最終的に解決するものでなければならないこと、(3)これまでに達成された諸合意及び諸文書に基づき、平和条約につき、誠実に交渉していくこと、(4)この問題を最終的に解決するために前進しようとする決意が双方において存在すること等を、現段階における共通の認識として確認しました〔注釈13〕。

3．韓国との関係

　1965年6月、日本は大韓民国との間、国交正常化の際、基本関係条約が締結されたほか、漁業協定、請求権・経済協力協定、文化財・文化協定、在日韓国人の法的地位協定なども締結された。両国の間には独島（日本のいう竹島）領有権の問題がある。

日韓関係に関する日本の考え　2014年、第186回国会における岸田外務大臣の外交演説では、「最も重要な隣国である韓国との関係強化は、地域の平和と繁栄の確保という両国の共通の利益にとって不可欠であり」、「引き続き様々なレベルで意思疎通を積み重ねるとともに、冷静に問題に対処し、相互に敬意を払い」、「未来志向で重層的な協力関係を構築すべく、粘り強く取り組む」という。

　2014年版外交青書では、「日本と韓国は、最も重要な隣国同士であり、自由、民主主義、基本的人権などの基本的な価値と、地域の平和と安定の確保などの利益を共有している。韓国では、2013年2月に朴槿恵大統領が就任し、日韓の新政権の間では、日韓国交正常化50周年を迎える2015年に向けた協力の重要性を確認しつつ、日韓関係の前進に向け、様々なレベルで意思疎通が図られてきた」〔注釈14〕といっている。

4．朝鮮に関する日本の考え

　日本と朝鮮の間は、国交関係が結ばれていない。朝鮮の動向については、日本にとって「引き続き情報収集と分析に努め、対応に万全を期する。朝鮮の核・ミサイル開発は、地域のみならず国際社会全体にとっての重大な脅威である。」と認識している。

朝鮮への対応　日本は、「引き続き、米国、韓国、中国、ロシアを始めとする関係国と連携し、朝鮮に対し、いかなる挑発行為も行わず、六者会合共同声明や安保理決議に基づいて非核化などに向けた具体的行動をとるよう強く求めていく」。日本政府としては、「対話と圧力」の方針の下、日朝平壌宣言に基づき、関係国とも緊密に連携しつつ、拉致、核、ミサイルといった諸懸案の包括的な解決に向けて引き続き取り組んでいく。また、拉致問題の解決なくして、朝鮮との国交正常化はあり得ないとの基本認識の下、国際社会とも協力しつつ、完全解決に向けて全力を尽くしていく。」[注釈15]とされている。

第三節　地域との関係及び外交課題

1．東南アジア地域との関係

（1）ASEANとの関係

「ASEANは、日本にとって中国に次ぐ世界第2位の貿易相手、第3位の投資先であり、既に8,100以上の日系企業の拠点が設けられて」いる。日本は、「ASEANの戦略的なパートナーとして、ASEAN統合に向けた努力を引き続き支援していく」。「特に、ASEAN経済共同体の行く末は、日本企業にとっても大きな影響を与え」る[注釈16]。日本政府としては、ASEANが地域協力の中心となることが東アジア全体の安定と繁栄のために極めて重要だと認識しており、地域協力における日・ASEAN関係を重視し、ASEANの統合に向け協力していると認識している。

「対ASEAN外交5原則」要点

> （1）自由、民主主義、基本的人権等の普遍的価値の定着及び拡大。
> （2）「力」ではなく「法」が支配する、自由で開かれた海洋は「公共財」である。
> （3）日本経済の再生につなげ、貿易及び投資の流れを一層進める。
> （4）アジアの多様な文化、伝統を共に守り、育てていく。
> （5）若い世代の交流を更に活発に行い、相互理解を促進する。

（2）インドとの関係

日本とインド両国は1952年に国交を樹立した。2000年8月に「日印グローバル・パートナーシップ」構築に合意し、2006年に「戦略的グローバル・パートナーシップ」構築に合意した。2005年4月の小泉純一郎首相訪印以降、ほぼ毎年交互に首脳が相手国を訪問し、年次首脳会談を実施する。2014年9月にはモディ首相が訪日し、「日インド特別戦略的グローバル・パートナーシップのための東京宣言」と題する共同声明を発出し、両国関係は「特別」戦略的グローバル・パートナーシップ[注釈17]へ格上げされた。

2．EUとの関係

1991年、「日本国と欧州共同体およびその加盟国との関係」の日・EC共同宣言では、

日・EU間の協議と共同の取り組みの必要性が強調され、自由、民主主義、法の支配及び人権を含む多くの共有する原則と市場経済原則の重視に基づいた共同の政治目的を打ち出している。これらの目的は、ポスト冷戦期における世界の安定を指向する日本とEUの共通した願望を反映したといっている。

日本がEUへの評価

> EUは世界最大級の擬似国家への道を着実に歩んでいる。国際社会のバランスのためにはEUの発展の意味は世界史的に評価される。日本はEUと長期を展望した協力のあり方と戦略について考えるべきだとしている。

日・EU定期首脳協議 日・EC共同宣言はあらゆるレベルでの日・EU間の政治対話の目的と枠組みを打ち出した。このような原則へのコミットメントは、1991年以降開催されている日・EU定期首脳協議の場で確認されている。日・EU対話の目的は国際的・地域的緊張の交渉による解決を推進するための協力の改善、開かれた多国間貿易システムの強化、そして発展途上国が世界のシステムに参画することを支援することにある。

3．日本外交の課題

国際貢献の推進 21世紀の国際社会の現実に直面し、国際社会共通の課題である「貧困削減」や日本が積極的に取り組む平和の構築、人間の安全保障の視点等を重要な柱として位置づけ、ODAを一層戦略的・効率的に活用していくこととしている。

日本が国連安保理常任理事国入りの図り 日本が安保理常任理事国となることは、「貢献に見合った地位と発言力を、国連の安全保障の分野でも有することにつながり」、「国連改革の気運が高まっている中、安保理常任理事国入りを果たし、これまで積み重ねてきた経験を活かして、日本らしい国際貢献を行っていく」〔注釈18〕という政治大国の地位を図る〔注釈19〕動向が窺える。

外交基盤の強化 対外情報収集・分析体制の強化、海外の日本人の安全確保をはじめ領事機能危機管理の強化、広報文化交流部を発足させ官民が海外広報と文化交流の有機的な連携を図れる体制の確立など、高い志をもって外交を展開していくのも重要視されている。

TPP-対米関係の課題 TPP（環太平洋パートナーシップ）協定については、2010年3月にP4協定（環太平洋戦略的経済連携協定）参加の4カ国（シンガポール、ニュージーランド、チリ及びブルネイ）に加えて、米国、オーストラリア、ペルー、ベトナムの8カ国で交渉が開始された。その後、マレーシア、メキシコ、カナダ及び日本が交渉に参加し、現在は12カ国で、アジア太平洋地域において高い自由化を目標とし、非関税分野や新しい貿易課題を含む包括的な協定として交渉が行われている。

 **注釈**

1. **日本外交の基本方針**：2014年1月24日、第186回国会における岸田文雄外務大臣の外交演説では、日本の外交の基本方針について所信を申し述べた。
2. **ODA（政府開発援助）**：ODA（Official Development Assistance）とは、頭文字を取ったものである。政府又は政府の実施機関によって開発途上国又は国際機関に供与されるもので、開発途上国の経済・社会の発展や福祉の向上に役立つために行う資金・技術提供による公的資金を用いた協力のことである。
3. **国家安全保障戦略**：NSS（National Security Strategy）は、日本の国家安全保障政策の基本方針。2013年12月17日に策定。
4. **日本外交の戦略**：外務省『外交青書』（2014年版）。本編第2章―第4章の内容に基づく。
5. **「資源外交」の強化**：東日本大震災以降、日本の発電における化石燃料の占める割合が増大する中、「資源外交」を強化し、資源産出国との包括的・互恵的関係、供給元の多角化、輸送路の安全確保などを引き続き強化していくという。
6. **EPA**：EPA（Economic Partnership Agreement）は経済連携協定のことで、幅広い分野を対象に、経済上の連携を強化する協定である。
7. **日本企業支援推進本部**：2013年12月には、岸田文雄外務大臣を本部長として、日本企業支援推進本部を立ち上げた。
8. 『ODA 60周年の成果と歩み』：外務省国際協力局政策課編集・発行、2014年9月。
9. **出典**：外務省ホームページ（ODA（政府開発援助）/日本のODA拠出先上位10か国（2012年）DAC）。
10. **出典**：外務省ホームページ（会見・発表・広報/ OECD開発援助委員会（DAC）による2013年（暦年）の各国ODA実績（暫定値）の公表）。
11. **出典**：中国外交部ホームページ（国家和組織／国家（地区）/亚洲/ 日本/日本国家概況）。
12. **出典**：「钓鱼岛―中国固有領土」ホームページ（法律文件/《钓鱼岛是中国的固有領土》白皮书（2012年9月））。
13. **出典**：外務省ホームページ（外交政策/日本の領土をめぐる情勢/日ソ・日露間の平和条約締結交渉）。
14. **日韓関係**：外務省『外交青書』2014年版。
15. **日朝関係**：同上。
16. **出典**：ASEAN日本政府代表部ホームページ（代表部案内/相星大使挨拶）。
17. **出典**：外務省ホームページ（外交政策/安倍総理大臣/日・インド首脳会談）。
18. **出典**：外務省ホームページ（外交政策/会見・発表・広報/パンフレット・リーフレット/国連安全保障理事会と日本）。
19. **出典**：中国外交部ホームページ（国家和組織／国家（地区）/亚洲/ 日本/日本国家概況）。

 質問

1. 日本外交の基本方針は何？
2. 経済外交の背景は何？

思考問題

1. 広報文化外交の趣旨
2. 「未来への投資」という日本のODAの理念

豆知識(10)

国際交流基金の概要

　国際交流基金（Japan Foundation）は、1972年に外務省所管の特殊法人として設立され、2003年10月1日に独立行政法人となった。国際文化交流事業は文化芸術、海外における日本語教育、日本研究・知的交流の三つを主要活動分野としている。国内に本部と京都支部、海外21カ国に22の海外拠点を持っている。

資料一

第5期中日友好21世紀委員会が達した共通認識

　第5期中日友好21世紀委員会の全体会議が2014年12月4日、北京市で閉幕した。閉会式の後、双方の委員は記者と対面し、陳健事務局長は今会議において第5期中日友好21世紀委員会が達した共通認識について話した。

　一、本委員会は両国政府が中日関係の処理と改善について発表した4つの原則的共通認識、両国の指導者の会談の実現を高く評価しており、両国関係が改善に向けて重要な一歩を踏み出したことを示すとの見解で一致した。私たちは、両国政府は原則的共通認識を真剣に実行し、当面の両国関係が直面する主な問題を適切に処理し、両国関係が正常な発展の軌道に戻るように推し進めるべきだと考えている。

　二、本委員会は、中日関係は双方にとって最も重要な関係の一つであり、両国はアジア・太平洋地域ひいては世界の平和、安定、発展において重要な責任を担い、平和、友好、協力は中日両国の唯一の正しい選択だと考えている。双方は中日の4つの政治文書の各原則と精神を遵守し、中日の「双方は協力パートナーであり、脅威をもたらさない」、「相手側の平和的発展を互いに支持する」という重要な共通認識を各自の政策と行動に表し、平和的発展の道を共に歩み、各自の優位性を発揮しアジアひいては世界の平和、安定、繁栄に貢献すべきである。

　三、本委員会は、双方は両国政府間の各レベルの対話を維持し、安全・防衛分野の対話や交流を強化し、政治の相互信頼を絶えず高めるべきだと考えている。双方は経済・貿易、投資、エコ・低炭素、省エネ・環境保護、財政金融、スマートシティ、社会保障・医療、ハイテク、ビジネス環境の改善など

の分野における相互利益となる協力を持続的に拡大、深化させ、アジアの発展プロセスにおいて共通利益を拡大し、共同繁栄を実現すべきである。また、双方は文化、教育、科学技術、地方、メディア、青少年、観光などの分野の友好的交流と協力を引き続き強化し、両国国民の相互理解と信頼を絶えず高め、両国関係の発展のためにしっかりした民意の基礎を築く必要がある。

四、本委員会は、今期の委員会が中日関係の大局を維持し、両国の各界・各分野の友好的交流と協力を促進し、両国関係の改善と発展を推し進める役割を果たしたことを高く評価し、両国政府が次期の委員会の発足に迅速に着手し、本委員会が両国政府の諮問機関として、中日関係の長期的な健全かつ安定した発展のために引き続き貢献できることを期待している。

出典：http://japanese.china.org.cn/（中国網日本語版チャイナネット　2014年12月4日/中日両国/第5期中日友好21世紀委員会が達した共通認識）

第十章 主要漢字名詞の読み方

漢字	読み方
意思疎通	いしそつう
択捉	えとろふ
外交青書	がいこうせいしょ
企業収益	きぎょうしゅうえき
国後	くなしり
経済外交	けいざいがいこう
洞爺湖	とうやこ
国際協力	こくさいきょうりょく
三本柱	さんぼんばしら
色丹	しこたん
親近感	しんきんかん
成長の糧	せいちょうのかて
大量破壊兵器	たいりょうはかいへいき
地球儀	ちきゅうぎ
釣魚島	ちょうぎょとう
歯舞	はぼまい
非関税分野	ひかんぜいぶんや
日朝平壌宣言	にっちょうぴょんやんせんげん
付属島嶼	ふぞくとうしょ
文書	ぶんしょ
貿易赤字	ぼうえきあかじ
保護主義	ほごしゅぎ
北方四島	ほっぽうよんとう
要請主義	ようせいしゅぎ

第十一章　防衛

第一節　防衛政策

1．国防会議と「国防の基本方針」

　日本の防衛政策について、近年までは1957年5月20日に国防会議と閣議で決定された「国防の基本方針」にその基礎を置いていた。そのかわり、2013年12月17日に「国家安全保障戦略」が国家安全保障会議及び閣議において決定された。

「国防の基本方針」（全文）

> **国防の基本方針**
> （1957年5月20日国防会議及び閣議決定）
>
> 　国防の目的は、直接及び間接の侵略を未然に防止し、万一侵略が行われるときはこれを排除し、もって民主主義を基調とする日本の独立と平和を守ることにある。この目的を達成するための基本方針を次のとおり定める。
> 　1．国際連合の活動を支持し、国際間の協調をはかり、世界平和の実現を期する。
> 　2．民生を安定し、愛国心を高揚し、国家の安全を保障するに必要な基盤を確立する。
> 　3．国力国情に応じ自衛のため必要な限度において、効率的な防衛力を漸進的に整備する。
> 　4．外部からの侵略に対しては、将来国際連合が有効にこれを阻止する機能を果し得るに至るまでは、米国との安全保障体制を基調としてこれに対処する。

　国防会議　1954年6月9日に公布された防衛庁設置法に、国防に関する重要事項を審議する機関として国防会議を内閣に設置すると規定されていた。1956年7月2日に公布された「国防会議の構成等に関する法律」によって、内閣に国防会議が実際に設置された。

国防会議は、内閣総理大臣を議長とし、内閣法第9条によりあらかじめ指定された国務大臣・外務大臣・大蔵大臣・防衛庁長官・経済企画庁長官を議員とすることとされている。

これまでの防衛の基本政策　日本の防衛基本政策は、建前として憲法のもと、専守防衛に徹し、他国に脅威を与えるような軍事大国とならないとの基本理念に従い、日米安保体制を堅持し、文民統制を確保し、非核三原則を守りつつ、実効性の高い統合的な防衛力を効率的に整備するといった。

防衛の基本政策の概念

> （1）専守防衛とは、相手から武力攻撃を受けたときにはじめて防衛力を行使し、その態様も、保持する防衛力も自衛のための必要最小限のものに限るなど、憲法の精神に基づく受動的な防衛戦略姿勢をいう。
> （2）軍事大国とならないことについて、軍事大国という概念の明確な定義はないが、日本としては自衛のための必要最小限を超えて、他国に脅威を与えるような強大な軍事力を保持しないということである。
> （3）非核三原則とは、核兵器を持たず、作らず、持ち込ませずという原則を指す（1967年12月11日に衆議院予算委員会における佐藤栄作総理の答弁で提起した原則である）。
> （4）文民統制は、軍事に対する政治の優先、民主主義的な政治による統制を指し、国会が、自衛官の定数、主要組織などを法律・予算の形で議決し、防衛出動などの承認を行う文民統制の制度である。

2．安全保障会議から国家安全保障会議へ

安全保障会議の設置　「安全保障会議設置法」（1986年5月27日法律第71号）に基づいて安全保障会議が設置され、1986年7月1日から実施されていた。「安全保障会議設置法」附則1条によって、1956年から30年間続いた国防会議が廃止された。

国家安全保障会議の提唱　2006年、第1次安倍内閣の行政改革として安全保障会議の代わりに国家安全保障会議（日本版NSC〔注釈1〕と称される）の創設を提唱され、国家安全保障に関する官邸機能強化会議が時の首相・安倍晋三を議長として発足した。

2007年12月、安全保障会議を国家安全保障会議に改組し、事務局を設置することなどを内容とする「安全保障会議設置法改正案」が衆議院に提出されたが、時の首相・福田康夫の「現存の安全保障会議で充分機能する」という決定で廃案となった。

国家安全保障会議の発足　2013年6月7日、内閣は国家安全保障会議を創設するための関連法案「安全保障会議設置法等の一部を改正する法律案」（国家安全保障会議設置法案）を決定した。同年秋の第185回国会に同法案が提出され、同年11月27日の参議院本会議にて成立した。それに伴い、同年12月4日に安全保障会議が国家安全保障会議に再編され、翌2014年1月7日には国家安全保障会議の事務局である国家安全保障局が発足した。

国家安全保障会議の構成　国家安全保障会議（NSC）は内閣に設置され、国家安全保障

の重要事項を審議する機関であり、国家安全保障に関する外交・防衛政策の基本方針・重要政策の企画立案、総合調整を行う。その旨は恒常的に首相の政策決定や政治的決断のサポートを行う。国家安全保障会議の組織は会議と事務組織から構成される。

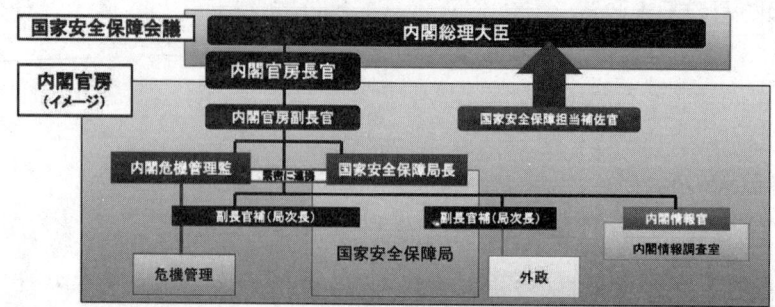

国家安全保障会議の規模 会議は平素から首相、官房長官、外相、防衛相によって構成される「4大臣会議」である。「9大臣会議」の参加者は4大臣に加えて副総理、総務大臣、財務大臣、経産大臣、国交大臣、国家公安委員長が加わる。緊急事態の際、総理と官房長官のほかに首相が定めた大臣が出席する「緊急事態大臣会合」がある。これらの会議には大臣のほか必要に応じ、総理大臣の許可を得たうえで統合幕僚長などの関係者を出席させる事ができる。

国家安全保障局 内閣官房に置かれる国家安全保障局は、国家安全保障会議の事務組織として、省庁間の調整、緊急時における政策提言、中長期的な外交・安保の政策立案、外務省、防衛省、警察庁、公安調査庁、経済産業省、国土交通省、内閣情報調査室などの各省庁と各省庁の情報コミュニティへ情報要求を行う。

各省庁は国家安全保障局に対する報告義務を負う。国家安全保障局長は内閣危機管理監と同位であり常に連携しながら職務にあたる。

国家安全保障局の業務

> （1）国家安全保障会議を恒常的にサポート。内閣官房の総合調整権限を用い、国家安全保障に関する外交・防衛政策の基本方針・重要事項に関する企画立案・総合調整に専従する。
> （2）緊急事態への対処に当たり国家安全保障に関する外交・防衛政策の観点から必要な提言を実施する。
> （3）関係行政機関等に対し、適時に情報を発注。また、会議に提供された情報を、政策立案等のために活用(情報の「総合整理」機能)。

3. 防衛政策の「戦略」的調整

「国家安全保障戦略」の基本理念 2013年に国家安全保障会議及び閣議で決定された「国家安全保障戦略」の趣旨は、「国益を長期的視点から」日本の「安全及びアジア太平洋地域の平和と安定を実現しつつ、国際社会の平和と安定及び繁栄の確保に積極的に寄与していくことを基本理念」として「外交政策及び防衛政策を中心とした国家安全保障に関す

る基本方針を定めたもの」である。

　具体的には「戦略」に基づき、「総合的な防衛体制を構築」し、「統合運用」、「政府機関・地方公共団体・民間部門との連携を強化」になる。また「外交政策と密接な連携を図りながら、日米同盟を強化しつつ、諸外国との二国間・多国間の安全保障協力を積極的に推進」していくなどである〔注釈2〕。

　防衛装備移転三原則　2014年4月1日、日本政府は、防衛装備の海外移転に関して「防衛装備移転三原則」を閣議決定するとともに、その運用指針についても国家安全保障会議で決定した。

　防衛装備移転原則の策定趣旨　「国家安全保障戦略」において、「防衛装備品の活用」に一層積極的に関与するとともに、防衛装備品などの共同開発・生産などに参画することが求められている状況などを踏まえ、防衛装備品の海外移転に関し、新たな安全保障環境に適合する明確な原則を定めることとされた。

　防衛装備移転三原則の主な内容

> (1) 移転を禁止する場合の明確化
> (2) 移転を認め得る場合の限定並びに厳格審査及び情報公開
> (3) 目的外使用及び第三国移転に係る適正管理の確保

　集団的自衛権の解禁　2014年7月1日、首相官邸で臨時閣議を開き、集団的自衛権の行使を容認するための憲法解釈変更を決定した。これは自衛隊の海外での武力行使に道を開くもので、日本の戦後の平和憲法が規定する「専守防衛」原則は時代遅れであり、時代の変化に適応できず、憲法解釈を変更し、集団的自衛権の解禁〔注釈3〕を可能としなければならないという主張である。

　集団的自衛権の解禁に関する安倍晋三首相の記者会見の冒頭発言

> 「集団的自衛権が現行憲法の下で認められるのか。そうした抽象的、観念的な議論ではありません。現実に起こり得る事態において国民の命と平和な暮らしを守るため、現行憲法の下で何をなすべきかという議論であります。」(2014年7月1日)

　閣議決定では、「米軍部隊に対して武力攻撃に至らない侵害が発生した場合を想定し」、「限定的な必要最小限の武器の使用を自衛隊が行うことができるよう、法整備をすることとする。」とされる。

4．日米安保体制

　日米安保体制の成立　日米安保体制は冷戦の産物である。20世紀半ばから米ソ対立のなか、日本はアメリカ占領軍の橋頭堡に位置づけられ、講和条約とともに日米関係の中核をなす日米安保条約が調印されて日米安保体制ができた。

　日米安全保障共同宣言　1996年4月17日、日米首脳会談後に「日米安全保障共同宣言」

が東京で発表された。これは、日米安保体制について、その重要性を改めて確認するとともに、21世紀に向けた日米同盟のあり方を内外に明らかにしたものである。

日米安全保障共同宣言の要点

（1）「日米がアジア太平洋地域においてより安定した安全保障環境の構築のために協力していく」。
（2）「日米防衛協力のための指針」の見直しを行う。
（3）日米安保体制を基盤とした日米間の様々な協力を推進する。

旧ガイドライン　1978年11月27日、東京で「日米防衛協力のための指針」（旧ガイドライン）が合意され、28日に閣議了解で公表された。その研究・協議事項では、（1）日本に武力攻撃がなされた場合又はそのおそれのある場合の諸問題。（2）（1）以外の極東における事態で日本の安全に重要な影響を与える場合の諸問題。（3）その他（共同演習・訓練等）示されていた。

新ガイドライン　1997年9月23日、ニュー・ヨークで「日米防衛協力のための指針」（新ガイドライン）が発表された。新ガイドラインの目的は、平素から並びに日本に対する武力攻撃及び周辺事態に際してより効果的かつ信頼性のある日米協力を行うための、堅固な基礎を構築することである。また、日米両国の役割並びに協力及び調整の在り方について一般的な大枠及び方向性を示すものである。

指針の見直し　2015年4月27日、ニューヨークで岸田外相と中谷防衛相、ケリー国務長官とカーター国防長官が出席し、「2＋2」が開かれた。両政府は、日米防衛協力の指針、ガイドラインを18年ぶりに改定した。自衛隊と米軍が切れ目なく対応し、日米同盟はグローバルなものであることを強調している。

日米安保体制の約束　「強大な軍事力を有する米国との同盟関係を継続し、その抑止力を日本の安全保障のために有効に機能させることで、日本自らの適切な防衛力の保持と合わせ、隙のない態勢を構築し、日本の安全を確保」する。また、「日米安保条約は、第5条において、日本への武力攻撃があった場合、日米両国が共同対処を行うことを定めている。

日米安保条約（第五条）

　各締約国は、日本国の施政の下にある領域における、いずれか一方に対する武力攻撃が、自国の平和及び安全を危うくするものであることを認め、自国の憲法上の規定及び手続に従って共通の危険に対処するように行動することを宣言する。

　前記の武力攻撃及びその結果として執ったすべての措置は、国際連合憲章第五十一条の規定に従って直ちに国際連合安全保障理事会に報告しなければならない。その措置は、安全保障理事会が国際の平和及び安全を回復し及び維持するために必要な措置を執ったときは、終止しなければならない。

第二節 防衛大綱と中期防

1.「防衛計画の大綱」

「防衛計画の大綱」は略して防衛大綱とも呼ばれる。また、各大綱は制定時の年度を元に〇〇大綱とも通称される。日本における安全保障政策の基本的指針で、概ね10年後までを念頭に置き、中長期的な視点で日本の安全保障政策や防衛力の規模〔資料一〕を定めた指針で、これに基づいて5年ごとの具体的な政策や装備調達量を定めた中期防衛力整備計画が策定される。情勢に重要な変化が生じた場合はその都度改訂されることがあり、必要がなければ10年経っても改訂されないこともある。かつては国防会議あるいは安全保障会議を経て、現在は国家安全保障会議を経て閣議決定される。

「防衛計画の大綱」の成立 1958年度以降、4次にわたる防衛力の整備計画〔資料二〕に基づき、防衛力の漸進的な整備を行ってきたが、1972年から始まった第4次防衛力整備計画（略称：4次防）では、オイルショックとインフレーションによる大不況の影響を受け、1976年度予算時点での計画の未達成が確実であり、従来の防衛力整備計画では長期的見通しも立てられなくなっていた。

また、世論は、第2次防衛力整備計画で総額1兆1,635億円、第3次防衛力整備計画で2兆3,400億円、第4次防衛力整備計画で4兆6,300億円のペースで増加し続ける防衛費に不安感を抱き、自衛隊内部でも正面装備優先で後方装備の遅れを指摘する声も上がった。

このような情勢下で、三木武夫改造内閣は、ポスト4次防では期間計画方式から単年度計画方式に変更し5次防は策定しないとし、代わりに「防衛計画の大綱」を定めることとした。防衛計画の大綱のもとで防衛政策を推進する毎年度の予算枠として、1976年11月に三木内閣の閣議決定によって、日本の防衛費をGNPの1％以下に抑制する政策をとった。

「防衛計画の大綱」の趣旨 1―4次防においては、防衛力整備の基本的考え方として、日本に対する軍事的脅威に直接対抗するとしたが、1976年に始まった「防衛計画の大綱」（51大綱）では、「直接的には、日米安全保障体制と相まって、わが国に対する侵略を未然に防止し、万一、侵略が行われた場合にはこれを排除することを目的とするものである」とする。そのあと、1995年の07大綱の「基盤的防衛力構想」、2004年の16大綱の「多機能で弾力的な実効性のある防衛力」、2010年の22大綱の「動的なもの」、2013年の25大綱の「侵略事態等に対応する態勢」の強調によって日本の防衛に関する趣旨〔資料三〕が見られる。具体的な計画は中期防（中期防衛力整備計画）に定める。

2．中期防

中期防（中期防衛力整備計画の略称）は、日本の防衛力の整備、維持および運用などを具体的に定めた計画で、各中期防は開始時の年度を元に〇〇中期防と通称される。

中期防の性質 日本の安全保障政策の指針である防衛計画の大綱に従って策定される政府の5か年計画で、国家安全保障会議および閣議で決定される。5年を経たずに見直さ

れ廃止されることもある。防衛庁内部の参考でしかなかった中期業務見積もりを廃止して、正式な政府計画として発展させたものである。計画は5か年で進められ3年目に見直しが図られる事となる。

これまでの中期防

防衛大綱策定前	1次防 – 2次防 – 3次防 – 4次防
51大綱（中業）	中期業務見積り – 53中業（1980）– 56中業（1983）– 59中業（1986）※中期防に移行
51大綱（中期防）	中期防衛力整備計画 – 61中期防（1986）– 03中期防（1991）
07大綱	08中期防（1996）– 13中期防（2001）
16大綱	17中期防（2005）
22大綱	23中期防（2011）
25大綱	26中期防（2014）

第三節　防衛省と自衛隊

1．防衛省の組織

最高指揮権　内閣総理大臣は、内閣を代表して自衛隊に対する最高の指揮監督権を有しており、国の防衛に専任する主任の大臣である防衛大臣は、自衛隊の隊務を統括する。また、内閣には、国防に関する重要事項などを審議する機関として国家安全保障会議が置かれている。

防衛大臣　防衛大臣は、防衛省の長たる国務大臣の職名である。2007年1月の防衛庁から防衛省への昇格に伴い、長官から大臣に変更された。防衛大臣が自衛隊に対して命令できる行動は「警備行動」までであり、それより上位の「警護出動」・「治安出動」、最上位の「防衛出動」は事前又は事後の国会承認を要し、内閣の首長としての内閣総理大臣に命令権が与えられている。

防衛会議　防衛会議では、防衛大臣のもとに政治任用者、文官、自衛官の三者が一堂に会して防衛省の所掌事務に関する基本的方針について審議することとし、文民統制のさらなる徹底を図っている。また、国会は自衛隊に係る定員、予算、組織などの重要事項の議決を通じて自衛隊を統制する。

2．防衛省の沿革

防衛省の前身は、1950年6月の朝鮮戦争勃発を受けて発足した警察予備隊本部に遡ることができる。その後保安庁、防衛庁を経て現在の防衛省に至る。

第十一章 防衛

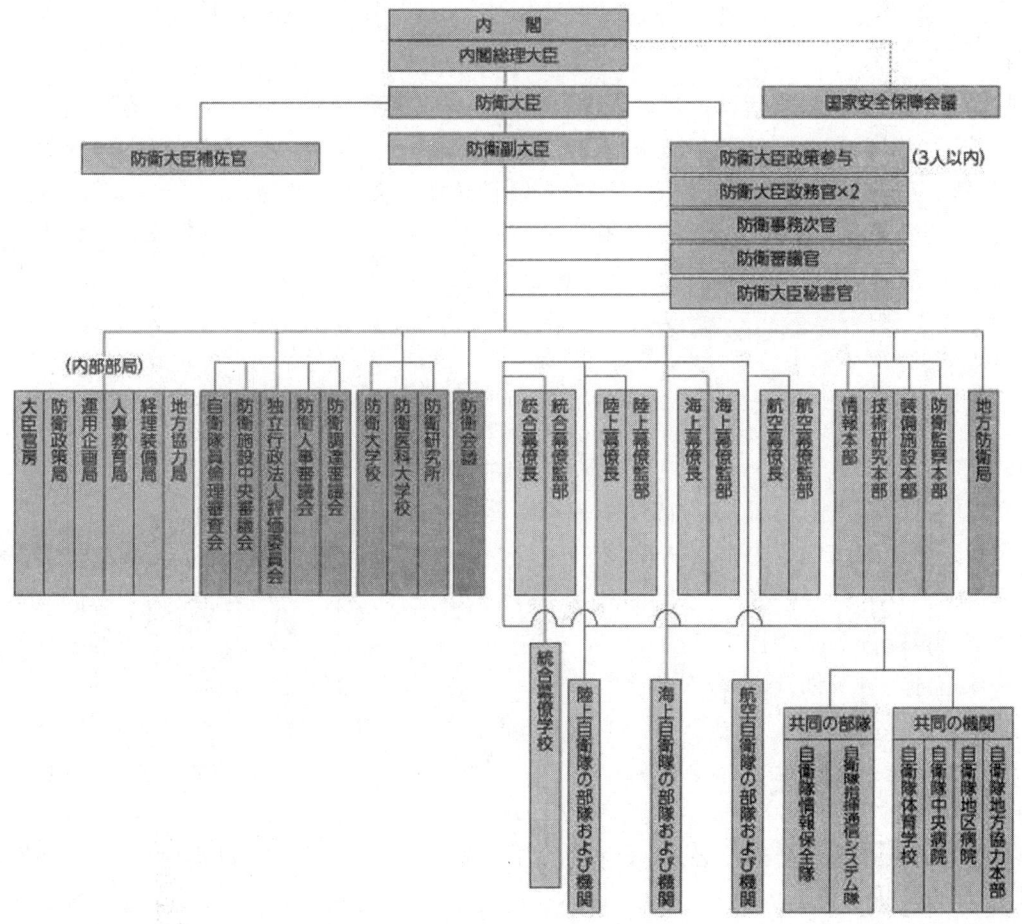

出典：防衛庁オームページ、平成26年7月末現在

警察予備隊本部の設置　1950年6月25日、朝鮮戦争が勃発、これに対応するため、在韓米軍と共に在日米軍の兵力も充てられた。7月8日、連合国軍総司令官および国連軍総司令官であるダグラス・マッカーサーは、首相の吉田茂に対して「警察予備隊創設に関するマッカーサー指令」を指示した。8月10日、警察予備隊令が公布・施行され、7万5,000人の国家警察予備隊（現在の陸上自衛隊に相当）を創設し、海上保安庁定員8,000人が増加した。それを管理・運営する総理府の機関として警察予備隊本部が設置された。これが自衛隊の端緒であった。

保安庁の設置　1952年4月26日、海上保安庁の付属機関として海上警備隊（現海上自衛隊に相当）が発足した。8月1日、保安庁法の施行により総理府の外局として保安庁が発足し、同日、総理府所管の警察予備隊と海上保安庁所属の海上警備隊を保安庁の管轄下に置くことになる。さらに10月、警察予備隊が保安隊に改称された。

防衛庁の設置と自衛隊の発足　1954年3月、日米相互防衛援助協定（MSA協定）が調印された。7月1日、防衛庁設置法により保安庁は防衛庁（Japan Defense Agency）に改められた（引き続き総理府の外局）。保安隊と警備隊も廃止され、陸上自衛隊、海上自衛隊、航空自衛隊などが発足した。

防衛庁から防衛省への移行　2006年12月15日、防衛庁を省へ移行させる「防衛庁設置

法等の一部を改正する法律案」が国会で可決し、成立した。2007年1月9日、防衛庁が防衛省に移行した。

防衛省の仕組み　防衛省・自衛隊は日本最大の公務員組織であり、防衛省職員への給与は、国家公務員給与費の4割を占める。行政組織上「防衛省」とは本省の内部部局に加えて、陸海空の三自衛隊(制服組)、その他の附属組織(装備本部等)など審議会等、施設等機関、特別の機関まで含めた全てを指し、外局である防衛施設庁、文官(自衛官以外の防衛省職員、所謂背広組)をも含めた呼称である。

3．自衛隊

自衛隊という用語との関係では、「○○自衛隊」あるいは「三自衛隊」などと言う場合は、「防衛省の特別の機関」としての各部隊を指すにとどまるが、何も付けず単に「自衛隊」と言う場合は防衛大臣以下、内部部局から外局までも含む「防衛省」の全体を指す。

自衛隊の組織構成　陸・海・空の各自衛隊〔資料四〕はすべて防衛大臣の直轄部隊から構成され、各自衛隊の隊務に係る防衛大臣の幕僚機関として陸上幕僚監部、海上幕僚監部及び航空幕僚監部が置かれている。更に各自衛隊を統合運用するための幕僚機関として統合幕僚監部が置かれ、自衛官の最上位者である統合幕僚長がこれを統括する。

防衛大臣は各幕僚長を通じて各自衛隊に命令を発するが、部隊の運用に関しては全て統合幕僚長を通じて行うものとされている。各幕僚長は「最高の専門的助言者」として防衛大臣を補佐し、部隊等に対する防衛大臣の命令を執行する。

防衛省と自衛隊の連帯と区分　防衛省と自衛隊の関係について、防衛事務次官、防衛参事官、防衛書記官、防衛部員をはじめとする内部部局や防衛施設庁等の文官は、自衛隊員であるとされており、自衛官(制服組)と同様に、「事に臨んでは危険を顧みず、身をもって責務の完遂に努める」という文言を含む服務の宣誓を行うこととされている。

「防衛省」と「自衛隊」は完全に同一ではない。防衛省に置かれる全ての審議会・審査会と、防衛施設庁業務部労務調査官および同部労務管理課の職員は「自衛隊」には含まれないと規定されている。

● 自衛官定数等の変更　　　　　　　　　　　　　　　　　　(単位：人)

	26年度末	27年度末	増△減
陸　上　自　衛　隊	159,198	158,938	△260
常　備　自　衛　官	151,023	150,863	△160
即 応 予 備 自 衛 官	8,175	8,075	△100
海　上　自　衛　隊	45,494	45,364	△130
航　空　自　衛　隊	47,073	46,940	△133
共　同　の　部　隊	1,253	1,253	0
統　合　幕　僚　監　部	367	368	1
情　報　本　部	1,910	1,911	1
内　部　部　局	40	48	8
防 衛 装 備 庁 (仮 称)	—	407	407
合　　　　　計	247,160	247,154	△6
	(255,335)	(255,229)	(△106)

注1：　各年度末の定数は予算上の数字である。
注2：　各年度の合計欄の下段（　）内は、即応予備自衛官の員数を含んだ数字である。

出典：国家安全保障会議決定「平成27年度における防衛力整備内容のうちの主要な事項について」(2015年1月14日)

第十一章 防衛

図表II-5-4-1 防衛関係費（当初予算）の平成25年度と平成26年度の比較

（億円）

区　分		平成25年度	平成26年度	対前年度増▲減
歳出額（注）		46,804	47,838	1,035（2.2%）
	うち人件・糧食費	19,896	20,930	1,034（5.2%）
	うち物件費	26,908	26,909	1（0.0%）
後年度負担額（注）		31,100	33,594	2,493
	うち新規分	16,517	19,465	2,948（17.8%）
	うち既定分	14,583	14,129	▲454（▲3.1%）

（注）上記の計数は、SACO関係経費と米軍再編経費のうち地元負担軽減分、「政府専用機に関する対応方針について」（平成25年8月7日政府専用機検討委員会決定）に基づく新たな政府専用機導入にともなう経費を含まない。これらを含めた防衛関係費の総額は、歳出額については、平成25年度は47,538億円、平成26年度は48,848億円になり、後年度負担額については、平成25年度は32,308億円、平成26年度は36,304億円になる。

図表II-5-4-2 過去15年間の防衛関係費（当初予算）の推移

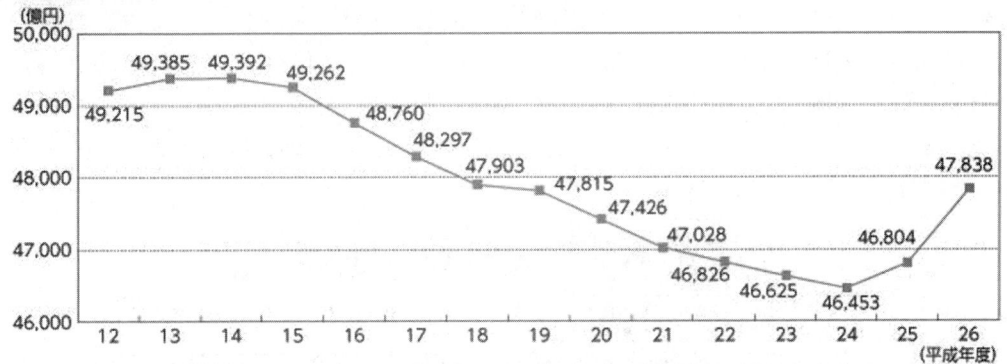

（注）上記の計数は、SACO関係経費と米軍再編経費のうち地元負担軽減分を含まない。これらを含めた防衛関係費の総額は、12年度は49,355億円、13年度は49,550億円、14年度は49,557億円、15年度は49,527億円、16年度は49,026億円、17年度は48,560億円、18年度は48,136億円、19年度は48,013億円、20年度は47,796億円、21年度は47,741億円、22年度は47,903億円、23年度は47,752億円、24年度は47,138億円、25年度は47,538億円、26年度は48,848億円になる。

出典：日本の防衛関係費の推移（『平成26年版（2014年）防衛白書』）

4．在日米軍再編

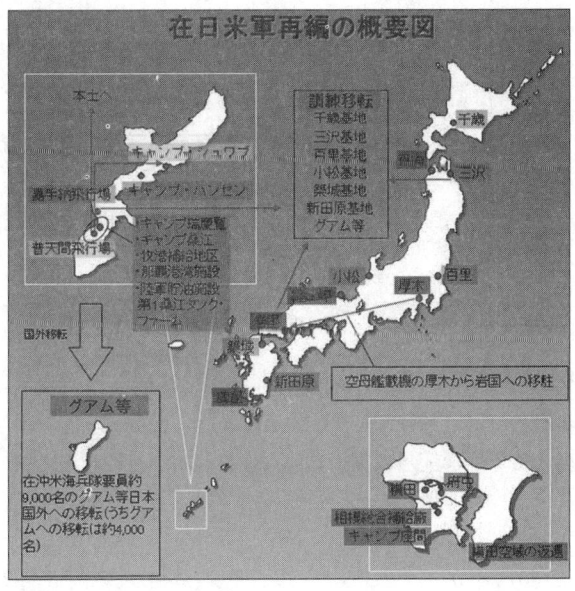

出典：防衛省・自衛隊ホームページ（防衛省の取組／「在日米軍などの兵力態勢の再編／在日米軍再編の概要」

在日米軍再編の動向　日米両国は、2006年5月に在日米軍の兵力態勢再編の具体的施策を実施するための計画(「ロードマップ」)を発表したほか、2009年2月には在沖縄米海兵隊のグアム移転に係る協定に署名し、5月に同協定を締結した。その後、再編計画の検証を経て、2010年5月及び2011年6月の「2+2」による合意によって「ロードマップ」を補完し、普天間飛行場の代替の施設をキャンプ・シュワブの辺野古崎地区及びこれに隣接する水域に設置することを確認した。さらに、2012年4月の「2+2」共同発表では、在沖縄海兵隊の移転及び嘉手納以南の土地の返還の双方を、普天間飛行場の移設の進展から切り離すことを決定した。

在日米軍再編に関する新たな特別協定　日米間は、2011年1月21日に新たな特別協定に署名し、同協定は同年3月末に国会の承認を得て発効した。新たな特別協定の期間は5年間で。(1)労務費については、日本側が負担する上限労働者数を、協定の期間中に現在の2万3,055人から2万2,625人に段階的に削減する。(2)光熱水料等については、249億円を各年度の日本側の負担の上限にするとともに、5年間で日本側の負担割合を約76%から72%に段階的に削減する。(3)訓練移転費に関しては、新たにグアムなど米国の施政下の領域への訓練移転に関するものも対象に追加する。(4)これらの経費につき米側が一層の節約努力を行うとなっている。

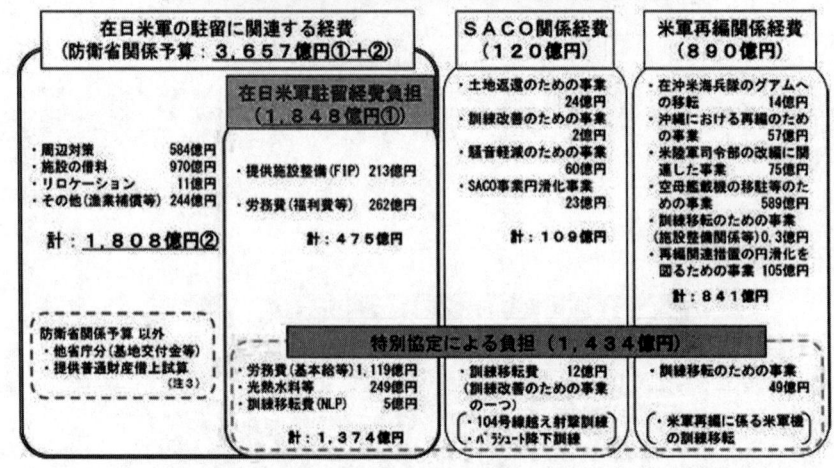

出典:防衛省・自衛隊ホームページ(防衛省の取組/在日米軍に関する諸政策/在日米軍駐留経費負担/在日米軍関係経費)

　**注釈**

1．**日本版NSC**:米国の国家安全保障会議(NSC: National Security Council)をモデルにして、首相官邸を中心に外交・安全保障に関する迅速な情報収集や重要な政策決定が行う意味で「日本版NSC」と呼ばれる。
2．**日本版出典**:防衛省・自衛隊ホームページ(資料編/資料8　平成26年度以降に係る防衛計画の大綱について)。
3．**出典**:人民網日本語版(2014年07月01日)ホームページ(経済/<企画>集団的自衛権の解禁にこだわる安倍首相の目的は?)。

第十一章　防衛

質問

1．文民統制とは何?
2．自衛隊の最高の指揮監督権は誰が持っている?

思考問題

1．「国家安全保障戦略」の趣旨
2．日米安保体制の性質

豆知識（11）

水陸機動団（前身は西普連）

　2013年に策定された2014年度以降に係る防衛計画の大綱について（25大綱）に基づき、水陸機動団は、陸上自衛隊に新編される予定の部隊（編制単位は団）で、水陸両用作戦を強く意識した部隊であり、新たに編成される陸上総隊直轄の部隊となる。

　陸自相浦駐屯地（長崎県）に西部方面普通科連隊（通称：西普連）という約700人規模の部隊がある。この部隊は、島嶼部への所謂侵略行為や災害派遣に対応する部隊であり、ヘリコプターまたは8人乗り偵察ボートにより島に上陸する機能を有している。改編後の水陸機動団は、着上陸をする部隊、水陸両用車を運用する部隊、火力によって上陸を支援する部隊などから構成される約3,000人規模の島嶼防衛専門部隊であり、2018年度末までに新編される予定である。

　予定によると、主戦力となる第1連隊は西部方面普通科連隊を発展的に改組し司令部と共に佐世保市に拠点を置くとされ、第2および第3連隊はそれぞれ700人から900人規模の部隊となる。

　各連隊の編成は本部中隊、AAV中隊、ヘリボーン中隊およびボート中隊（強襲戦闘偵察用ボートを装備）からなる。水陸両用車を装備した新部隊は南西諸島が侵攻された際、戦闘地域から数キロメートル離れた海域から上陸部隊を進発、戦闘部隊を揚陸させ島嶼部の確保を図るとされる。

資料一

防衛大綱別表に見る防衛力の変遷

自衛隊	配備	51大綱 1977年度～	07大綱 1996年度～	16大綱 2005年度～	22大綱 2011年度～	25大綱 2014年度～
陸上自衛隊	編成定数	18万人	16万人（常備自衛官定数14万5千人）（即応予備自衛官員数1万5千人）	15万5千人（常備自衛官定数14万8千人）（即応予備自衛官員数7千人）	15万4千人（常備自衛官定数14万7千人）（即応予備自衛官員数7千人）	15万9千人（常備自衛官定数15万1千人）（即応予備自衛官員数8千人）
	機動運用部隊	1個機甲師団 1個特科団 1個空挺団 1個教導団 1個ヘリコプター団	1個機甲師団 1個空挺団 1個ヘリコプター団	1個機甲師団 中央即応集団		3個機動師団 4個機動旅団 1個機甲師団 1個空挺団 1個水陸機動団 1個ヘリコプター団
	地域配備部隊	12個師団 2個混成団	8個師団 6個旅団			5個師団 2個旅団
	地対艦誘導弾部隊	※22大綱より記載。同時に主要特科装備の項目は火砲のみに整理			5個地対艦ミサイル連隊	
	地対空誘導弾部隊	8個高射特科群			7個高射特科群/連隊	
	主要装備	51大綱では記載なし。括弧内は比較上の規模（戦車約1200両）（主要特科装備約1000門/両）	戦車約900両 主要特科装備 約900門/両	戦車約600両 主要特科装備 約600門/両	戦車約400両 火砲約400門/両	25大綱では記載なし。括弧内は別表欄外注記の将来の規模（戦車約300両）（火砲約300門/両）

第十一章　防衛

海上自衛隊	基幹部隊	4個護衛隊群（機動運用） 10個護衛隊（地方隊配備） 6個潜水隊 2個掃海隊群 哨戒機16個隊	4個護衛隊群（機動運用） 7個護衛隊（地方隊配備） 6個潜水隊 1個掃海隊群 哨戒機13個隊	4個護衛隊群（機動運用・8個護衛隊） 5個護衛隊（地域配備） 4個潜水隊 1個掃海隊群 哨戒機9個隊	4個護衛隊群（機動運用・8個護衛隊） 4個護衛隊（機動運用） 6個潜水隊 1個掃海隊群 哨戒機9個隊	4個護衛隊群（機動運用・8個護衛隊） 6個護衛隊（機動運用） 6個潜水隊 1個掃海隊群 哨戒機9個隊
	主要装備	護衛艦 約60隻 潜水艦 16隻 作戦用航空機 約220機	護衛艦 約50隻 潜水艦 16隻 作戦用航空機 約170機	護衛艦 47隻 潜水艦 16隻 作戦用航空機 約150機	護衛艦 48隻 潜水艦 22隻 作戦用航空機 約150機	護衛艦 54隻 潜水艦 22隻 作戦用航空機 約170機
航空自衛隊	基幹部隊	航空警戒管制 28個警戒群 1個飛行隊 要撃戦闘10個飛行隊 支援戦闘3個飛行隊 航空偵察1個飛行隊 航空輸送3個飛行隊 地対空誘導弾6個高射群	航空警戒管制 8個警戒群 20個警戒隊 1個飛行隊 要撃戦闘9個飛行隊 支援戦闘3個飛行隊 航空偵察1個飛行隊 航空輸送3個飛行隊 地対空誘導弾6個高射群	航空警戒管制 8個警戒群 20個警戒隊 1警戒航空隊（2個飛行隊） 戦闘任務12個飛行隊 航空偵察1個飛行隊 航空輸送3個飛行隊 空中給油・輸送1個飛行隊 地対空誘導弾6個高射群	航空警戒管制 4個警戒群 24個警戒隊 1警戒航空隊（2個飛行隊） 戦闘任務12個飛行隊 航空偵察1個飛行隊 航空輸送3個飛行隊 空中給油・輸送1個飛行隊 地対空誘導弾6個高射群	航空警戒管制 28個警戒隊 1個警戒航空隊（3個飛行隊） 戦闘任務13個飛行隊 航空偵察 - 航空輸送3個飛行隊 空中給油・輸送2個飛行隊 地対空誘導弾6個高射群
	主要装備	作戦用航空機 約430機	作戦用航空機 約400機（うち戦闘機 約300機）	作戦用航空機 約350機（うち戦闘機 約260機）	作戦用航空機 約340機（うち戦闘機 約260機）	作戦用航空機 約360機（うち戦闘機 約280機）

資料二

1—4次防の経緯

第1次防衛力整備計画 第二次世界大戦後初めての日本における長期軍備計画である。1957年6月に「防衛力整備目標について」が国防会議で決定され、第1次岸信介内閣の閣議了承を経た。これが第一次防衛力整備計画（略称：一次防）となる。その趣旨は「直接及び間接の侵略を未然に防止」である。当初予算総額は3年間で合計4,614億円。一般会計予算の構成比では平均値約10.76％。対GNP比は平均値1.13％。

第2次防衛力整備計画 略称は「二次防」。本計画は1960年の60年安保闘争の影響で決定が2年見送られ1961年は単年度予算となっている。趣旨は、「陸上自衛隊の大幅改編や航空自衛隊の態勢強化など、対ソビエト連邦・中華人民共和国・朝鮮民主主義人民共和国向けの防衛戦略が整備され、日本の防衛政策の結節点」となった。1961年に第2次池田内閣閣議後の国防会議議員懇談会で決定された。当初予算総額は5年間で合計1兆5,472億円。一般会計予算の構成比では平均値8.34％。対GNP比は平均値0.948％。

第3次防衛力整備計画 略称は「三次防」。1967年から1971年までの5年間を対象に、「通常兵器による局地戦以下の侵略に最も有効に処する」ことを目的とした。本計画は、内外情勢、国力の伸張、国際的地位の向上を勘案しつつ、1967年に第2次佐藤内閣の閣議で決定された。当初予算総額は5年間で合計2兆5272億円。一般会計予算の構成比では5年間の平均値7.3％。対GNP比は5年間の平均値0.818％。

第4次防衛力整備計画 略称は「四次防」。本計画の策定作業が行なわれていた時期は、沖縄返還や日米安全保障条約の固定期間が切れるなどの影響があり、自由民主党内で「自主国防」論が目立ち始めた。中曽根康弘が1970年1月、防衛庁長官に就任したので、中曽根の意向を強く反映したものとなる。中曽根の自主防衛論は日米安保の廃止を考えてはおらず、NATO的な防衛体制の構築を狙ったものであった。1972年から1976年までの5年間を対象に、通常兵器による局地戦以下の侵略に最も有効に対処することを目的とした。1972年の国防会議で第四次防衛力整備計画の大綱が第3次佐藤内閣改造内閣の閣議で決定。同年10月9日に計画の主要項目が第1次田中角榮内閣の閣議で決定された。修正案の経費総額は4兆6,000億円に縮小された。実際の当初予算総額は5年間で合計5兆6,684億円。一般会計予算の構成比では5年間の平均値6.46％。対GNP比は5年間の平均値0.856％となる。

出典：各次防衛力整備計画により整理したもの

資料三 「防衛計画の大綱」の変遷

51大綱の趣旨 「昭和52年度以降に係る防衛計画の大綱」(略称:51大綱)は、1976年(昭和51年)10月29日に国防会議および閣議で決定され、発表した。51大綱策定の趣旨として、「侵略を未然に防止し、万一、侵略が行われた場合にはこれを排除することを目的とする」。有事においては「限定的かつ小規模な侵略」までに有効に対処しえるを目標にし、またその防衛力を持って「災害派遣等」を通じて民生安定に寄与するように配慮するとした。

07大綱の趣旨 「平成8年度以降に係る防衛計画の大綱」(07大綱)は、1995年(平成7年)11月28日に安全保障会議および村山内閣の閣議で決定され、旧大綱(51大綱)は同年度限りで廃止する。約20年ぶりとなる改定では、冷戦終結など国際環境の変化に対応し、これまでの「侵略の未然防止」と「侵略対処」は「我が国の防衛」として一つにまとめられ、新しく「大規模災害等各種事態への対応」と「より安定した安全保障環境の構築への貢献」が加えられ、独立国としての必要最小限の基盤的な防衛力を保有するという「基盤的防衛力構想」に基づいて「侵略事態等に対応する態勢」が規定された。

16大綱の趣旨 「平成17年度以降に係る防衛計画の大綱」(16大綱)は、2004年(平成16年)12月10日、第二次小泉改造内閣の閣議で決定され、旧大綱(07大綱)は同年度限りで廃止する。新大綱の趣旨は「大量破壊兵器や弾道ミサイルの拡散の進展、国際テロ組織の活動などの新たな脅威や多様な事態への対応」が課題となる中、基盤的防衛力構想の有効な部分は継承するとしつつ、「対処能力」をより重視し、新たな脅威や多様な事態に対応できるよう「多機能で弾力的な実効性のある防衛力」が必要であるとした。

22大綱の趣旨 「平成23年度以降に係る防衛計画の大綱」(22大綱)は、2010年(平成22年)12月17日、安全保障会議の決定、第一次菅改造内閣の閣議で決定され、旧大綱(16大綱)は同年度限りで廃止する。新大綱は、周辺「大規模な軍事力」の存在、事態発生の短縮化傾向への「シームレスに対応する」、軍事力の役割の多様化と軍事力の運用を新しい課題として、今後の防衛力について、「防衛力の存在」を重視した従来の「基盤的防衛力構想」によることなく、「防衛力の運用」に焦点を当て、与えられた防衛力の役割を効果的に果たすための各種の活動を能動的に行える「動的なもの」としていく必要があるとしている。これに伴い、2006年12月に海外派遣を通常任務とする改正防衛庁設置法・自衛隊法が成立し、防衛庁は防衛省に昇格した。

25大綱の趣旨 「平成26年度以降に係る防衛計画の大綱」(25大綱)は、2013年(平成25年)12月17日に国家安全保障会議および第2次安倍内閣の閣議で決定され、旧大綱(22大綱)は同年度限りで廃止された。従来のものと比べ大幅に変更が加えられている。25大綱では、「厳しさを増す安全保障環境に即応し、海上優勢・航空優勢の確保など事態にシームレスかつ状況に臨機に対応して機動的に行い得るよう、統合運用の考え方をより徹底した「統合機動防衛力」を構築する」との考え方が示された。また、25大綱では新編水陸機動団を明示している。

出典:これまでの「防衛計画の大綱」により整理したもの

資料四

自衛隊の概要

（別表）

区分	種類	整備規模
陸上自衛隊	機動戦闘車	99両
	装甲車	24両
	水陸両用車	52両
	ティルト・ローター機	17機
	輸送ヘリコプター（CH-47JA）	6機
	地対艦誘導弾	9個中隊
	中距離地対空誘導弾	5個中隊
	戦車	44両
	火砲（迫撃砲を除く。）	31両
海上自衛隊	護衛艦	5隻
	（イージス・システム搭載護衛艦）	（2隻）
	潜水艦	5隻
	その他	5隻
	自衛艦建造計	15隻
	（トン数）	（約5.2万トン）
	固定翼哨戒機（P-1）	23機
	哨戒ヘリコプター（SH-60K）	23機
	多用途ヘリコプター（艦載型）	9機
航空自衛隊	新早期警戒（管制）機	4機
	戦闘機（F-35A）	28機
	戦闘機（F-15）近代化改修	26機
	新空中給油・輸送機	3機
	輸送機（C-2）	10機
	地対空誘導弾ペトリオットの能力向上（PAC-3 MSE）	2個群及び教育所要
共同の部隊	滞空型無人機	3機

（注）哨戒機能を有する艦載型無人機については、上記の哨戒ヘリコプター（SH-60K）の機数の範囲内で、追加的な整備を行い得るものとする。

出典：防衛省・自衛隊ホームページ（平成26年版防衛白書/資料編/資料9 中期防衛力整備計画（平成26年度～平成30年度）について）

第十一章 主要漢字名詞の読み方

大枠〔おおわく〕	官邸機能強化〔かんていきのうきょうか〕
核兵器〔かくへいき〕	
海上自衛隊〔かいじょうじえいたい〕	教育専従部隊〔きょういくせんじゅうぶたい〕
海上保安庁〔かいじょうほあんちょう〕	
嘉手納〔かでな〕	橋頭堡〔きょうとうほ〕

第十一章　防衛

極東〔きょくとう〕	装備本部〔そうびほんぶ〕
軍事大国〔ぐんじたいこく〕	多機能〔たきのう〕
警察予備隊〔けいさつよびたい〕	単年度計画〔たんねんどけいかく〕
警備隊〔けいびたい〕	弾力的〔だんりょくてき〕
厳格審査〔げんかくしんさ〕	駐屯地〔ちゅうとんち〕
現行憲法〔げんこうけんぽう〕	直轄部隊〔ちょっかつぶたい〕
憲法解釈〔けんぽうかいしゃく〕	適正管理〔てきせいかんり〕
公安調査庁〔こうあんちょうさちょう〕	敵対勢力〔てきたいせいりょく〕
航空自衛隊〔こうくうじえいたい〕	撤回〔てっかい〕
光熱水料〔こうねつすいりょう〕	統合運用〔とうごううんよう〕
国際連合〔こくさいれんごう〕	統合幕僚長〔とうごうばくりょうちょう〕
国防会議〔こくぼうかいぎ〕	日米相互防衛援助協定〔にちべいそうごぼうえいえんじょきょうてい〕
国家安全保障戦略〔こっかあんぜんほしょうせんりゃく〕	廃案〔はいあん〕
佐世保市〔させぼし〕	幕僚機関〔ばくりょうきかん〕
三自衛隊〔さんじえいたい〕	非核三原則〔ひかくさんげんそく〕
自衛官〔じえいかん〕	必要最小限〔ひつようさいしょうげん〕
指揮監督権〔しきかんとくけん〕	普天間〔ふてんま〕
実効性〔じっこうせい〕	文官〔ぶんかん〕
集団的自衛権〔しゅうだんてきじえいけん〕	米海兵隊〔べいかいへいたい〕
侵略事態〔しんりゃくじたい〕	辺野古崎〔へのこざき〕
水陸機動団〔すいりくきどうだん〕	防衛事務次官〔ぼうえいじむじかん〕
政治任用者〔せいじにんようしゃ〕	防衛出動〔ぼうえいしゅつどう〕
制服組〔せいふくぐみ〕	防衛装備移転三原則〔ぼうえいそうびいてんさんげんそく〕
背広組〔せびろぐみ〕	法整備〔ほうせいび〕
先遣部隊〔せんけんぶたい〕	三木武夫〔みきたけお〕
専守防衛〔せんしゅぼうえい〕	陸上自衛隊〔りくじょうじえいたい〕
装備調達量〔そうびちょうたつりょう〕	

第十二章　地方公共団体

第一節　地方自治制度

1．地方自治の本旨

　新憲法では、地方公共団体の組織及び運営に関する事項は、地方自治の本旨に基いて法律でこれを定める。この地方自治の本旨には、住民自治と団体自治の二つの要素があるとされる。

　住民自治　住民自治は、住民の意思に基づいて行われるという民主主義的要素である。地方公共団体の行政運営に、住民が参加し、住民の責任でその運営（首長・議会の選挙、直接請求、住民投票、住民協働など）を行うという。

　団体自治　憲法第92条の本旨に基づいて、地方自治体に団体としての独立性を認め、団体内部での問題を地方自治体の自らの解決に委ねている事である。これは地方自治が行われる上での一つの側面であり、団体自らの意思と責任の下でなされるという自由主義的・地方分権的要素であるとされる。団体自治の概念では地方自治体というのは独立の団体であり、国会に対して独自の地位が認められているとされ、この事を強調するために「地方公共団体」という概念が用いられている。

　住民自治と団体自治の関係　地方自治を実現するためには、国から独立した団体を設け、その団体の権限と責任において地域の行政を処理する「団体自治」が必要不可欠な要素である。一方、国から独立した地域団体である自治体が存在しても、住民自治の理念に則り、当該団体の政治や行政への住民の参加・参画が十分に行われなければ、住民のための地方行政の実現は困難である。

　シャウプ勧告の理念

> 　アメリカ人のシャウプは、戦後直後の訪日において、強力なる地方団体の必要を強調し、「日本またはいかなる国でもその将来における進歩と福祉とは、他の如何なる要素にも劣らず、地方団体の有効な行政の量と質とにかかっているのである」[注釈1]と主張して、地方財政の強化を大きな目的としていた。

2．地方自治法

　地方自治法は1947年4月17日に公布され、5月3日の地方自治法施行令によって施行された。地方自治法第一条では「この法律は、地方自治の本旨に基いて、地方公共団体の区分並びに地方公共団体の組織及び運営に関する事項の大綱を定め、併せて国と地方公共団体との間の基本的関係を確立することにより、地方公共団体における民主的にして能率的な行政の確保を図るとともに、地方公共団体の健全な発達を保障することを目的とする。」とされる。

地方自治法主な規定事項

> （1）原則：国と地方公共団体の役割分担の原則；地方公共団体に関する法令の立法、解釈・運用の原則
> （2）権能と義務：地方公共団体の種類と性格、事務・権能、名称、区域等；住民及び住民の権利・義務
> （3）条例及び規則：議会；執行機関の構成と事務・権能等；財務；国等の関与等のあり方及び係争処理等

地方公共団体の目的　地方自治法第一条の二では、「地方公共団体は、住民の福祉の増進を図ることを基本として、地域における行政を自主的かつ総合的に実施する役割を広く担うものとする。」という目的を示している。

地方自治法以外の関連法律

> （1）基本的一般的事項を定める法律：公職選挙法、地方公務員法、地方財政法、地方税法、地方交付税法、住民基本台帳法等。
> （2）特定の地方行政分野に関する法律：地方公営企業法、地方教育行政の組織及び運営に関する法律、警察法、消防組織法、農業委員会等に関する法律等。

3．地方公共団体

　地方自治の制度　新憲法は、地方自治の制度を定める。地方自治は、地方自治法に基づいて地方公共団体が担う。地方公共団体は、基礎的地方公共団体である市町村と広域的地方公共団体である都道府県の二段階の体制をとる。

　基礎的地方公共団体　市町村には、執行機関である市町村役場と、議決機関である市町村議会（または町村総会）が置かれる。市町村長と議会の議員は、いずれも住民から選挙される。市町村は、その財産を管理し、その地域の事務を取り扱い、行政を執行する。また、市町村は、法律の範囲内において条例を定める。特に規模が大きい市は、政令指定都市として、一部の権限が都道府県から委譲される。

　広域的地方公共団体　都道府県には、執行機関である都道府県庁、議決機関である都道府県議会が置かれる。都道府県知事と議会の議員は、いずれも住民から選挙される。都道府県は、市町村を包括し、より広域的な行政を行う。都道府県も、法律の範囲内におい

て条例を定めることができる。現在、中央一極集中を緩和して地方分権を進めるため、都道府県を解消してより広域的な道州を置く道州制の導入が検討されている。

47都道府県（1都1道2府43県）

北海道地方	北海道
東北地方	青森県 岩手県 宮城県 秋田県 山形県 福島県
関東地方	茨城県 栃木県 群馬県 埼玉県 千葉県 東京都 神奈川県
中部地方	新潟県 富山県 石川県 福井県 山梨県 長野県 岐阜
近畿地方	三重県 滋賀県 京都府 大阪府 兵庫県 奈良県 和歌山県
中国地方	鳥取県 島根県 岡山県 広島県 山口県
四国地方	徳島県 香川県 愛媛県 高知県
九州地方	福岡県 佐賀県 長崎県 熊本県 大分県 宮崎県 鹿児島県
沖縄地方	沖縄県

4．地方自治体の特徴

国よりも大きな役割　国民の生活に関する行政サービスのほとんどは地方自治体、特に市町村が提供主体となっている。

税財源への国の依存　東京都などの一部の地方自治体を除き、地方税などの自主財源だけで行政サービスが提供できる地方自治体は極めて少なく、地方交付税や補助金といった国からの「移転財源」に頼る傾向が強い。また、地域間格差も大きい。

直接選挙とねじれ問題　地方自治体の首長（知事、市町村長）や議会議員は、それぞれ住民から直接選挙される。このため意見が一致せず、県知事と市町村長の対立、市長と市議会の対立といった現象が起きることも少なくない。中央政府は議院内閣制をとるため、国会の与党と内閣が一致するが、地方自治体は首長と議会多数派は必ずしも一致しない。

5．公共団体の執行機関

普通地方公共団体の長　普通地方公共団体の長は、当該普通地方公共団体を統轄し、これを代表する。都道府県には知事が、市町村には市町村長が置かれる。長の任期は4年である。

長の補助機関　長の補助機関には副知事（都道府県）及び副市町村長（市町村）を置くこととされ、その定数は条例で定める。ただ、条例で置かないこととすることができるのは会計管理者である。

委員会及び委員　委員会及び委員は政治的中立性や公平性が求められる分野や、慎重な手続きを必要とする特定の分野に限って設置されるもの。行政委員会の設置や所掌する事務、組織のあり方等は、法律で定められている。例：教育委員会、選挙管理委員会、人

事委員会、公安委員会(都道府県のみ)などである。

会計管理者　財務会計事務の執行における命令機関と執行機関を分離するため、会計管理者が置かれ、財務会計事務における執行機関として会計事務をつかさどることとされている。会計管理者は1人置くこととされており、会計管理者は長の補助機関である職員のうちから長が命ずる。

附属機関　附属機関は執行機関からの要請によって審議や調査を行い、意見を述べるなどの機関。法律によって設置が決められているものと条例で任意に設置するものがある。例:都道府県防災会議、都市計画審議会など

地方六団体　地方六団体には、首長の連合組織である全国知事会、全国市長会、全国町村会の三団体(執行三団体)と議長の連合組織である全国都道府県議会議長会、全国市議会議長会、全国町村議会議長会の三団体(議会三団体)とがある。

地方六団体は、いずれも地方自治法第263条の3に規定されている全国的連合組織に位置づけられている。個々の団体における活動のほかに、共通の目的を達成するために「地方自治確立対策協議会」を組織し、地方行財政の健全な発展を図るため、様々な活動を展開している。

6．地方議会

議会は地方公共団体の議事機関であり、住民から直接選挙された議員で構成される。議員定数は、条例で定める。議会は、議員のなかから議長及び副議長を選挙しなければならない。

本会議　議員全員で構成する。

委員会　一部の議員で構成する。中には常任委員会(一般的な地方公共団体の事務に関する審査)、特別委員会(議会の議決により付議された事件に関する審査)、議会運営委員会(議会の運営に関する事項の決定)

定例会　付議案件を問わず、毎年条例で定める回数が招集される。あらゆる案件を取り上げることができる。

臨時会　必要に応じ、あらかじめ告示された特定の付議事件を処理するために招集される。(条例により、定例会・臨時会の区分を設けず、通年の会期とすることができる。この場合、条例で定例日を定めなければならない。

議会の権能　主な議決事項:条例の制定・改廃、予算・決算、主要公務員の任命、市町村の廃置分合・境界変更についての知事の決定、その他の権限として、意見書の提出、調査、監査請求、請願の受理等がある。

第二節　地方自治体と国との関係

1．地方制度の沿革

明治憲法には地方自治に関する規定はなく、地方自治の体制として、1886年の地方官官

制、1888年の市制町村制、1890年の府県制、郡制は憲法制定・国会開設によって日本の近代的な地方制度が確立されたものである。

近代地方制度の基本的な仕組み　府県という国の行政区画ごとに知事以下の国の官吏が国の行政を行うとともに、府県・郡・市町村の地方自治体を設けて、国の事務の一部と地方の仕事を地方の人々の自治によって処理させ、その処理を中央政府、知事が指導し監督するもので、集権型に属する。中央政府の見地は、地方自治について、憲法的保障を与えて確立すべき基本原則ではなく、単なる立法政策の問題である。

近代自治制度の特色　地方自治体の処理する事務の多くは国からの委任事務（機関委任事務）で、自治に参加できたのも有産者階級だけに限定された。この有産者層が名誉職として無給で公務に参加し、地方の人々は地方自治体の経費を負担するというのが自治の仕組みで、その地方自治体の事務処理を国の官吏が監督する「官のもとの自治」という特色であった。

戦後地方制度の改革　第二次世界大戦後の占領中に地方制度の改革が行われ、明治以降の地方制度は根本的に変わった。新憲法の第8章に規定され、地方自治が憲法体制を構成する重要な要素となった。これに対応して、地域の自治に参加することが住民の権利となり、それまでのような義務ではなくなった。

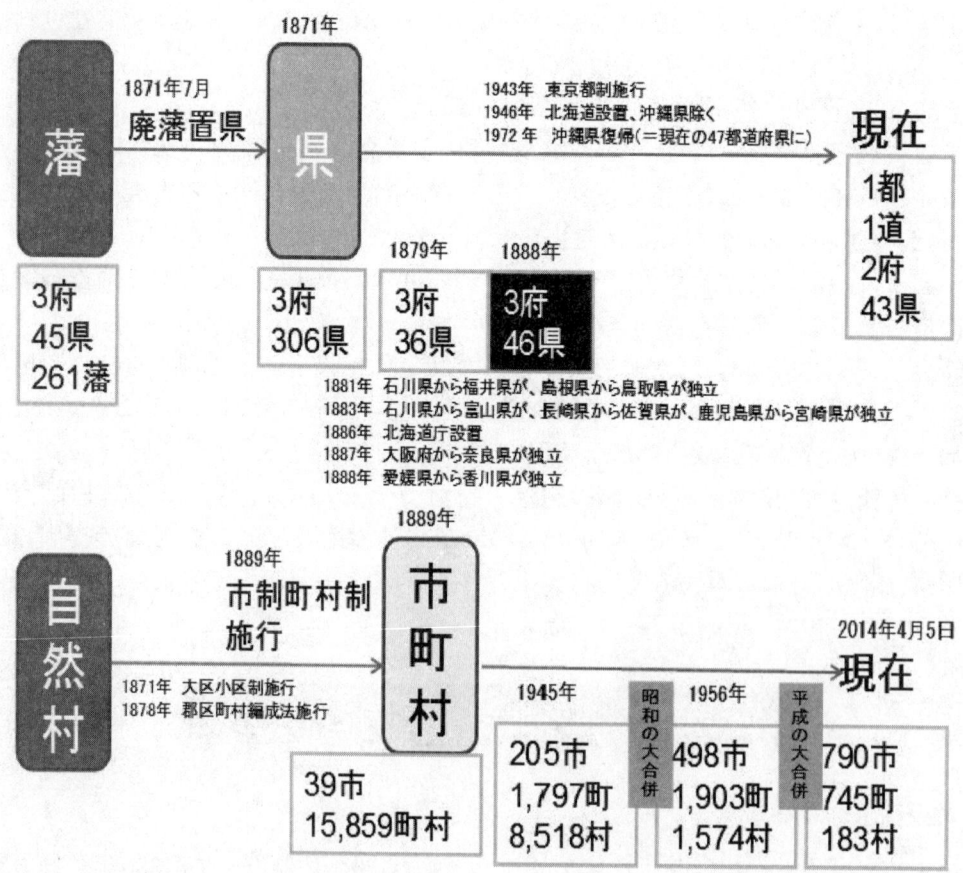

第十二章　地方公共団体

現在地方公共団体の規模（2014年4月5日現在）

> （１）基礎的地方公共団体としての市町村は、市が790、町が745、村が183の合計1718あり、このほか東京都の都心部に23の特別区・26市・5町・8村の区市町村〔資料一〕がある。
> （２）広域的地方公共団体としての都道府県は、1都1道2府43県の合計47ある。

主要都市の人口規模（2015年2月現在）

> 東京（13,390,116人、日本の人口の10％以上住んでいる）を除く主要都市のうち、人口が200万人を超える都市は横浜市、大阪市、名古屋市であり、他に100万人を越える都市として札幌市、仙台市、埼玉市、川崎市、京都市、神戸市、広島市、福岡市などがある。

都市の区分　人口50万以上の市は政令指定都市、人口30万以上の市は中核市、人口20万以上の市は特例市、他の市は人口5万以上。

国と地方の関係　中央政府と地方自治体とは対等の政府間関係となり、それ以前のような上下の監督関係ではなくなり、内務大臣、知事が地方自治体に対し監督官庁として行使できた一般的な監督の権限も廃止され、1947年末に内務省も廃止、解体された。こうした地方自治体の自立性の強化と関連し、警察、教育、消防の地方分権も実現した。

改革の要項

> （１）それまでの地方官官制が廃止され、地方自治法が制定され、1947年5月3日に、憲法と同時に施行された。
> （２）地方自治法により、住民は地方自治体の選挙権、条例の制定・改廃や事務の監査の請求権、地方自治体の公職者をリコールできる権利。
> （３）知事・市町村長の直接公選制が実現し、地方自治体の議会の権限も拡大された。
> （４）都道府県と市町村は普通地方公共団体として同格〔資料二〕、地方自治体はその権限を、住民の代表機関によって自主的に執行、住民に対して直接責任をとる仕組みになった。

2．地方自治体の現状

都道府県と市町村は、共に公選の首長と議会を有する普通地方公共団体であるが、都道府県は市町村と国との間の中間団体の性格を持つ。都道府県と市町村の事務配分において、これまで都道府県は、広域性、統一処理、連絡調整、事務の規模の4つを基準として事務配分してきたが、1999年の地方自治法改正で、「統一処理を要する事務」の基準が廃止されたほか、都道府県から市町村への地域の実情に応じた事務移譲を推進するため、条例に

よって市町村に事務委託ができるよう特例制度が新設された。

機関委任事務制度 戦後、組織体の面で、地方自治体は独立した主体として中央政府と対等の関係に変わったが、地方自治体の処理する事務の権限関係では機関委任事務制度に代表される明治以来の仕組みが改革されないまま残った。そのため、地方自治体は独立した主体であるが、事務処理の面では中央政府の下位団体的な地位に置かれ、事務の処理、運営を通じて中央各省が地方自治体に関与し統制していく集権的な行財政の仕組みが長く続いてきた。

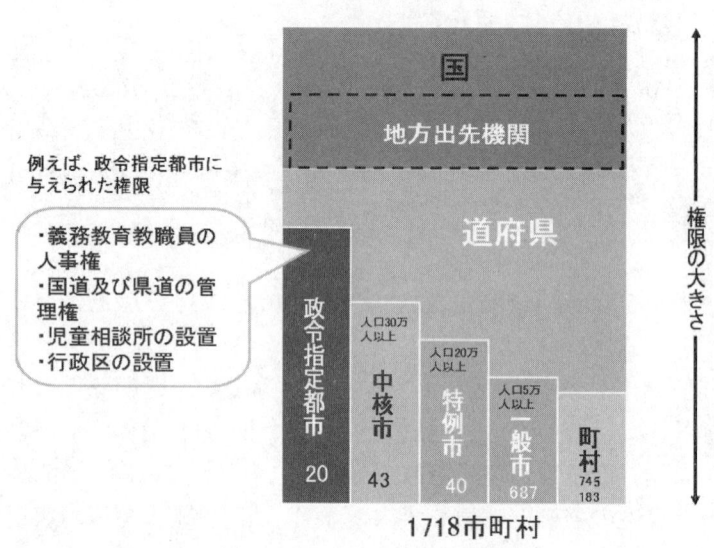

地方政府の行政機構 執行機関として知事・市町村長のほかに、教育委員会、選挙管理委員会、人事委員会等の機関がある。知事・市町村長の下に、議会の同意を得て知事・市町村長が任命する副知事・副市長村長（任期４年）が、各分野の事務を担当する部や課等の組織が置かれる。

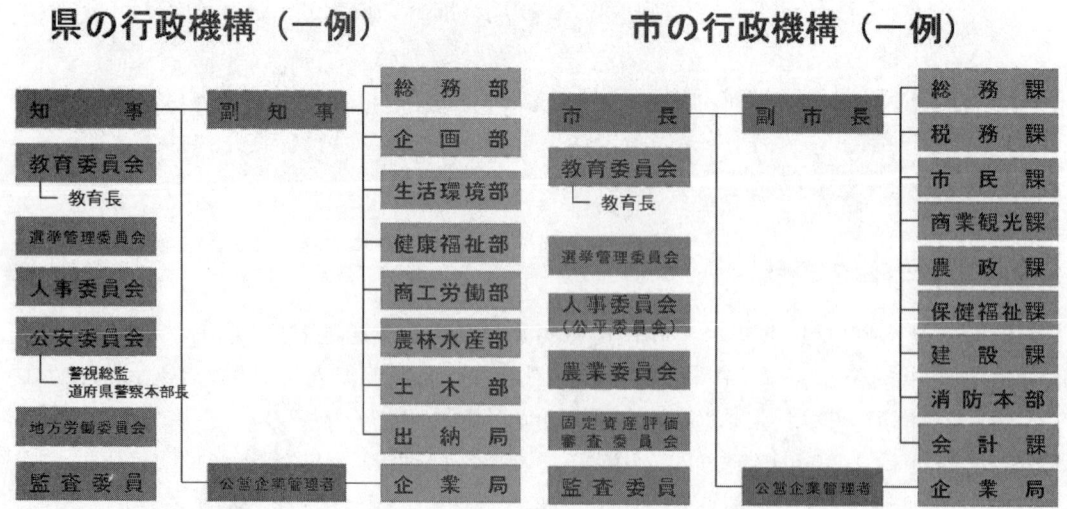

第十二章　地方公共団体

地方税制度　市区町村や都道府県によって教育、福祉、消防・救急、ゴミ処理といった生活に身近な行政サービスを提供する。地方税はこうしたサービスを賄うための財源であり、その地域に住む住民などが広く共同して負担しあうもの(地域社会の会費)であり、都道府県や市区町村がそれぞれ条例に基づいて課税している。この地方税は、道府県が課す道府県税と、市町村が課す市町村税に区分される。そして、その税の使途から普通税(税の使途が特定されていないもの)と目的税(税の使途が特定されているもの)に区分される。

現行の地方税の体系(市町村の権限は、規模等により差がある)

地方税	市町村税	目的税	入湯税、事業所税、都市計画税、水利地益税、共同施設税、宅地開発税、市町村法定外目的税
		普通税	市町村民税、固定資産税、軽自動車税、市町村たばこ税、鉱産税、特別土地保有税、市町村法定外普通税
	道府県税	目的税	狩猟税、水利地益税、道府県法定外目的税
		普通税	道府県民税、事業税、地方消費税、不動産取得税、道府県たばこ税、自動車取得税、軽油引取税、自動車税、鉱区税、道府県法定外普通税、固定資産税(特例分)

第三節　地方自治体の課題

1．行財政改革

集権型地方自治の行財政　戦後の地方制度の基本的性格の二側面として、知事公選制と公選首長主導の地方自治体運営を定着化させると同時に、権限と財源を中央に集中した行財政の集権的な仕組みも強固な形で定着させた。

分権型地方自治の課題　高度成長から低成長に移行した今日、中央集権的な仕組みのさまざまな弊害が指摘され、分権型地方制度への転換が大きな課題になっている。その背景には、地方分権改革や人口減少・少子高齢化などへの対応など地方自治体によって処理されることが効果的な政策分野が増大していること、ボランティア、市民事業など住民が公共サービスの提供主体として大きな役割を果たすようになってきたことがあげられる。

財政難の原因と現状　自治体関係者は、地方財政危機の原因としてバブル崩壊後の不況にともなう税収減、財政力の弱い自治体を財源面で支えてきた地方交付税の縮減をあげる。加えて、多くの地域で経済の衰退が進み、若者や企業の流出という問題をいかに解決するかが課題となり、地方自治体の多くが、財政難という課題に直面している。一方、国・地方合わせて1000兆円を超える借金(公債残高)を抱える中、増税の前に徹底した行財政改革を行う必要である現状に面している。

基礎自治体の行財政基盤の強化　1999年以来進めてきた全国的な合併推進運動の結

果、1999年3月31日に3,232であった市町村数が、2014年4月5日には1,718となるなど、市町村合併は相当程度進展したが、地域ごとの進捗状況には差異が見られ、また、人口1万人未満の市町村も480存在している。

2．人口に関連する諸問題

少子化の対策　2013年に15歳—64歳人口（生産年齢人口）は7,901万人、32年ぶりに8,000万人を下回る。少産化、晩婚化による少子化を改善するため、働く母親を支援するための保育サービス、乳幼児医療費助成、児童虐待防止など子育て支援政策は充実させる必要、また、基本的な見通しは立たないままになっているので、少子化対策について抜本的強化を行う必要がある。

高齢化の現状　高齢化や人口減少問題は、地方自治体が掲げている大きな課題である。日本の総人口は、1億2,704万人で、65歳以上の高齢者人口は過去最高の3,296万人（総務省統計局2014年9月15日現在推計）で、総人口に占める割合は25.9％となり、前年（3185万人、25.0％）と比べると、111万人、0.9ポイント増と大きく上昇した〔資料三〕。

高齢化の将来像　国立社会保障・人口問題研究所の推計〔資料四〕によれば、日本の人口は、2000年の国勢調査からは1億2,700万人前後で推移していたが、2020年には1億2,410万人、2030年には1億1,662万人となり、2050年には1億人を、2060年には9,000万人をも割り込むことが予想されている。一方、高齢化率は2025年には約30％、2060年には約40％に達すると見られている上昇することが見込まれており、世界でも類を見ない超高齢社会に突入している。

3．地方職員の減少問題

職員数の減少　2014年地方公共団体定員管理調査結果によって、都道府県の職員数は20年連続して減少し、市町村（市町村には、指定都市、特別区、一部事務組合を含む）の職員数は18年連続して減少した〔資料五〕という。高齢化の進展により、介護や医療、生活保護、などの福祉サービスにかかるコストや人員が増え続ける。福祉サービスをはじめとする業務量の増大への対応が問題となる。

職員数減少への対応　職員数の削減は地域の将来に大きな影響を及ぼす可能性がある。地域間競争が激化している今日、政策形成力の減退が地域の魅力を減少させ、人口や企業の転出が財政状況を悪くし、そのためにいっそうの人員の削減が必要となるという、所謂「負の連鎖」に陥りかねない。そのため、議会事務局、企画部門、商工部門、広報公聴部門といった部門は住民生活との直接的な結びつきが薄いことから、削減の対象となりやすいという説が出てきた。

地域レベルの国際化施策　諸外国から青年を招致し、地域レベルの国際交流の進展や語学教育の充実を図ることを目的とした世界最大級の人的交流プロジェクトの推進を始め、海外の地方公共団体職員の研修受入れ等の国際協力、欧米、アジアなどに設置された地方公共団体共同の海外事務所を通じた地域の国際化の支援、外国人住民を生活者・地域住民として認識する視点から、地方自治体における多文化共生の取組を支援するなど

様々な国際化施策を推進していくのも考えられる。

4．地域経済の活性化

過疎地域問題　2010年の過疎地域面積は国土の57.3%にあたる216,000平方km、過疎地域人口は8.8%の1120万人。過疎地域の自治体は地方税の税収が少なく、財政力が弱いという特徴がある。中心市街地の活性化、地域における雇用創出、農林水産業の再生、過疎や限界集落に対する対応、地域交通路線の維持確保などの対応は課題となる。

過疎地域自立促進特別措置法
1970年以来、4次にわたり議員立法として制定された過疎対策立法のもとで各種の対策が講じられてきたが、過疎地域自立促進特別措置法(最終改正:2014年3月31日法律第八号)人口の著しい減少に伴って地域社会における活力が低下し、生産機能及び生活環境の整備等が他の地域に比較して低位にある地域の自立促進を図り、もって住民福祉の向上、雇用の増大、地域格差の是正及び美しく風格ある国土の形成に寄与することを目的としている。

定住自立圏構想　定住自立圏構想〔資料六〕は、「中心市」の都市機能と「近隣市町村」の農林水産業、自然環境、歴史、文化など、それぞれの魅力を活用して、NPOや企業といった民間の担い手を含め、相互に役割分担し、連携・協力することにより、地域住民の命と暮らしを守るため圏域全体で必要な生活機能を確保し、地方圏への人口定住を促進する政策である。

定住自立圏構想の目的　三大都市圏でも人口減少が見込まれ、特に地方においては、大幅な人口減少と急速な少子化・高齢化が見込まれている状況を踏まえ、地方圏において安心して暮らせる地域を各地に形成し、地方圏から三大都市圏への人口流出を食い止めるとともに、三大都市圏の住民にもそれぞれのライフステージやライフスタイルに応じた居住の選択肢を提供し、地方圏への人の流れを創出することが求められている。

5．道州制の構想

道州制の発想　地方の活力増強のため、財政規模を拡大して信用力を上げるという方法が考えられる。都道府県合併の方法の一つとして、道州制について様々な議論、様々な異なる主張がある。大都市圏とそこに含まれない地方の道県との間では、所得や生活基盤に格差が生まれており、地方交付税などで是正できる程の税収を持ち合わせていなかったため、予算規模の拡大を目指し、いくつかの県が合併する道州制が考えられた。

道州制構想の現状　2007年12月の世論調査(日本世論調査会実施)では、道州制反対の意見が約62%となり、賛成(約29%)の2倍を超える結果となっている。全国知事会にお

いても、2007年１月、「道州制に関する基本的考え方」を取りまとめた結果、慎重な検討を求める多くの意見を踏まえ、現時点で道州制導入の是非を結論づけるのは時期尚早という認識に立ち、今後検討すべき課題をあげるとともに、国民的な議論が必要であるとする内容になっていく。

注釈

1．シャウプ勧告の理念：GHQの要請によってコロンビア大学商学部教授兼政治学部大学院教授カール・シャウプを団長とする日本税制使節団（シャウプ使節団）が1949年に日本を訪問して、報告書では、日本の税制に関して地方財政の強化を主張し、日本の戦後税制に大きな影響を与えたという。

質問

1．地方分権の意味は何？
2．中央政府と地方自治体とはどういう関係？

思考問題

1．シャウプ勧告の理念
2．地域レベルの国際交流の意味

豆知識(12)

地方分権改革の総括と展望

　1999年、政府は地方分権に関する法律改正（地方分権一括法）を行い、2000年４月から分権型システムに移行し、国と地方の役割分担が改めた。これにより、機関委任事務を国の統制のもとに処理してきた明治以来の仕組みが廃止され、地方自治体の自己決定を原則として地方自治が行われることとなった。2009年に民主党を中心とする政権が誕生、地域のことは地域の住民が決める「地域主権」を掲げて、内閣府内に地域主権戦略会議を設置した。

　地方分権改革は、1993年の衆参両院における「地方分権の推進に関する決議」から20年以上が経過し、この間、国から地方、都道府県から市町村への権限移譲や地方に対する規制緩和（義務付け・枠付けの見直し）など、数多くの具体的な改革を実現してきた。

　第186回通常国会で成立した第４次一括法（地域の自主性及び自立性を高めるための改革の推進を図るための関係法律の整備に関する法律＜2014年法律第51号＞）により、地方分権改革推進委員会の勧告事項については一通り検討・対処を行ったため、地方分権改革は新たなステージを迎えている。

　地方分権改革のミッションとして「個性を活かし自立した地方をつくる」を掲げ、従来からの課題への取組に加え、地方の「発意」と「多様性」を重視し、地方に対する権限移譲及び規制緩和に係る改革提案を地方公共団体等から募る「提案募集方式」を導入することとしている。

第十二章　地方公共団体

資料一

東京都の管轄する領域

東京都区部	足立区、荒川区、板橋区、江戸川区、大田区、葛飾区、北区、江東区、品川区、渋谷区、新宿区、杉並区、墨田区、世田谷区、台東区、中央区、千代田区、豊島区、中野区、練馬区、文京区、港区、目黒区	
多摩地域	市部	昭島市、あきる野市、稲城市、青梅市、清瀬市、国立市、小金井市、国分寺市、小平市、狛江市、立川市、多摩市、調布市、西東京市、八王子市、羽村市、東久留米市、東村山市、東大和市、日野市、府中市、福生市、町田市、三鷹市、武蔵野市、武蔵村山市
	西多摩郡	奥多摩町、日の出町、瑞穂町、檜原村
東京都島嶼部	大島支庁	大島町、利島村、新島村、神津島村
	三宅支庁	三宅村、御蔵島村
	八丈支庁	八丈町、青ヶ島村
	小笠原支庁	小笠原村

資料二

国と地方の主な同格分野の主たる区分

	国	道府県	市町村
安全	国防/沿岸警備	警察	消防
教育	教科書検定 国立大学の設置	義務教育の教職員任用　※ 県立高校の設置	義務教育の学校設置 幼稚園の設置 生涯学習
福祉	年金 健康保険 医薬品	児童福祉　※ 生活保護(町村) 病院・薬局	介護保険 国民健康保険 生活保護(市) 高齢者、障害者福祉 保育サービス
インフラ	国道(指定区間) 一級河川 航空管制 電波監理	国道(指定区間外)　※ 県道　※ 一級(一部)・二級河川　※ 空港、港湾	市町村道 準用河川 公共下水道 漁港
都市計画	二以上の都府県にわたる都市計画	区域区分(市街化区域と市街化調整区域)　※	地区計画
住民・選挙	選挙管理(比例代表)	選挙管理	住民登録/戸籍/選挙における投開票事務

・145・

資料三

高齢化の現状と将来像

表1-1-1 高齢化の現状

単位:万人(人口)、%(構成比)

		平成25年10月1日			平成24年10月1日		
		総数	男	女	総数	男	女
人口	総人口	12,730	6,191 (性比)94.7	6,539	12,752	6,203 (性比)94.7	6,549
	高齢者人口 (65歳以上)	3,190	1,370 (性比)75.3	1,820	3,079	1,318 (性比)74.8	1,762
	65〜74歳人口	1,630	772 (性比)90.0	858	1,560	738 (性比)89.7	823
	75歳以上人口	1,560	598 (性比)62.2	962	1,519	580 (性比)61.8	939
	生産年齢人口 (15〜64歳)	7,901	3,981 (性比)101.6	3,920	8,018	4,038 (性比)101.5	3,980
	年少人口 (0〜14歳)	1,639	840 (性比)105.0	800	1,655	847 (性比)105.0	807
構成比	総人口	100.0	100.0	100.0	100.0	100.0	100.0
	高齢者人口 (高齢化率)	25.1	22.1	27.8	24.1	21.2	26.9
	65〜74歳人口	12.8	12.5	13.1	12.2	11.9	12.6
	75歳以上人口	12.3	9.7	14.7	11.9	9.4	14.3
	生産年齢人口	62.1	64.3	59.9	62.9	65.1	60.8
	年少人口	12.9	13.6	12.2	13.0	13.7	12.3

資料:総務省「人口推計」(各年10月1日現在)

(注)「性比」は、女性人口100人に対する男性人口

出典:内閣府ホームページ(内閣府ホーム/高齢社会白書/平成26年版高齢社会白書(全体版)/高齢化の現状と将来像)

第十二章　地方公共団体

資料四

人口問題研究所の2060年までの人口推計

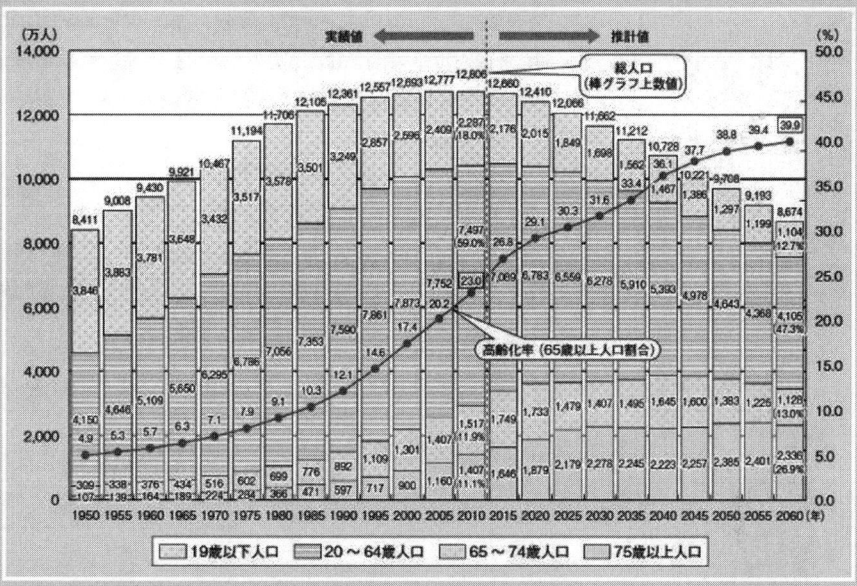

出典：2010年までは総務省「国勢調査」、2015年以降は国立社会保障・人口問題研究所「日本の将来推計人口（2012年1月推計）」の出生中位・死亡中位仮定による推計結果

資料五

地方職員数の減少

総職員数は、2014年4月1日現在、274万3,654人で、1994年をピークとして1995年から20年連続して減少。対前年比は、8,830人の減少。

行政分野別に見ると、国が定員に関する基準を幅広く定めている教育部門、警察部門、消防部門、福祉関係が約2／3(67.1％)を占めている。

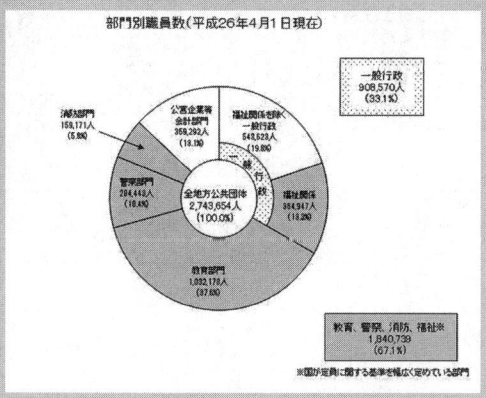

出典：総務省ホームページ（政策/地方行財政/地方自治制度/地方公共団体の行政改革等/ 地方公務員数の状況

資料六

定住自立圏構想

出典：総務省ホームページ（政策/地方行財政/地域力の創造・地方の再生/定住自立圏構想）

第十二章 主要漢字名詞の読み方

一括法〔いっかつほう〕	自立圏構想〔じりつけんこうそう〕
過疎地域〔かそちいき〕	税財源〔ぜいざいげん〕
近隣市町村〔きんりんしちょうそん〕	選択肢〔せんたくし〕
財政難〔ざいせいなん〕	地方分権〔ちほうぶんけん〕
児童虐待〔じどうぎゃくたい〕	道州制〔どうしゅうせい〕
住民基本台帳法〔じゅうみんきほんだいちょう〕	都道府県〔とどうふけん〕
住民協働〔じゅうみんきょうどう〕	有産者層〔ゆうさんしゃそう〕

付録1　主要関連政治文書

(1) 日本国憲法
(2) カイロ宣言
(3) ポツダム宣言
(4) 日本国とアメリカ合衆国との間の相互協力及び安全保障条約
(5) 国家安全保障戦略(概要)
(6) 戦後50周年の終戦記念日にあたって(いわゆる村山談話)
(7) 慰安婦関係調査結果発表に関する河野内閣官房長官談話
(8) 「中日関係4文書」
　　　日本国政府と中華人民共和国政府の共同声明
　　　日本国と中華人民共和国との間の平和友好条約
　　　平和と発展のための友好協力
　　　　パートナーシップの構築に関する日中共同宣言
　　　「戦略的互恵関係」の包括的推進に関する日中共同声明

日本国憲法

目次
第1章　天皇（1条－8条）
第2章　戦争の放棄（9条）
第3章　国民の権利及び義務（10条－40条）
第4章　国会（41条－64条）
第5章　内閣（65条－75条）
第6章　司法（76条－82条）
第7章　財政（83条－91条）
第8章　地方自治（92条－95条）
第9章　改正（96条）
第10章　最高法規（97条－99条）
第11章　補則（100条－103条）

※各条の見出しは、第一法規出版発行の『現行法規総覧』（衆議院法制局・参議院法制局共編）に従っています。

　朕は、日本国民の総意に基いて、新日本建設の礎が、定まるに至つたことを、深くよろこび、枢密顧問の諮詢及び帝国憲法第七十三条による帝国議会の議決を経た帝国憲法の改正を裁可し、ここにこれを公布せしめる。

御名御璽
昭和二十一年十一月三日
　内閣総理大臣兼外務大臣　吉田茂
　国務大臣　男爵　幣原喜重郎
　司法大臣　木村篤太郎
　内務大臣　大村清一
　文部大臣　田中耕太郎
　農林大臣　和田博雄
　国務大臣　斎藤隆夫
　逓信大臣　一松定吉
　商工大臣　星島二郎
　厚生大臣　河合良成
　国務大臣　植原悦二郎
　運輸大臣　平塚常次郎
　大蔵大臣　石橋湛山
　国務大臣　金森徳次郎
　国務大臣　膳桂之助

日本国憲法

　日本国民は、正当に選挙された国会における代表者を通じて行動し、われらとわれらの子孫のために、諸国民との協和による成果と、わが国全土にわたつて自由のもたらす恵沢を確保し、政府の行為によつて再び戦争の惨禍が起ることのないやうにすることを決意し、ここに主権が国民に存することを宣言し、この憲法を確定する。そもそも国政は、国民の厳粛な信託によるものであつて、その権威は国民に由来し、その権力は国民の代表者がこれを行使し、その福利は国民がこれを享受する。これは人類普遍の原理であり、この憲法は、かかる原理に基くものである。われらは、これに反する一切の憲法、法令及び詔勅を排除する。

　日本国民は、恒久の平和を念願し、人間相互の関係を支配する崇高な理想を深く自覚するのであつて、平和を愛する諸国民の公正と信義に信頼して、われらの安全と生存を保持しようと決意した。われらは、平和を維持し、専制と隷従、圧迫と偏狭を地上から永遠に除去しようと努めてゐる国際社会において、名誉ある地位を占めたいと思ふ。われらは、全世界の国民が、ひとしく恐怖と欠乏から免かれ、平和のうちに生存する権利を有することを確認する。

　われらは、いづれの国家も、自国のことのみに専念して他国を無視してはならないのであつて、政治道徳の法則は、普遍的なものであり、この法則に従ふことは、自国の主権を維持し、他国と対等関係に立たうとする各国の責務であると信ずる。

　日本国民は、国家の名誉にかけ、全力をあげてこの崇高な理想と目的を達成することを誓ふ。

第1章　天皇
〔天皇の地位と主権在民〕
第1条　天皇は、日本国の象徴であり日本国民統合の象徴であつて、この地位は、主権の存する日本国民の総意に基く。
〔皇位の世襲〕
第2条　皇位は、世襲のものであつて、国会の議決した皇室典範の定めるところにより、これを継承する。
〔内閣の助言と承認及び責任〕
第3条　天皇の国事に関するすべての行為には、内閣の助言と承認を必要とし、内閣が、その責任を負ふ。
〔天皇の権能と権能行使の委任〕
第4条　天皇は、この憲法の定める国事に関する行為のみを行ひ、国政に関する権能を有しない。
2　天皇は、法律の定めるところにより、その国事に関する行為を委任することができる。
〔摂政〕
第5条　皇室典範の定めるところにより摂政を置くときは、摂政は、天皇の名でその国事に関する行為を行ふ。この場合には、前条第一項の規定を準用する。

〔天皇の任命行為〕
　第6条　天皇は、国会の指名に基いて、内閣総理大臣を任命する。
　2　天皇は、内閣の指名に基いて、最高裁判所の長たる裁判官を任命する。
〔天皇の国事行為〕
　第7条　天皇は、内閣の助言と承認により、国民のために、左の国事に関する行為を行ふ。
　一　憲法改正、法律、政令及び条約を公布すること。
　二　国会を召集すること。
　三　衆議院を解散すること。
　四　国会議員の総選挙の施行を公示すること。
　五　国務大臣及び法律の定めるその他の官吏の任免並びに全権委任状及び大使及び公使の信任状を認証すること。
　六　大赦、特赦、減刑、刑の執行の免除及び復権を認証すること。
　七　栄典を授与すること。
　八　批准書及び法律の定めるその他の外交文書を認証すること。
　九　外国の大使及び公使を接受すること。
　十　儀式を行ふこと。
〔財産授受の制限〕
　第8条　皇室に財産を譲り渡し、又は皇室が、財産を譲り受け、若しくは賜与することは、国会の議決に基かなければならない。

第2章　戦争の放棄

〔戦争の放棄と戦力及び交戦権の否認〕
　第9条　日本国民は、正義と秩序を基調とする国際平和を誠実に希求し、国権の発動たる戦争と、武力による威嚇又は武力の行使は、国際紛争を解決する手段としては、永久にこれを放棄する。
　2　前項の目的を達するため、陸海空軍その他の戦力は、これを保持しない。国の交戦権は、これを認めない。

第3章　国民の権利及び義務

〔国民たる要件〕
　第10条　日本国民たる要件は、法律でこれを定める。
〔基本的人権〕
　第11条　国民は、すべての基本的人権の享有を妨げられない。この憲法が国民に保障する基本的人権は、侵すことのできない永久の権利として、現在及び将来の国民に与へられる。
〔自由及び権利の保持義務と公共福祉性〕
　第12条　この憲法が国民に保障する自由及び権利は、国民の不断の努力によつて、これを保持しなければならない。又、国民は、これを濫用してはならないのであつて、常に公共の福祉のためにこれを利用する責任を負ふ。
〔個人の尊重と公共の福祉〕

第13条　すべて国民は、個人として尊重される。生命、自由及び幸福追求に対する国民の権利については、公共の福祉に反しない限り、立法その他の国政の上で、最大の尊重を必要とする。
〔平等原則、貴族制度の否認及び栄典の限界〕
第14条　すべて国民は、法の下に平等であつて、人種、信条、性別、社会的身分又は門地により、政治的、経済的又は社会的関係において、差別されない。
2　華族その他の貴族の制度は、これを認めない。
3　栄誉、勲章その他の栄典の授与は、いかなる特権も伴はない。栄典の授与は、現にこれを有し、又は将来これを受ける者の一代に限り、その効力を有する。
〔公務員の選定罷免権、公務員の本質、普通選挙の保障及び投票秘密の保障〕
第15条　公務員を選定し、及びこれを罷免することは、国民固有の権利である。
2　すべて公務員は、全体の奉仕者であつて、一部の奉仕者ではない。
3　公務員の選挙については、成年者による普通選挙を保障する。
4　すべて選挙における投票の秘密は、これを侵してはならない。選挙人は、その選択に関し公的にも私的にも責任を問はれない。
〔請願権〕
第16条　何人も、損害の救済、公務員の罷免、法律、命令又は規則の制定、廃止又は改正その他の事項に関し、平穏に請願する権利を有し、何人も、かかる請願をしたためにいかなる差別待遇も受けない。
〔公務員の不法行為による損害の賠償〕
第17条　何人も、公務員の不法行為により、損害を受けたときは、法律の定めるところにより、国又は公共団体に、その賠償を求めることができる。
〔奴隷的拘束及び苦役の禁止〕
第18条　何人も、いかなる奴隷的拘束も受けない。又、犯罪に因る処罰の場合を除いては、その意に反する苦役に服させられない。
〔思想及び良心の自由〕
第19条　思想及び良心の自由は、これを侵してはならない。
〔信教の自由〕
第20条　信教の自由は、何人に対してもこれを保障する。いかなる宗教団体も、国から特権を受け、又は政治上の権力を行使してはならない。
2　何人も、宗教上の行為、祝典、儀式又は行事に参加することを強制されない。
3　国及びその機関は、宗教教育その他いかなる宗教的活動もしてはならない。
〔集会、結社及び表現の自由と通信秘密の保護〕
第21条　集会、結社及び言論、出版その他一切の表現の自由は、これを保障する。
2　検閲は、これをしてはならない。通信の秘密は、これを侵してはならない。
〔居住、移転、職業選択、外国移住及び国籍離脱の自由〕
第22条　何人も、公共の福祉に反しない限り、居住、移転及び職業選択の自由を有する。

2　何人も、外国に移住し、又は国籍を離脱する自由を侵されない。
〔学問の自由〕
第23条　学問の自由は、これを保障する。
〔家族関係における個人の尊厳と両性の平等〕
第24条　婚姻は、両性の合意のみに基いて成立し、夫婦が同等の権利を有することを基本として、相互の協力により、維持されなければならない。
2　配偶者の選択、財産権、相続、住居の選定、離婚並びに婚姻及び家族に関するその他の事項に関しては、法律は、個人の尊厳と両性の本質的平等に立脚して、制定されなければならない。
〔生存権及び国民生活の社会的進歩向上に努める国の義務〕
第25条　すべて国民は、健康で文化的な最低限度の生活を営む権利を有する。
2　国は、すべての生活部面について、社会福祉、社会保障及び公衆衛生の向上及び増進に努めなければならない。
〔教育を受ける権利と受けさせる義務〕
第26条　すべて国民は、法律の定めるところにより、その能力に応じて、ひとしく教育を受ける権利を有する。
2　すべて国民は、法律の定めるところにより、その保護する子女に普通教育を受けさせる義務を負ふ。義務教育は、これを無償とする。
〔勤労の権利と義務、勤労条件の基準及び児童酷使の禁止〕
第27条　すべて国民は、勤労の権利を有し、義務を負ふ。
2　賃金、就業時間、休息その他の勤労条件に関する基準は、法律でこれを定める。
3　児童は、これを酷使してはならない。
〔勤労者の団結権及び団体行動権〕
第28条　勤労者の団結する権利及び団体交渉その他の団体行動をする権利は、これを保障する。
〔財産権〕
第29条　財産権は、これを侵してはならない。
2　財産権の内容は、公共の福祉に適合するやうに、法律でこれを定める。
3　私有財産は、正当な補償の下に、これを公共のために用ひることができる。
〔納税の義務〕
第30条　国民は、法律の定めるところにより、納税の義務を負ふ。
〔生命及び自由の保障と科刑の制約〕
第31条　何人も、法律の定める手続によらなければ、その生命若しくは自由を奪はれ、又はその他の刑罰を科せられない。
〔裁判を受ける権利〕
第32条　何人も、裁判所において裁判を受ける権利を奪はれない。
〔逮捕の制約〕
第33条　何人も、現行犯として逮捕される場合を除いては、権限を有する司法官憲が

発し、且つ理由となつてゐる犯罪を明示する令状によらなければ、逮捕されない。
〔抑留及び拘禁の制約〕
第34条　何人も、理由を直ちに告げられ、且つ、直ちに弁護人に依頼する権利を与へられなければ、抑留又は拘禁されない。又、何人も、正当な理由がなければ、拘禁されず、要求があれば、その理由は、直ちに本人及びその弁護人の出席する公開の法廷で示されなければならない。
〔侵入、捜索及び押収の制約〕
第35条　何人も、その住居、書類及び所持品について、侵入、捜索及び押収を受けることのない権利は、第三十三条の場合を除いては、正当な理由に基いて発せられ、且つ捜索する場所及び押収する物を明示する令状がなければ、侵されない。
　2　捜索又は押収は、権限を有する司法官憲が発する各別の令状により、これを行ふ。
〔拷問及び残虐な刑罰の禁止〕
第36条　公務員による拷問及び残虐な刑罰は、絶対にこれを禁ずる。
〔刑事被告人の権利〕
第37条　すべて刑事事件においては、被告人は、公平な裁判所の迅速な公開裁判を受ける権利を有する。
　2　刑事被告人は、すべての証人に対して審問する機会を充分に与へられ、又、公費で自己のために強制的手続により証人を求める権利を有する。
　3　刑事被告人は、いかなる場合にも、資格を有する弁護人を依頼することができる。被告人が自らこれを依頼することができないときは、国でこれを附する。
〔自白強要の禁止と自白の証拠能力の限界〕
第38条　何人も、自己に不利益な供述を強要されない。
　2　強制、拷問若しくは脅迫による自白又は不当に長く抑留若しくは拘禁された後の自白は、これを証拠とすることができない。
　3　何人も、自己に不利益な唯一の証拠が本人の自白である場合には、有罪とされ、又は刑罰を科せられない。
〔遡及処罰、二重処罰等の禁止〕
第39条　何人も、実行の時に適法であつた行為又は既に無罪とされた行為については、刑事上の責任を問はれない。又、同一の犯罪について、重ねて刑事上の責任を問はれない。
〔刑事補償〕
第40条　何人も、抑留又は拘禁された後、無罪の裁判を受けたときは、法律の定めるところにより、国にその補償を求めることができる。

第4章　国会

〔国会の地位〕
第41条　国会は、国権の最高機関であつて、国の唯一の立法機関である。
〔二院制〕
第42条　国会は、衆議院及び参議院の両議院でこれを構成する。

〔両議院の組織〕
　第43条　両議院は、全国民を代表する選挙された議員でこれを組織する。
　2　両議院の議員の定数は、法律でこれを定める。
〔議員及び選挙人の資格〕
　第44条　両議院の議員及びその選挙人の資格は、法律でこれを定める。但し、人種、信条、性別、社会的身分、門地、教育、財産又は収入によつて差別してはならない。
〔衆議院議員の任期〕
　第45条　衆議院議員の任期は、四年とする。但し、衆議院解散の場合には、その期間満了前に終了する。
〔参議院議員の任期〕
　第46条　参議院議員の任期は、六年とし、三年ごとに議員の半数を改選する。
〔議員の選挙〕
　第47条　選挙区、投票の方法その他両議院の議員の選挙に関する事項は、法律でこれを定める。
〔両議院議員相互兼職の禁止〕
　第48条　何人も、同時に両議院の議員たることはできない。
〔議員の歳費〕
　第49条　両議院の議員は、法律の定めるところにより、国庫から相当額の歳費を受ける。
〔議員の不逮捕特権〕
　第50条　両議院の議員は、法律の定める場合を除いては、国会の会期中逮捕されず、会期前に逮捕された議員は、その議院の要求があれば、会期中これを釈放しなければならない。
〔議員の発言表決の無答責〕
　第51条　両議院の議員は、議院で行つた演説、討論又は表決について、院外で責任を問はれない。
〔常会〕
　第52条　国会の常会は、毎年一回これを召集する。
〔臨時会〕
　第53条　内閣は、国会の臨時会の召集を決定することができる。いづれかの議院の総議員の四分の一以上の要求があれば、内閣は、その召集を決定しなければならない。
〔総選挙、特別会及び緊急集会〕
　第54条　衆議院が解散されたときは、解散の日から四十日以内に、衆議院議員の総選挙を行ひ、その選挙の日から三十日以内に、国会を召集しなければならない。
　2　衆議院が解散されたときは、参議院は、同時に閉会となる。但し、内閣は、国に緊急の必要があるときは、参議院の緊急集会を求めることができる。
　3　前項但書の緊急集会において採られた措置は、臨時のものであつて、次の国会開会の後十日以内に、衆議院の同意がない場合には、その効力を失ふ。

〔資格争訟〕
　第55条　両議院は、各々その議員の資格に関する争訟を裁判する。但し、議員の議席を失はせるには、出席議員の三分の二以上の多数による議決を必要とする。
〔議事の定足数と過半数議決〕
　第56条　両議院は、各々その総議員の三分の一以上の出席がなければ、議事を開き議決することができない。
　２　両議院の議事は、この憲法に特別の定のある場合を除いては、出席議員の過半数でこれを決し、可否同数のときは、議長の決するところによる。
〔会議の公開と会議録〕
　第57条　両議院の会議は、公開とする。但し、出席議員の三分の二以上の多数で議決したときは、秘密会を開くことができる。
　２　両議院は、各々その会議の記録を保存し、秘密会の記録のなかで特に秘密を要すると認められるもの以外は、これを公表し、且つ一般に頒布しなければならない。
　３　出席議員の五分の一以上の要求があれば、各議員の表決は、これを会議録に記載しなければならない。
〔役員の選任及び議院の自律権〕
　第58条　両議院は、各々その議長その他の役員を選任する。
　２　両議院は、各々その会議その他の手続及び内部の規律に関する規則を定め、又、院内の秩序をみだした議員を懲罰することができる。但し、議員を除名するには、出席議員の三分の二以上の多数による議決を必要とする。
〔法律の成立〕
　第59条　法律案は、この憲法に特別の定のある場合を除いては、両議院で可決したとき法律となる。
　２　衆議院で可決し、参議院でこれと異なつた議決をした法律案は、衆議院で出席議員の三分の二以上の多数で再び可決したときは、法律となる。
　３　前項の規定は、法律の定めるところにより、衆議院が、両議院の協議会を開くことを求めることを妨げない。
　４　参議院が、衆議院の可決した法律案を受け取つた後、国会休会中の期間を除いて六十日以内に、議決しないときは、衆議院は、参議院がその法律案を否決したものとみなすことができる。
〔衆議院の予算先議権及び予算の議決〕
　第60条　予算は、さきに衆議院に提出しなければならない。
　２　予算について、参議院で衆議院と異なつた議決をした場合に、法律の定めるところにより、両議院の協議会を開いても意見が一致しないとき、又は参議院が、衆議院の可決した予算を受け取つた後、国会休会中の期間を除いて三十日以内に、議決しないときは、衆議院の議決を国会の議決とする。
〔条約締結の承認〕
　第61条　条約の締結に必要な国会の承認については、前条第二項の規定を準用する。

〔議院の国政調査権〕
　第62条　両議院は、各々国政に関する調査を行ひ、これに関して、証人の出頭及び証言並びに記録の提出を要求することができる。
〔国務大臣の出席〕
　第63条　内閣総理大臣その他の国務大臣は、両議院の一に議席を有すると有しないとにかかはらず、何時でも議案について発言するため議院に出席することができる。又、答弁又は説明のため出席を求められたときは、出席しなければならない。
〔弾劾裁判所〕
　第64条　国会は、罷免の訴追を受けた裁判官を裁判するため、両議院の議員で組織する弾劾裁判所を設ける。
　２　弾劾に関する事項は、法律でこれを定める。
　第５章　内閣
〔行政権の帰属〕
　第65条　行政権は、内閣に属する。
〔内閣の組織と責任〕
　第66条　内閣は、法律の定めるところにより、その首長たる内閣総理大臣及びその他の国務大臣でこれを組織する。
　２　内閣総理大臣その他の国務大臣は、文民でなければならない。
　３　内閣は、行政権の行使について、国会に対し連帯して責任を負ふ。
〔内閣総理大臣の指名〕
　第67条　内閣総理大臣は、国会議員のなかから国会の議決で、これを指名する。この指名は、他のすべての案件に先だつて、これを行ふ。
　２　衆議院と参議院とが異なつた指名の議決をした場合に、法律の定めるところにより、両議院の協議会を開いても意見が一致しないとき、又は衆議院が指名の議決をした後、国会休会中の期間を除いて十日以内に、参議院が、指名の議決をしないときは、衆議院の議決を国会の議決とする。
〔国務大臣の任免〕
　第68条　内閣総理大臣は、国務大臣を任命する。但し、その過半数は、国会議員のなかから選ばれなければならない。
　２　内閣総理大臣は、任意に国務大臣を罷免することができる。
〔不信任決議と解散又は総辞職〕
　第69条　内閣は、衆議院で不信任の決議案を可決し、又は信任の決議案を否決したときは、十日以内に衆議院が解散されない限り、総辞職をしなければならない。
〔内閣総理大臣の欠缺又は総選挙施行による総辞職〕
　第70条　内閣総理大臣が欠けたとき、又は衆議院議員総選挙の後に初めて国会の召集があつたときは、内閣は、総辞職をしなければならない。
〔総辞職後の職務続行〕
　第71条　前二条の場合には、内閣は、あらたに内閣総理大臣が任命されるまで引き続きその職務を行ふ。

〔内閣総理大臣の職務権限〕

第72条　内閣総理大臣は、内閣を代表して議案を国会に提出し、一般国務及び外交関係について国会に報告し、並びに行政各部を指揮監督する。

〔内閣の職務権限〕

第73条　内閣は、他の一般行政事務の外、左の事務を行ふ。

一　法律を誠実に執行し、国務を総理すること。

二　外交関係を処理すること。

三　条約を締結すること。但し、事前に、時宜によつては事後に、国会の承認を経ることを必要とする。

四　法律の定める基準に従ひ、官吏に関する事務を掌理すること。

五　予算を作成して国会に提出すること。

六　この憲法及び法律の規定を実施するために、政令を制定すること。但し、政令には、特にその法律の委任がある場合を除いては、罰則を設けることができない。

七　大赦、特赦、減刑、刑の執行の免除及び復権を決定すること。

〔法律及び政令への署名と連署〕

第74条　法律及び政令には、すべて主任の国務大臣が署名し、内閣総理大臣が連署することを必要とする。

〔国務大臣訴追の制約〕

第75条　国務大臣は、その在任中、内閣総理大臣の同意がなければ、訴追されない。但し、これがため、訴追の権利は、害されない。

第6章　司法

〔司法権の機関と裁判官の職務上の独立〕

第76条　すべて司法権は、最高裁判所及び法律の定めるところにより設置する下級裁判所に属する。

2　特別裁判所は、これを設置することができない。行政機関は、終審として裁判を行ふことができない。

3　すべて裁判官は、その良心に従ひ独立してその職権を行ひ、この憲法及び法律にのみ拘束される。

〔最高裁判所の規則制定権〕

第77条　最高裁判所は、訴訟に関する手続、弁護士、裁判所の内部規律及び司法事務処理に関する事項について、規則を定める権限を有する。

2　検察官は、最高裁判所の定める規則に従はなければならない。

3　最高裁判所は、下級裁判所に関する規則を定める権限を、下級裁判所に委任することができる。

〔裁判官の身分の保障〕

第78条　裁判官は、裁判により、心身の故障のために職務を執ることができないと決定された場合を除いては、公の弾劾によらなければ罷免されない。裁判官の懲戒処分は、行政機関がこれを行ふことはできない。

〔最高裁判所の構成及び裁判官任命の国民審査〕
第79条　最高裁判所は、その長たる裁判官及び法律の定める員数のその他の裁判官でこれを構成し、その長たる裁判官以外の裁判官は、内閣でこれを任命する。
　2　最高裁判所の裁判官の任命は、その任命後初めて行はれる衆議院議員総選挙の際国民の審査に付し、その後十年を経過した後初めて行はれる衆議院議員総選挙の際更に審査に付し、その後も同様とする。
　3　前項の場合において、投票者の多数が裁判官の罷免を可とするときは、その裁判官は、罷免される。
　4　審査に関する事項は、法律でこれを定める。
　5　最高裁判所の裁判官は、法律の定める年齢に達した時に退官する。
　6　最高裁判所の裁判官は、すべて定期に相当額の報酬を受ける。この報酬は、在任中、これを減額することができない。

〔下級裁判所の裁判官〕
第80条　下級裁判所の裁判官は、最高裁判所の指名した者の名簿によつて、内閣でこれを任命する。その裁判官は、任期を十年とし、再任されることができる。但し、法律の定める年齢に達した時には退官する。
　2　下級裁判所の裁判官は、すべて定期に相当額の報酬を受ける。この報酬は、在任中、これを減額することができない。

〔最高裁判所の法令審査権〕
第81条　最高裁判所は、一切の法律、命令、規則又は処分が憲法に適合するかしないかを決定する権限を有する終審裁判所である。

〔対審及び判決の公開〕
第82条　裁判の対審及び判決は、公開法廷でこれを行ふ。
　2　裁判所が、裁判官の全員一致で、公の秩序又は善良の風俗を害する虞があると決した場合には、対審は、公開しないでこれを行ふことができる。但し、政治犯罪、出版に関する犯罪又はこの憲法第三章で保障する国民の権利が問題となつてゐる事件の対審は、常にこれを公開しなければならない。

第7章　財政

〔財政処理の要件〕
第83条　国の財政を処理する権限は、国会の議決に基いて、これを行使しなければならない。

〔課税の要件〕
第84条　あらたに租税を課し、又は現行の租税を変更するには、法律又は法律の定める条件によることを必要とする。

〔国費支出及び債務負担の要件〕
第85条　国費を支出し、又は国が債務を負担するには、国会の議決に基くことを必要とする。

〔予算の作成〕
第86条　内閣は、毎会計年度の予算を作成し、国会に提出して、その審議を受け議決を

経なければならない。

〔予備費〕

第87条　予見し難い予算の不足に充てるため、国会の議決に基いて予備費を設け、内閣の責任でこれを支出することができる。

2　すべて予備費の支出については、内閣は、事後に国会の承諾を得なければならない。

〔皇室財産及び皇室費用〕

第88条　すべて皇室財産は、国に属する。すべて皇室の費用は、予算に計上して国会の議決を経なければならない。

〔公の財産の用途制限〕

第89条　公金その他の公の財産は、宗教上の組織若しくは団体の使用、便益若しくは維持のため、又は公の支配に属しない慈善、教育若しくは博愛の事業に対し、これを支出し、又はその利用に供してはならない。

〔会計検査〕

第90条　国の収入支出の決算は、すべて毎年会計検査院がこれを検査し、内閣は、次の年度に、その検査報告とともに、これを国会に提出しなければならない。

2　会計検査院の組織及び権限は、法律でこれを定める。

〔財政状況の報告〕

第91条　内閣は、国会及び国民に対し、定期に、少くとも毎年一回、国の財政状況について報告しなければならない。

第8章　地方自治

〔地方自治の本旨の確保〕

第92条　地方公共団体の組織及び運営に関する事項は、地方自治の本旨に基いて、法律でこれを定める。

〔地方公共団体の機関〕

第93条　地方公共団体には、法律の定めるところにより、その議事機関として議会を設置する。

2　地方公共団体の長、その議会の議員及び法律の定めるその他の吏員は、その地方公共団体の住民が、直接これを選挙する。

〔地方公共団体の権能〕

第94条　地方公共団体は、その財産を管理し、事務を処理し、及び行政を執行する権能を有し、法律の範囲内で条例を制定することができる。

〔一の地方公共団体のみに適用される特別法〕

第95条　一の地方公共団体のみに適用される特別法は、法律の定めるところにより、その地方公共団体の住民の投票においてその過半数の同意を得なければ、国会は、これを制定することができない。

第9章　改正

〔憲法改正の発議、国民投票及び公布〕

第96条　この憲法の改正は、各議院の総議員の三分の二以上の賛成で、国会が、これを発議し、国民に提案してその承認を経なければならない。この承認には、特別の国民投票又は国会の定める選挙の際行はれる投票において、その過半数の賛成を必要とする。

２　憲法改正について前項の承認を経たときは、天皇は、国民の名で、この憲法と一体を成すものとして、直ちにこれを公布する。

第10章　最高法規

〔基本的人権の由来特質〕

第97条　この憲法が日本国民に保障する基本的人権は、人類の多年にわたる自由獲得の努力の成果であつて、これらの権利は、過去幾多の試錬に堪へ、現在及び将来の国民に対し、侵すことのできない永久の権利として信託されたものである。

〔憲法の最高性と条約及び国際法規の遵守〕

第98条　この憲法は、国の最高法規であつて、その条規に反する法律、命令、詔勅及び国務に関するその他の行為の全部又は一部は、その効力を有しない。

２　日本国が締結した条約及び確立された国際法規は、これを誠実に遵守することを必要とする。

〔憲法尊重擁護の義務〕

第99条　天皇又は摂政及び国務大臣、国会議員、裁判官その他の公務員は、この憲法を尊重し擁護する義務を負ふ。

第11章　補則

〔施行期日と施行前の準備行為〕

第100条　この憲法は、公布の日から起算して六箇月を経過した日〔昭二二・五・三〕から、これを施行する。

２　この憲法を施行するために必要な法律の制定、参議院議員の選挙及び国会召集の手続並びにこの憲法を施行するために必要な準備手続は、前項の期日よりも前に、これを行ふことができる。

〔参議院成立前の国会〕

第101条　この憲法施行の際、参議院がまだ成立してゐないときは、その成立するまでの間、衆議院は、国会としての権限を行ふ。

〔参議院議員の任期の経過的特例〕

第102条　この憲法による第一期の参議院議員のうち、その半数の者の任期は、これを三年とする。その議員は、法律の定めるところにより、これを定める。

〔公務員の地位に関する経過規定〕

第103条　この憲法施行の際現に在職する国務大臣、衆議院議員及び裁判官並びにその他の公務員で、その地位に相応する地位がこの憲法で認められてゐる者は、法律で特別の定をした場合を除いては、この憲法施行のため、当然にはその地位を失ふことはない。但し、この憲法によつて、後任者が選挙又は任命されたときは、当然その地位を失ふ。

出典：国立国会図書館ホームページ（トップページ/憲法条文/重要文書/日本国憲法）

カイロ宣言

（日本国ニ関スル英，米，華三国宣言）
1943年11月27日

　「ローズヴェルト」大統領，蒋介石大元帥及「チャーチル」総理大臣ハ各自ノ軍事及外交顧問ト共ニ北「アフリカ」ニ於テ会議ヲ終了シ左ノ一般的声明発セラレタリ
　「各軍事使節ハ日本国ニ対スル将来ノ軍事行動ヲ協定セリ
　三大同盟国ハ海路，陸路及空路ニ依リ其ノ野蛮ナル敵国ニ対シ仮借ナキ弾圧ヲ加フルノ決意ヲ表明セリ右弾圧ハ既ニ増大シツツアリ
　三大同盟国ハ日本国ノ侵略ヲ制止シ且之ヲ罰スル為今次ノ戦争ヲ為シツツアルモノナリ右同盟国ハ自国ノ為ニ何等ノ利得ヲモ欲求スルモノニ非ズ又領土拡張ノ何等ノ念ヲモ有スルモノニ非ズ
　右同盟国ノ目的ハ日本国ヨリ千九百十四年ノ第一次世界戦争ノ開始以後ニ於テ日本国ガ奪取シ又ハ占領シタル太平洋ニ於ケル一切ノ島嶼ヲ剥奪スルコト並ニ満洲，台湾及膨湖島ノ如キ日本国ガ清国人ヨリ盗取シタル一切ノ地域ヲ中華民国ニ返還スルコトニ在リ
　日本国ハ又暴力及貪欲ニ依リ日本国ガ略取シタル他ノ一切ノ地域ヨリ駆逐セラルベシ
　前記三大国ハ朝鮮ノ人民ノ奴隷状態ニ留意シ軈テ朝鮮ヲ自由且独立ノモノタラシムルノ決意ヲ有ス
　右ノ目的ヲ以テ右三同盟国ハ同盟諸国中日本国ト交戦中ナル諸国ト協調シ日本国ノ無条件降伏ヲ齎スニ必要ナル重大且長期ノ行動ヲ続行スベシ」

出典：外務省編「日本外交年表並主要文書」下巻　1966年刊

ポツダム宣言

千九百四十五年七月二十六日
米、英、支三国宣言
（千九百四十五年七月二十六日「ポツダム」ニ於テ）

　一、吾等合衆国大統領、中華民国政府主席及「グレート・ブリテン」国総理大臣ハ吾等ノ数億ノ国民ヲ代表シ協議ノ上日本国ニ対シ今次ノ戦争ヲ終結スルノ機会ヲ与フルコトニ意見一致セリ
　二、合衆国、英帝国及中華民国ノ巨大ナル陸、海、空軍ハ西方ヨリ自国ノ陸軍及空軍ニ依ル数倍ノ増強ヲ受ケ日本国ニ対シ最後的打撃ヲ加フルノ態勢ヲ整ヘタリ右軍事力ハ日本国ガ抵抗ヲ終止スルニ至ル迄同国ニ対シ戦争ヲ遂行スルノ一切ノ連合国ノ決意ニ依リ支持セラレ且鼓舞セラレ居ルモノナリ
　三、蹶起セル世界ノ自由ナル人民ノ力ニ対スル「ドイツ」国ノ無益且無意義ナル抵抗ノ結果ハ日本国国民ニ対スル先例ヲ極メテ明白ニ示スモノナリ現在日本国ニ対シ集結シツツアル力ハ抵抗スル「ナチス」ニ対シ適用セラレタル場合ニ於テ全「ドイツ」国人民ノ土地、産業及生活様式ヲ必然的ニ荒廃ニ帰セシメタル力ニ比シ測リ知レサル程更ニ強大ナ

ルモノナリ吾等ノ決意ニ支持セラルル吾等ノ軍事力ノ最高度ノ使用ハ日本国軍隊ノ不可避且完全ナル壊滅ヲ意味スヘク又同様必然的ニ日本国本土ノ完全ナル破壊ヲ意味スヘシ

　四、無分別ナル打算ニ依リ日本帝国ヲ滅亡ノ淵ニ陥レタル我儘ナル軍国主義的助言者ニ依リ日本国カ引続キ統御セラルヘキカ又ハ理性ノ経路ヲ日本国カ履ムヘキカヲ日本国カ決意スヘキ時期ハ到来セリ

　五、吾等ノ条件ハ左ノ如シ
　吾等ハ右条件ヨリ離脱スルコトナカルヘシ右ニ代ル条件存在セス吾等ハ遅延ヲ認ムルヲ得ス

　六、吾等ハ無責任ナル軍国主義カ世界ヨリ駆逐セラルルニ至ル迄ハ平和、安全及正義ノ新秩序カ生シ得サルコトヲ主張スルモノナルヲ以テ日本国国民ヲ欺瞞シ之ヲシテ世界征服ノ挙ニ出ツルノ過誤ヲ犯サシメタル者ノ権力及勢力ハ永久ニ除去セラレサルヘカラス

　七、右ノ如キ新秩序カ建設セラレ且日本国ノ戦争遂行能力カ破砕セラレタルコトノ確証アルニ至ルマテハ聯合国ノ指定スヘキ日本国領域内ノ諸地点ハ吾等ノ茲ニ指示スル基本的目的ノ達成ヲ確保スルタメ占領セラルヘシ

　八、「カイロ」宣言ノ条項ハ履行セラルヘク又日本国ノ主権ハ本州、北海道、九州及四国並ニ吾等ノ決定スル諸小島ニ局限セラルヘシ

　九、日本国軍隊ハ完全ニ武装ヲ解除セラレタル後各自ノ家庭ニ復帰シ平和的且生産的ノ生活ヲ営ムノ機会ヲ得シメラルヘシ

　十、吾等ハ日本人ヲ民族トシテ奴隷化セントシ又ハ国民トシテ滅亡セシメントスルノ意図ヲ有スルモノニ非サルモ吾等ノ俘虜ヲ虐待セル者ヲ含ム一切ノ戦争犯罪人ニ対シテハ厳重ナル処罰加ヘラルヘシ日本国政府ハ日本国国民ノ間ニ於ケル民主主義的傾向ノ復活強化ニ対スル一切ノ障礙ヲ除去スヘシ言論、宗教及思想ノ自由並ニ基本的人権ノ尊重ハ確立セラルヘシ

　十一、日本国ハ其ノ経済ヲ支持シ且公正ナル実物賠償ノ取立ヲ可能ナラシムルカ如キ産業ヲ維持スルコトヲ許サルヘシ但シ日本国ヲシテ戦争ノ為再軍備ヲ為スコトヲ得シムルカ如キ産業ハ此ノ限ニ在ラス右目的ノ為原料ノ入手（其ノ支配トハ之ヲ区別ス）ヲ許可サルヘシ日本国ハ将来世界貿易関係ヘノ参加ヲ許サルヘシ

　十二、前記諸目的カ達成セラレ且日本国国民ノ自由ニ表明セル意思ニ従ヒ平和的傾向ヲ有シ且責任アル政府カ樹立セラルルニ於テハ聯合国ノ占領軍ハ直ニ日本国ヨリ撤収セラルヘシ

　十三、吾等ハ日本国政府カ直ニ全日本国軍隊ノ無条件降伏ヲ宣言シ且右行動ニ於ケル同政府ノ誠意ニ付適当且充分ナル保障ヲ提供センコトヲ同政府ニ対シ要求ス右以外ノ日本国ノ選択ハ迅速且完全ナル壊滅アルノミトス

出典：外務省編『日本外交年表並主要文書』下巻 1966年刊

日本国とアメリカ合衆国との間の相互協力及び安全保障条約

　日本国及びアメリカ合衆国は、
　両国の間に伝統的に存在する平和及び友好の関係を強化し、並びに民主主義の諸原則、

個人の自由及び法の支配を擁護することを希望し、
　また、両国の間の一層緊密な経済的協力を促進し、並びにそれぞれの国における経済的安定及び福祉の条件を助長することを希望し、
　国際連合憲章の目的及び原則に対する信念並びにすべての国民及びすべての政府とともに平和のうちに生きようとする願望を再確認し、
　両国が国際連合憲章に定める個別的又は集団的自衛の固有の権利を有していることを確認し、
　両国が極東における国際の平和及び安全の維持に共通の関心を有することを考慮し、
　相互協力及び安全保障条約を締結することを決意し、
　よって、次のとおり協定する。

　第一条
　締約国は、国際連合憲章に定めるところに従い、それぞれが関係することのある国際紛争を平和的手段によって国際の平和及び安全並びに正義を危うくしないように解決し、並びにそれぞれの国際関係において、武力による威嚇又は武力の行使を、いかなる国の領土保全又は政治的独立に対するものも、また、国際連合の目的と両立しない他のいかなる方法によるものも慎むことを約束する。
　締約国は、他の平和愛好国と協同して、国際の平和及び安全を維持する国際連合の任務が一層効果的に遂行されるように国際連合を強化することに努力する。
　第二条
　締約国は、その自由な諸制度を強化することにより、これらの制度の基礎をなす原則の理解を促進することにより、並びに安定及び福祉の条件を助長することによって、平和的かつ友好的な国際関係の一層の発展に貢献する。締約国は、その国際経済政策におけるくい違いを除くことに努め、また、両国の間の経済的協力を促進する。
　第三条
　締約国は、個別的に及び相互に協力して、継続的かつ効果的な自助及び相互援助により、武力攻撃に抵抗するそれぞれの能力を、憲法上の規定に従うことを条件として、維持し発展させる。
　第四条
　締約国は、この条約の実施に関して随時協議し、また、日本国の安全又は極東における国際の平和及び安全に対する脅威が生じたときはいつでも、いずれか一方の締約国の要請により協議する。
　第五条
　各締約国は、日本国の施政の下にある領域における、いずれか一方に対する武力攻撃が、自国の平和及び安全を危うくするものであることを認め、自国の憲法上の規定及び手続に従って共通の危険に対処するように行動することを宣言する。
　前記の武力攻撃及びその結果として執つたすべての措置は、国際連合憲章第五十一条の規定に従つて直ちに国際連合安全保障理事会に報告しなければならない。その措置

は、安全保障理事会が国際の平和及び安全を回復し及び維持するために必要な措置を執つたときは、終止しなければならない。

第六条

日本国の安全に寄与し、並びに極東における国際の平和及び安全の維持に寄与するため、アメリカ合衆国は、その陸軍、空軍及び海軍が日本国において施設及び区域を使用することを許される。

前記の施設及び区域の使用並びに日本国における合衆国軍隊の地位は、千九百五十二年二月二十八日に東京で署名された日本国とアメリカ合衆国との間の安全保障条約第三条に基く行政協定(改正を含む。)に代わる別個の協定及び合意される他の取極により規律される。

第七条

この条約は、国際連合憲章に基づく締約国の権利及び義務又は国際の平和及び安全を維持する国際連合の責任に対しては、どのような影響も及ぼすものではなく、また、及ぼすものと解釈してはならない。

第八条

この条約は、日本国及びアメリカ合衆国により各自の憲法上の手続に従つて批准されなければならない。この条約は、両国が東京で批准書を交換した日に効力を生ずる。

第九条

千九百五十一年九月八日にサン・フランシスコ市で署名された日本国とアメリカ合衆国との間の安全保障条約は、この条約の効力発生の時に効力を失う。

第十条

この条約は、日本区域における国際の平和及び安全の維持のため十分な定めをする国際連合の措置が効力を生じたと日本国政府及びアメリカ合衆国政府が認める時まで効力を有する。

もつとも、この条約が十年間効力を存続した後は、いずれの締約国も、他方の締約国に対しこの条約を終了させる意思を通告することができ、その場合には、この条約は、そのような通告が行なわれた後一年で終了する。

以上の証拠として、下名の全権委員は、この条約に署名した。

千九百六十年一月十九日にワシントンで、ひとしく正文である日本語及び英語により本書二通を作成した。

日本国のために
　岸信介
　藤山愛一郎
　石井光次郎
　足立正
　朝海浩一郎

日本政治概況

アメリカ合衆国のために
　クリスチャン・A・ハーター
　ダグラス・マックアーサー二世
J・グレイアム・パースンズ

出典：日本外務省「外交青書」第4号（1960年版）239—241頁

国家安全保障戦略（概要）

平成25年12月17日
国家安全保障会議決定・閣議決定

I　策定の趣旨

我が国の安全保障（以下「国家安全保障」という。）をめぐる環境が一層厳しさを増している中、豊かで平和な社会を引き続き発展させていくためには、我が国の国益を長期的視点から見定めた上で、国際社会のなかで我が国の進むべき針路を定め、国家安全保障のための方策に政府全体として取り組むことが必要である。

グローバル化が進む世界において、国際社会における主要なプレーヤーとしてこれまで以上により積極的な役割を果たしていくべきである。

本戦略は、国家安全保障に関する基本方針として、国家安全保障に関連する分野の政策に指針を与えるものである。

国家安全保障会議（NSC）の司令塔機能の下、政治の強力なリーダーシップにより、政府全体として、国家安全保障政策を一層戦略的かつ体系的なものとして実施していく。

国の他の諸施策の実施に当たっては、本戦略を踏まえ、外交力、防衛力等が全体としてその機能を円滑かつ十全に発揮できるよう、国家安全保障上の観点を十分に考慮する。

本戦略の内容は、おおむね10年程度の期間を念頭に置いたものであり、政策の実施過程を通じてNSCにおいて定期的に体系的な評価を行い、適時適切にこれを発展させていく。

II　国家安全保障の基本理念
1　我が国が掲げる理念

我が国は、豊かな文化と伝統を有し、自由、民主主義、基本的人権の尊重、法の支配といった普遍的価値を掲げ、高い教育水準を持つ豊富な人的資源と高い文化水準を擁し、開かれた国際経済システムの恩恵を受けつつ発展を遂げた、強い経済力及び高い技術力を有する経済大国である。また「開かれ安定した海洋」を追求してきた海洋国家としての顔も併せ持つ。

戦後一貫して平和国家としての道を歩み、専守防衛に徹し、他国に脅威を与えるような軍事大国とはならず、非核三原則を守るとの基本方針を堅持してきた。

日米の同盟関係を進展させるとともに、各国との協力関係を深め、我が国の安全及びアジア太平洋地域の平和と安定を実現してきている。人間の安全保障の理念に立脚した途上国の経済開発や地球規模問題解決への取組、他国との貿易・投資関係を通じて、国際社会の安定と繁栄の実現にも寄与している。

国連憲章を遵守しながら、国連を始めとする国際機関と連携し、それらの活動に積極的に寄与している。国際平和協力活動にも継続的に参加している。また唯一の戦争被爆国として、軍縮・不拡散に積極的に取り組み、「核兵器のない世界」を実現させるため、国際社会の取組を主導している。

我が国は、平和国家としての歩みを引き続き堅持し、国際政治経済の主要プレーヤーとして、国際協調主義に基づく積極的平和主義の立場から、我が国の安全及びアジア太平洋地域の平和と安定を実現しつつ、国際社会の平和と安定及び繁栄の確保に、これまで以上に積極的に寄与していく。これこそが、我が国が掲げるべき国家安全保障の基本理念である。

2　我が国の国益と国家安全保障の目標
【国益】
我が国自身の主権・独立を維持し領域を保全し国民の生命・身体・財産の安全を確保し、豊かな文化と伝統を継承しつつ、我が国の平和と安全を維持し、その存立を全うすること。

経済発展を通じて我が国と国民の更なる繁栄を実現し、我が国の平和と安全をより強固なものとすること（そのためには、自由貿易体制を強化し、安定性及び透明性が高く、見通しがつきやすい国際環境の実現が不可欠）。

自由、民主主義、基本的人権の尊重、法の支配といった普遍的価値やルールに基づく国際秩序を維持・擁護すること。

【国家安全保障の目標】
我が国の平和と安全を維持し、その存立を全うするために、必要な抑止力を強化し、我が国に直接脅威が及ぶことを防止するとともに、万が一脅威が及ぶ場合には、これを排除し、かつ被害を最小化すること。

日米同盟の強化、域内外のパートナーとの信頼・協力関係の強化、実際的な安全保障協力の推進により、アジア太平洋地域の安全保障環境を改善し、我が国に対する直接的な脅威の発生を予防し、削減すること。

不断の外交努力や更なる人的貢献により、普遍的価値やルールに基づく国際秩序の強化や紛争の解決に主導的な役割を果たし、グローバルな安全保障環境を改善し、平和で安定し、繁栄する国際社会を構築すること。

III　我が国を取り巻く安全保障環境と国家安全保障上の課題
1　グローバルな安全保障環境と課題
（1）パワーバランスの変化及び技術革新の急速な進展
新興国（中国・インド等）の台頭により国家間のパワーバランスが変化している。特に中国は国際社会における存在感を高めている。世界最大の総合的な国力を有する米国は、安全保障政策及び経済政策上の重点をアジア太平洋地域にシフトさせる方針を明らかにしている。

グローバル化の進展や技術革新の急速な進展により、非国家主体の相対的影響力の増大、非国家主体によるテロや犯罪の脅威が拡大しつつある。

（2）大量破壊兵器等の拡散の脅威
　大量破壊兵器・弾道ミサイル等の移転・拡散・性能向上に係る問題、北朝鮮による核・ミサイル開発問題やイランの核問題は、我が国や国際社会にとっての大きな脅威である。
（3）国際テロの脅威
　グローバル化の進展により、国際テロの拡散・多様化が進んでいる。
　現に海外において法人や我が国権益が被害を受けるテロが発生しており、我が国・国民は、国内外において、国際テロの脅威に直面している。
（4）国際公共財（グローバル・コモンズ）に関するリスク
　近年、海洋、宇宙空間、サイバー空間といったグローバル・コモンズに対する自由なアクセス及びその活用を妨げるリスクが拡散し、深刻化している。
　海洋においては、近年、資源の確保や自国の安全保障の観点から、力を背景とした一方的な現状変更を図る動きが増加しつつある。
　このような動きや海賊問題等により、シーレーンの安定や航行の自由が脅かされる危険性も高まっている。
　人工衛星同士の衝突等による宇宙ゴミの増加を始め、持続的かつ安定的な宇宙空間の利用を妨げるリスクが存在している。
　基幹的な社会インフラシステムの破壊、軍事システムの妨害を意図したサイバー攻撃等によるリスクが深刻化しつつある。
（5）「人間の安全保障」に関する課題
　貧困、格差の拡大、感染症を含む国際保健課題、気候変動その他の環境問題、食料安全保障、更には内戦、災害等による人道上の危機といった一国のみでは対処できない地球規模の問題が、個人の生存と尊厳を脅かす人間の安全保障上の重要かつ緊急な課題となっている。
　こうした問題は、国際社会の平和と安定に影響をもたらす可能性がある。
（6）リスクを抱えるグローバル経済
　一国の経済危機が世界経済全体に伝播するリスクが高まっている。
　保護主義的な動きや新たな貿易ルール作りに消極的な姿勢等も顕在化している。
　資源国による資源ナショナリズムの高揚や新興国によるエネルギー・鉱物資源等の獲得競争の激化等が見られる。
　2　アジア太平洋地域における安全保障環境と課題
（1）アジア太平洋地域の戦略環境の特性
　様々な政治体制が存在し、核兵器国を含む大規模な軍事力を有する国が集中する一方、安全保障面の地域協力枠組みは十分に制度化されていない。
（2）北朝鮮の軍事力の増強と挑発行為
　北朝鮮は、核兵器を始めとする大量破壊兵器や弾道ミサイルの能力を増強するとともに、軍事的な挑発行為や我が国等に対する様々な挑発的言動を繰り返し、地域の緊張を高めている。我が国等の安全保障に対する脅威が質的に深刻化している。

金正恩体制の確立が進められる中、北朝鮮内の情勢を引き続き注視する必要がある。

北朝鮮による拉致問題は、我が国の主権と国民の生命・安全に関わる重大な問題であり、国の責任において解決すべき喫緊の課題である。

（3）中国の急速な台頭と様々な領域への積極的進出

国際的な規範を共有・遵守するとともに、地域やグローバルな課題に対して、より積極的かつ協調的な役割を果たすことが期待されている。

十分な透明性を欠いた中で軍事力を広範かつ急速に強化している。

東シナ海、南シナ海等の海空域において、既存の国際秩序とは相容れない独自の主張に基づき、力による現状の変更の試みとみられる対応（尖閣諸島付近の領海侵入・領空侵犯、独自の「防空識別区」の設定等）を示している。

両岸関係は、経済的関係を深める一方、軍事バランスは変化しており、安定化の動きと潜在的な不安定性が併存している。

Ⅳ　我が国がとるべき国家安全保障上の戦略的アプローチ

1　我が国の能力・役割の強化・拡大

国家安全保障の確保のためには、まず我が国自身の能力とそれを発揮し得る基盤を強化するとともに、自らが果たすべき役割を果たしつつ、状況の変化に応じ、自身の能力を適応させていくことが必要である。

経済力及び技術力の強化に加え、外交力、防衛力等を強化し、国家安全保障上の我が国の強靱性を高めることは、アジア太平洋地域を始めとする国際社会の平和と安定につながる。

国家安全保障上の課題を克服し、目標を達成するためには、国際協調主義に基づく積極的平和主義の立場から、日米同盟を基軸としつつ、各国との協力関係を拡大・深化させるとともに、我が国が有する多様な資源を有効に活用し、総合的な施策を推進する必要がある。

（1）安定した国際環境創出のための外交の強化

国家安全保障の要諦は、安定しかつ見通しがつきやすい国際環境を創出し、脅威の出現を未然に防ぐことにある。

国際協調主義に基づく積極的平和主義の下、国際社会の平和と安定の実現に一層積極的な役割を果たし、我が国にとって望ましい国際秩序や安全保障環境を実現していく必要がある。

我が国の主張を国際社会に浸透させ、我が国の立場への支持を集める外交的な創造力及び交渉力が必要である。

我が国の魅力を活かし、国際社会に利益をもたらすソフトパワーの強化や我が国企業や国民のニーズを感度高く把握し、これらのグローバルな展開をサポートする力の充実が重要である。

国連を始めとする国際機関に対し、邦人職員の増強を含め、より積極的に貢献を行っていく。

（2）我が国を守り抜く総合的な防衛体制の構築

厳しい安全保障環境のなか、戦略環境の変化や国力国情に応じ、実効性の高い統合的な防衛力を効率的に整備し、統合運用を基本とする柔軟かつ即応性の高い運用に努める。

政府機関・地方公共団体・民間部門との間の連携を深め、武力攻撃事態等から大規模自然災害に至るあらゆる事態にシームレスに対応するための総合的な体制を平素から構築していく。

その中核を担う自衛隊の体制整備に当たっては、統合的・総合的視点から重要となる機能を優先しつつ、各種事態の抑止・対処のための体制を強化する。

核兵器の脅威に対しては、核抑止力を中心とする米国の拡大抑止が不可欠であり、その信頼性の維持・強化のために米国と緊密に連携していくとともに、弾道ミサイル防衛や国民保護を含む我が国自身の取組により適切に対応する。

(3) 領域保全に関する取組の強化

領域警備に当たる法執行機関の能力強化や海洋監視能力の強化を進める。

様々な不測の事態にシームレスに対応できるよう、関係省庁間の連携を強化する。

国境離島の保全・管理・振興に積極的に取り組むとともに、国家安全保障の観点から国境離島、防衛施設周辺等における土地利用等の在り方について検討する。

(4) 海洋安全保障の確保

海洋国家として、力ではなく、法の支配、航行・飛行の自由や安全の確保、国際法にのっとった紛争の平和的解決を含む法の支配といった基本ルールに基づく秩序に支えられた「開かれ安定した海洋」の維持・発展に向け、主導的な役割を発揮する。

海洋監視能力について、国際的ネットワークの構築に留意しつつ、宇宙の活用を含めて総合的に強化する。

シーレーン沿岸国等の海上保安能力の向上を支援するとともに、戦略的利害を共有するパートナーとの協力関係を強化する。

(5) サイバーセキュリティの強化

不正行為からサイバー空間を守り、その自由かつ安全な利用を確保するとともに、国家の関与が疑われる場合を含むサイバー攻撃から我が国の重要な社会システムを防護するため、国全体として防護・対応能力を強化し、サイバー空間の防護及びサイバー攻撃への対応能力の一層の強化を図る。

平素から官民の連携を強化するとともに、セキュリティ人材層の強化等についても総合的に検討を行い、必要な措置を講ずる。

技術・運用両面における国際協力の強化のための施策を講ずるとともに、サイバー防衛協力を推進する。

(6) 国際テロ対策の強化

原子力関連施設の安全確保等の国内における国際テロ対策の徹底はもとより、世界各地で活動する在留邦人等の安全を確保するため、国際テロ情勢に関する情報収集・分析を含め、国際テロ対策を強化する。

(7) 情報機能の強化

人的情報、公開情報等、多様な情報源に関する情報収集能力を抜本的に強化する。

情報専門家の育成等により、情報の分析・集約・共有機能を強化し、政府が保有するあらゆる情報手段を活用した総合的な分析(オール・ソース・アナリシス)を推進する。資料・情報をNSCに提供し、政策に適切に反映していく。

(8)防衛装備・技術協力

国際協調主義に基づく積極的平和主義の観点から、防衛装備品の活用等による平和貢献・国際協力に一層積極的に関与するとともに、防衛装備品等の共同開発・生産等に参画することが求められている。

武器輸出三原則等がこれまで果たしてきた役割にも十分配意した上で、移転を禁止する場合の明確化、移転を認め得る場合の限定及び厳格審査、目的外使用及び第三国移転に係る適正管理の確保等に留意しつつ、武器等の海外移転に関し、新たな安全保障環境に適合する明確な原則を定めることとする。

(9)宇宙空間の安定的利用の確保及び安全保障分野での活用の推進

情報収集衛星の機能の拡充・強化を図るほか、各種衛星の有効活用を図るとともに、宇宙空間の状況監視体制の確立を図る。

宇宙開発利用を支える技術を含め、宇宙開発利用の推進に当たっては、中長期的な観点から、国家安全保障に資するように配意する。

(10)技術力の強化

デュアル・ユース技術を含め、一層の技術の振興を促し、我が国の技術力の強化を図る必要がある。

科学技術に関する動向を平素から把握し、産学官の力を結集させ、安全保障分野においても有効活用に努める。

我が国が国際的に優位にある技術等を積極的に外交に活用していく。

2　日米同盟の強化

日米両国は、二国間のみならず、アジア太平洋地域を始めとする国際社会全体の平和と安定及び繁栄のために、多岐にわたる分野で協力関係を不断に強化・拡大させてきた。

米国は、アジア太平洋地域を重視する国防戦略指針の下、同地域におけるプレゼンスの充実や我が国を始めとする同盟国等との連携・協力の強化を志向している。

今後、我が国の安全に加え、アジア太平洋地域を始めとする国際社会の平和と安定及び繁栄の維持・増進を図るためには、日米安全保障体制の実効性を一層高め、より強い日米同盟を実現していく必要がある。

(1)幅広い分野における日米間の安全保障・防衛協力の更なる強化

米国との間で、具体的な防衛協力の在り方や、日米の役割・任務・能力の考え方等についての議論を通じ、本戦略を踏まえた各種政策との整合性を図りつつ、「日米防衛協力のための指針」を見直しを行う。

事態対処や中長期的な戦略を含め、運用協力及び政策調整を緊密に行うとともに、弾道ミサイル防衛、海洋、宇宙空間、サイバー空間、大規模災害対応等の幅広い協力を強化し、日米同盟の抑止力及び対処力を向上させていく。

(2)安定的な米軍プレゼンスの確保

在日米軍駐留経費負担等の施策のほか、抑止力を向上しつつ、沖縄を始めとする地元の

負担を軽減するため、在日米軍再編を日米合意に従って着実に実施する。
　3　国際社会の平和と安定のためのパートナーとの外交・安全保障協力の強化
・　我が国を取り巻く安全保障環境の改善のため、域内外のパートナーとの
信頼・協力関係を以下のように強化する。
　我が国と普遍的価値や戦略的利益を共有する、アジア太平洋地域の国々との協力関係を強化。
　ー　韓国：安全保障協力の基盤を強化するとともに、日米韓で北朝鮮の核・ミサイル問題に緊密に対応する。
　ー　オーストラリア：戦略認識の共有、安全保障協力を着実に進めていくとともに、戦略的パートナーシップを一層強化する。
　ー　ASEAN諸国：40年以上にわたる伝統的なパートナーシップに基づき、あらゆる分野における協力を深化・発展させるとともに、一体性の維持・強化に向けたＡＳＥＡＮの努力を一層支援する。
　ー　インド：二国間で構築された戦略的グローバル・パートナーシップに基づいて、海洋安全保障を含む幅広い分野で関係を強化していく。
　中国には、大局的かつ中長期的見地から、「戦略的互恵関係」の構築に向けて取り組み、地域の平和と安定及び繁栄のために責任ある建設的な役割を果たすよう促すとともに、力による現状変更の試みとみられる対応については冷静かつ毅然として対応していく。
　北朝鮮問題には、日朝平壌宣言、六者会合共同声明及び安保理決議に基づき、拉致・核・ミサイルといった諸懸案の包括的な解決に向けて、取り組んでいく。
　ロシアとの間では安全保障及びエネルギー分野を始めとするあらゆる分野で協力を進め、日露関係を全体として高める。
　これらの取組に当たっては、多国間・三か国間の協力枠組みを積極的に活用する。
　アジア太平洋地域の友好諸国とも地域の安定の確保に向けて協力する。
　欧州諸国は、国際社会の平和と安定及び繁栄に向けて共に主導的な役割を果たすパートナーであり、EU、NATO、OSCEとの協力を含め、関係を更に強化していく。
　新興国との間で、二国間関係のみならず、グローバルな課題での協力を推進する。
　湾岸諸国との間で、資源・エネルギーを中心とする関係を超えた政治・安全保障協力も含めた重層的な協力関係を構築。また、中東の安定に重要な問題の解決に向けて、我が国として積極的な役割を果たす。
　TICADプロセス等を通じ、アフリカの発展と平和の定着に引き続き貢献する。
　4　国際社会の平和と安定のための国際的努力への積極的寄与
・　国際協調主義に基づく積極的平和主義から、国際社会の平和と安定のため、積極的な役割を果たしていく。
（1）国連外交の強化
　国連における国際の平和と安全の維持・回復に向けた取組に更に積極的に寄与していく。
　常任・非常任双方の議席拡大及び我が国の常任理事国入りを含む安保理改革の実現を

追求する。
　（2）法の支配の強化
　国際社会における法の支配の強化に向けて、様々な国際ルール作りに構想段階から積極的に参加し、我が国の理念や主張を反映させていく。
　海洋、宇宙空間及びサイバー空間における法の支配の実現や法制度整備支援等に積極的に取り組む。
　（3）軍縮・不拡散に係る国際努力の主導
　「核兵器のない世界」に向けて積極的に取り組む。
　日米同盟の下での拡大抑止への信頼性維持と整合性をとりつつ、北朝鮮による核・ミサイル開発問題やイランの核問題の解決を含む軍縮・不拡散に向け国際的取組を主導する。
　（4）国際平和協力の推進
　国連PKO等に一層積極的に協力する。
　PKOとODA事業との連携の推進、ODAと能力構築支援を更に戦略的に活用を図る。
　平和構築人材や各国PKO要員の育成を、関係国等との緊密な連携の下、積極的に行う。
　（5）国際テロ対策における国際協力の推進
　国際テロ情勢や国際テロ対策協力に関する各国との協議や意見交換、国際的な法的枠組みを強化する。
　開発途上国等に対する支援等に積極的に取り組む。
　5　地球規模課題解決のための普遍的価値を通じた協力の強化
　・　国際社会の平和と安定及び繁栄の基盤を強化するため、普遍的価値の共有、開かれた国際経済システムの強化、国際社会の平和と安定の阻害要因となりかねない開発問題や地球規模課題の解決に向け、以下の取組を進める。
　（1）普遍的価値の共有
　自由、民主主義、人権、法の支配といった普遍的価値を共有する国々との連帯を通じグローバルな課題に貢献する外交を展開する。
　民主化支援、法制度整備支援、人権分野のODA等を積極的に活用する。
　女性に関する外交課題に積極的に取り組む。
　（2）開発問題及び地球規模課題への対応と「人間の安全保障」の実現
　開発問題への対応は、国際協調主義に基づく積極的平和主義の一つの要素として、今後とも一層強化する必要がある。
　ミレニアム開発目標（MDGs）の達成に向けた取組を強化し、次期国際開発目標の策定にも主導的な役割を果たす。
　国際社会における「人間の安全保障」の理念の主流化を一層促す。
　（3）開発途上国の人材育成に対する協力
　開発途上国から、学生や行政官を含む幅広い人材を我が国に招致し、教育訓練を提供し、出身国の発展に役立てるための人材育成を一層推進する。
　（4）自由貿易体制の維持・強化
　TPP、日EU・EPA、日中韓FTA、RCEP等の経済連携の取組を推進。こうした取組を通

じ、アジア太平洋地域の活力と繁栄を強化する。
　（5）エネルギー・環境問題への対応
　エネルギーを含む資源の安定供給に向けた各種取組に外交的手段を積極的に活用する。
　気候変動分野に関しては、攻めの地球温暖化外交戦略を展開する。
　（6）人と人との交流の強化
　双方向の青少年交流を拡大する。
　スポーツや文化を媒体とした交流を促進する。
　6　国家安全保障を支える国内基盤の強化と内外における理解促進
　・　国家安全保障を十全に確保するためには、外交力、防衛力等が効果的に発揮されることを支える国内基盤を整備することが不可欠である。
　・　国家安全保障を達成するためには、国家安全保障政策に対する国際社会や国民の広範な理解を得ることが極めて重要である。
　（1）防衛生産・技術基盤の維持・強化
　防衛装備品の効果的・効率的な取得に努めるとともに、国際競争力の強化含め、防衛生産・技術基盤を維持・強化していく。
　（2）情報発信の強化
　国家安全保障政策の考え方について、国内外に積極的かつ効果的に発信し、国民の理解を深め、諸外国との協力関係の強化等を図ることが必要がある。
　官邸を司令塔として、政府一体となった統一的かつ戦略的な情報発信を行うこととし、各種情報技術を最大限に活用しつつ、多様なメディアを通じ、外国語による発信の強化等を強化する。
　教育機関や有識者、シンクタンク等との連携を図りつつ、世界における日本語の普及、戦略的広報に資する人材の育成等を図る。
　客観的な事実を中心とする関連情報を正確かつ効果的に発信することにより、国際世論の正確な理解を深める。
　（3）社会的基盤の強化
　国民一人一人が、地域と世界の平和と安定及び人類の福祉の向上に寄与することを願いつつ、国家安全保障を身近な問題として捉え、その重要性や複雑性を深く認識することが不可欠。
　諸外国やその国民に対する敬意を表し、我が国と郷土を愛する心を養う。
　領土・主権に関する問題等の安全保障分野に関する啓発や自衛隊、在日米軍等の活動の現状への理解を広げる取組等を推進する。
　（4）知的基盤の強化
　高等教育機関における安全保障教育の拡充等を図る。
　高等教育機関、シンクタンク等と政府の交流を深める。
　民間の専門家・行政官の育成を促進する。

　　　　　　　　　出典:内閣官房ホームページ(資料集/国家安全保障戦略について/国家安全保障戦略(概要))

戦後50周年の終戦記念日にあたって（いわゆる村山談話）
村山富市 内閣総理大臣談話（1995年8月15日）

　先の大戦が終わりを告げてから、50年の歳月が流れました。今、あらためて、あの戦争によって犠牲となられた内外の多くの人々に思いを馳せるとき、万感胸に迫るものがあります。

　敗戦後、日本は、あの焼け野原から、幾多の困難を乗りこえて、今日の平和と繁栄を築いてまいりました。このことは私たちの誇りであり、そのために注がれた国民の皆様1人1人の英知とたゆみない努力に、私は心から敬意の念を表わすものであります。ここに至るまで、米国をはじめ、世界の国々から寄せられた支援と協力に対し、あらためて深甚な謝意を表明いたします。また、アジア太平洋近隣諸国、米国、さらには欧州諸国との間に今日のような友好関係を築き上げるに至ったことを、心から喜びたいと思います。

　平和で豊かな日本となった今日、私たちはややもすればこの平和の尊さ、有難さを忘れがちになります。私たちは過去のあやまちを2度と繰り返すことのないよう、戦争の悲惨さを若い世代に語り伝えていかなければなりません。とくに近隣諸国の人々と手を携えて、アジア太平洋地域ひいては世界の平和を確かなものとしていくためには、なによりも、これらの諸国との間に深い理解と信頼にもとづいた関係を培っていくことが不可欠と考えます。政府は、この考えにもとづき、特に近現代における日本と近隣アジア諸国との関係にかかわる歴史研究を支援し、各国との交流の飛躍的な拡大をはかるために、この二つを柱とした平和友好交流事業を展開しております。また、現在取り組んでいる戦後処理問題についても、わが国とこれらの国々との信頼関係を一層強化するため、私は、ひき続き誠実に対応してまいります。

　いま、戦後50周年の節目に当たり、われわれが銘記すべきことは、来し方を訪ねて歴史の教訓に学び、未来を望んで、人類社会の平和と繁栄への道を誤らないことであります。

　わが国は、遠くない過去の一時期、国策を誤り、戦争への道を歩んで国民を存亡の危機に陥れ、植民地支配と侵略によって、多くの国々、とりわけアジア諸国の人々に対して多大の損害と苦痛を与えました。私は、未来に誤ち無からしめんとするが故に、疑うべくもないこの歴史の事実を謙虚に受け止め、ここにあらためて痛切な反省の意を表し、心からのお詫びの気持ちを表明いたします。また、この歴史がもたらした内外すべての犠牲者に深い哀悼の念を捧げます。

　敗戦の日から50周年を迎えた今日、わが国は、深い反省に立ち、独善的なナショナリズムを排し、責任ある国際社会の一員として国際協調を促進し、それを通じて、平和の理念と民主主義とを押し広めていかなければなりません。同時に、わが国は、唯一の被爆国としての体験を踏まえて、核兵器の究極の廃絶を目指し、核不拡散体制の強化など、国際的な軍縮を積極的に推進していくことが肝要であります。これこそ、過去に対するつぐないとなり、犠牲となられた方々の御霊を鎮めるゆえんとなると、私は信じております。

　「杖るは信に如くは莫し」と申します。この記念すべき時に当たり、信義を施政の根幹とすることを内外に表明し、私の誓いの言葉といたします。

出典：「村山内閣総理大臣演説集」317-321頁、日本広報協会、1998年

日本政治概況

慰安婦関係調査結果発表に関する河野内閣官房長官談話

(河野洋平　1993年8月4日)

　いわゆる従軍慰安婦問題については、政府は、一昨年12月より、調査を進めて来たが、今般その結果がまとまったので発表することとした。

　今次調査の結果、長期に、かつ広範な地域にわたって慰安所が設置され、数多くの慰安婦が存在したことが認められた。慰安所は、当時の軍当局の要請により設営されたものであり、慰安所の設置、管理及び慰安婦の移送については、旧日本軍が直接あるいは間接にこれに関与した。慰安婦の募集については、軍の要請を受けた業者が主としてこれに当たったが、その場合も、甘言、強圧による等、本人たちの意思に反して集められた事例が数多くあり、更に、官憲等が直接これに加担したこともあったことが明らかになった。また、慰安所における生活は、強制的な状況の下での痛ましいものであった。

　なお、戦地に移送された慰安婦の出身地については、日本を別とすれば、朝鮮半島が大きな比重を占めていたが、当時の朝鮮半島は我が国の統治下にあり、その募集、移送、管理等も、甘言、強圧による等、総じて本人たちの意思に反して行われた。

　いずれにしても、本件は、当時の軍の関与の下に、多数の女性の名誉と尊厳を深く傷つけた問題である。政府は、この機会に、改めて、その出身地のいかんを問わず、いわゆる従軍慰安婦として数多の苦痛を経験され、心身にわたり癒しがたい傷を負われたすべての方々に対し心からお詫びと反省の気持ちを申し上げる。また、そのような気持ちを我が国としてどのように表すかということについては、有識者のご意見なども徴しつつ、今後とも真剣に検討すべきものと考える。

　われわれはこのような歴史の真実を回避することなく、むしろこれを歴史の教訓として直視していきたい。われわれは、歴史研究、歴史教育を通じて、このような問題を永く記憶にとどめ、同じ過ちを決して繰り返さないという固い決意を改めて表明する。

　なお、本問題については、本邦において訴訟が提起されており、また、国際的にも関心が寄せられており、政府としても、今後とも、民間の研究を含め、十分に関心を払って参りたい。

出典:「慰安婦」問題とアジア女性基金、単行本　1998年、51頁

「中日関係4文書」(1)

日本国政府と中華人民共和国政府の共同声明

(1972年9月29日 北京)

　日本国内閣総理大臣田中角栄は、中華人民共和国国務院総理周恩来の招きにより、千九百七十二年九月二十五日から九月三十日まで、中華人民共和国を訪問した。田中総理大臣には大平正芳外務大臣、二階堂進内閣官房長官その他の政府職員が随行した。

　毛沢東主席は、九月二十七日に田中角栄総理大臣と会見した。双方は、真剣かつ友好的な話合いを行った。

田中総理大臣及び大平外務大臣と周恩来総理及び姫鵬飛外交部長は、日中両国間の国交正常化問題をはじめとする両国間の諸問題及び双方が関心を有するその他の諸問題について、終始、友好的な雰囲気のなかで真剣かつ率直に意見を交換し、次の両政府の共同声明を発出することに合意した。

　日中両国は、一衣帯水の間にある隣国であり、長い伝統的友好の歴史を有する。両国国民は、両国間にこれまで存在していた不正常な状態に終止符を打つことを切望している。戦争状態の終結と日中国交の正常化という両国国民の願望の実現は、両国関係の歴史に新たな一頁を開くこととなろう。

　日本側は、過去において日本国が戦争を通じて中国国民に重大な損害を与えたことについての責任を痛感し、深く反省する。また、日本側は、中華人民共和国政府が提起した「復交三原則」を十分理解する立場に立って国交正常化の実現をはかるという見解を再確認する。中国側は、これを歓迎するものである。

　日中両国間には社会制度の相違があるにもかかわらず、両国は、平和友好関係を樹立すべきであり、また、樹立することが可能である。両国間の国交を正常化し、相互に善隣友好関係を発展させることは、両国国民の利益に合致するところであり、また、アジアにおける緊張緩和と世界の平和に貢献するものである。

　一．　日本国と中華人民共和国との間のこれまでの不正常な状態は、この共同声明が発出される日に終了する。

　二．　日本国政府は、中華人民共和国政府が中国の唯一の合法政府であることを承認する。

　三．　中華人民共和国政府は、台湾が中華人民共和国の領土の不可分の一部であることを重ねて表明する。日本国政府は、この中華人民共和国政府の立場を十分理解し、尊重し、ポツダム宣言第八項に基づく立場を堅持する。

　四．　日本国政府及び中華人民共和国政府は、千九百七十二年九月二十九日から外交関係を樹立することを決定した。両政府は、国際法及び国際慣行に従い、それぞれの首都における他方の大使館の設置及びその任務遂行のために必要なすべての措置をとり、また、できるだけすみやかに大使を交換することを決定した。

　五．　中華人民共和国政府は、中日両国国民の友好のために、日本国に対する戦争賠償の請求を放棄することを宣言する。

　六．　日本国政府及び中華人民共和国政府は、主権及び領土保全の相互尊重、相互不可侵、内政に対する相互不干渉、平等及び互恵並びに平和共存の諸原則の基礎の上に両国間の恒久的な平和友好関係を確立することに合意する。

　両政府は、右の諸原則及び国際連合憲章の原則に基づき、日本国及び中国が、相互の関係において、すべての紛争を平和的手段により解決し、武力又は武力による威嚇に訴えないことを確認する。

　七．　日中両国間の国交正常化は、第三国に対するものではない。両国のいずれも、アジア・太平洋地域において覇権を求めるべきではなく、このような覇権を確立しようとする他のいかなる国あるいは国の集団による試みにも反対する。

八．日本国政府及び中華人民共和国政府は、両国間の平和友好関係を強固にし、発展させるため、平和友好条約の締結を目的として、交渉を行うことに合意した。

九．日本国政府及び中華人民共和国政府は、両国間の関係を一層発展させ、人的往来を拡大するため、必要に応じ、また、既存の民間取決めをも考慮しつつ、貿易、海運、航空、漁業等の事項に関する協定の締結を目的として、交渉を行うことに合意した。

 1972年9月29日に北京で
 日本国　　　　　　　　中華人民共和国
 内閣総理大臣　　　　　国務院総理
 田中角栄　（署名）　　周恩来（署名）
 日本国　　　　　　　　中華人民共和国
 外務大臣　　　　　　　外交部長
 大平正芳　（署名）　　姫鵬飛（署名）

出典：日本外務省「外交青書」17号（1973年版）506－508頁

「中日関係4文書」（2）

日本国と中華人民共和国との間の平和友好条約

 日本国及び中華人民共和国は、

 千九百七十二年九月二十九日に北京で日本国政府及び中華人民共和国政府が共同声明を発出して以来、両国政府及び両国民の間の友好関係が新しい基礎の上に大きな発展を遂げていることを満足の意をもつて回顧し、

 前記の共同声明が両国間の平和友好関係の基礎となるものであること及び前記の共同声明に示された諸原則が厳格に遵守されるべきことを確認し、

 国際連合憲章の原則が十分に尊重されるべきことを確認し、アジア及び世界の平和及び安定に寄与することを希望し、

 両国間の平和友好関係を強固にし、発展させるため、

 平和友好条約を締結することに決定し、このため、次のとおりそれぞれ全権委員を任命した。

 日本国　　　　　外務大臣　　園田　直
 中華人民共和国　外交部長　　黄　　華

 これらの全権委員は、互いにその全権委任状を示し、それが良好妥当であると認められた後、次のとおり協定した。

 第一条

 1　両締約国は、主権及び領土保全の相互尊重、相互不可侵、内政に対する相互不干渉、平等及び互恵並びに平和共存の諸原則の基礎の上に、両国間の恒久的な平和友好関係を発展させるものとする。

 2　両締約国は、前記の諸原則及び国際連合憲章の原則に基づき、相互の関係において、

すべての紛争を平和的手段により解決し及び武力又は武力による威嚇に訴えないことを確認する。

　第二条

　両締約国は、そのいずれも、アジア・太平洋地域においても又は他のいずれの地域においても覇権を求めるべきではなく、また、このような覇権を確立しようとする他のいかなる国又は国の集団による試みにも反対することを表明する。

　第三条

　両締約国は、善隣友好の精神に基づき、かつ、平等及び互恵並びに内政に対する相互不干渉の原則に従い、両国間の経済関係及び文化関係の一層の発展並びに両国民の交流の促進のために努力する。

　第四条

　この条約は、第三国との関係に関する各締約国の立場に影響を及ぼすものではない。

　第五条

　1　この条約は、批准されるものとし、東京で行われる批准書の交換の日に効力を生ずる。この条約は、十年間効力を有するものとし、その後は、2の規定に定めるところによつて終了するまで効力を存続する。

　2　いずれの一方の締約国も、一年前に他方の締約国に対して文書による予告を与えることにより、最初の十年の期間の満了の際またはその後いつでもこの条約を終了させることができる。

　以上の証拠として、各全権委員は、この条約に署名調印した。

　千九百七十八年八月十二日に北京で、ひとしく正文である日本語及び中国語により本書二通を作成した。

　　日本国のために　　　　　園田　直（署名）
　　中華人民共和国のために　黄　　華（署名）

出典：日本外務省「外交青書」23号（1979年版）363―364頁

「中日関係4文書」（3）

平和と発展のための友好協力

パートナーシップの構築に関する日中共同宣言

（1998年11月　東京）

　日本国政府の招待に応じ、江沢民中華人民共和国主席は、1998年11月25日から30日まで国賓として日本国を公式訪問した。この歴史的意義を有する中国国家主席の初めての日本訪問に際し、江沢民主席は、天皇陛下と会見するとともに、小渕恵三内閣総理大臣と国際情勢、地域問題及び日中関係全般について突っ込んだ意見交換を行い、広範な共通認識に達し、この訪問の成功を踏まえ、次のとおり共同で宣言した。

　　　　　　　　　　　　　一

　双方は、冷戦終了後、世界が新たな国際秩序形成に向けて大きな変化を遂げつつある中

で、経済の一層のグローバル化に伴い、相互依存関係は深化し、また安全保障に関する対話と協力も絶えず進展しているとの認識で一致した。平和と発展は依然として人類社会が直面する主要な課題である。公正で合理的な国際政治・経済の新たな秩序を構築し、21世紀における一層揺るぎのない平和な国際環境を追求することは、国際社会共通の願いである。

　双方は、主権及び領土保全の相互尊重、相互不可侵、内政に対する相互不干渉、平等及び互恵、平和共存の諸原則並びに国際連合憲章の原則が、国家間の関係を処理する基本準則であることを確認した。

　双方は、国際連合が世界の平和を守り、世界の経済及び社会の発展を促していく上で払っている努力を積極的に評価し、国際連合が国際新秩序を構築し維持する上で重要な役割を果たすべきであると考える。双方は、国際連合が、その活動及び政策決定プロセスにおいて全加盟国の共通の願望と全体の意思をよりよく体現するために、安全保障理事会を含めた改革を行うことに賛成する。

　双方は、核兵器の究極的廃絶を主張し、いかなる形の核兵器の拡散にも反対する。また、アジア地域及び世界の平和と安定に資するよう、関係国に一切の核実験と核軍備競争の停止を強く呼びかける。

　双方は、日中両国がアジア地域及び世界に影響力を有する国家として、平和を守り、発展を促していく上で重要な責任を負っていると考える。双方は、日中両国が国際政治・経済、地球規模の問題等の分野における協調と協力を強化し、世界の平和と発展ひいては人類の進歩という事業のために積極的な貢献を行っていく。

二

　双方は、冷戦後、アジア地域の情勢は引き続き安定の方向に向かっており、域内の協力も一層深まっていると考える。そして、双方は、この地域が国際政治・経済及び安全保障に対して及ぼす影響力は更に拡大し、来世紀においても引き続き重要な役割を果たすであろうと確信する。

　双方は、この地域の平和を維持し、発展を促進することが、両国の揺るぎない基本方針であること、また、アジア地域における覇権はこれを求めることなく、武力又は武力による威嚇に訴えず、すべての紛争は平和的手段により解決すべきであることを改めて表明した。

　双方は、現在の東アジア金融危機及びそれがアジア経済にもたらした困難に対して大きな関心を表明した。同時に、双方は、この地域の経済の基礎は強固なものであると認識しており、経験を踏まえた合理的な調整と改革の推進並びに域内及び国際的な協調と協力の強化を通じて、アジア経済は必ずや困難を克服し、引き続き発展できるものと確信する。双方は、積極的な姿勢で直面する各種の挑戦に立ち向かい、この地域の経済発展を促すためそれぞれできる限りの努力を行うことで一致した。

　双方は、アジア太平洋地域の主要国間の安定的な関係は、この地域の平和と安定に極めて重要であると考える。双方は、ASEAN地域フォーラム等のこの地域におけるあらゆる多国間の活動に積極的に参画し、かつ協調と協力を進め、理解の増進と信頼の強化に努め

るすべての措置を支持することで意見の一致をみた。

三

　双方は、日中国交正常化以来の両国関係を回顧し、政治、経済、文化、人の往来等の各分野で目を見張るほどの発展を遂げたことに満足の意を表明した。また、双方は、目下の情勢において、両国間の協力の重要性は一層増していること、及び両国間の友好協力を更に強固にし発展させることは、両国国民の根本的な利益に合致するのみならず、アジア太平洋地域ひいては世界の平和と発展にとって積極的に貢献するものであることにつき認識の一致をみた。双方は、日中関係が両国のいずれにとっても最も重要な二国間関係の一つであることを確認するとともに、平和と発展のための両国の役割と責任を深く認識し、21世紀に向け、平和と発展のための友好協力パートナーシップの確立を宣言した。

　双方は、1972年9月29日に発表された日中共同声明及び1978年8月12日に署名された日中平和友好条約の諸原則を遵守することを改めて表明し、上記の文書は今後とも両国関係の最も重要な基礎であることを確認した。

　双方は、日中両国は二千年余りにわたる友好交流の歴史と共通の文化的背景を有しており、このような友好の伝統を受け継ぎ、更なる互恵協力を発展させることが両国国民の共通の願いであるとの認識で一致した。

　双方は、過去を直視し歴史を正しく認識することが、日中関係を発展させる重要な基礎であると考える。日本側は、1972年の日中共同声明及び1995年8月15日の内閣総理大臣談話を遵守し、過去の一時期の中国への侵略によって中国国民に多大な災難と損害を与えた責任を痛感し、これに対し深い反省を表明した。中国側は、日本側が歴史の教訓に学び、平和発展の道を堅持することを希望する。双方は、この基礎の上に長きにわたる友好関係を発展させる。

　双方は、両国間の人的往来を強化することが、相互理解の増進及び相互信頼の強化に極めて重要であるとの認識で一致した。

　双方は、毎年いずれか一方の国の指導者が相手国を訪問すること、東京と北京に両政府間のホットラインを設置すること、また、両国の各層、特に両国の未来の発展という重責を担う青少年の間における交流を、更に強化していくことを確認した。

　双方は、平等互恵の基礎の上に立って、長期安定的な経済貿易協力関係を打ち立て、ハイテク、情報、環境保護、農業、インフラ等の分野での協力を更に拡大することで意見の一致をみた。日本側は、安定し開放され発展する中国はアジア太平洋地域及び世界の平和と発展に対し重要な意義を有しており、引き続き中国の経済開発に対し協力と支援を行っていくとの方針を改めて表明した。中国側は、日本がこれまで中国に対して行ってきた経済協力に感謝の意を表明した。日本側は、中国がWTOへの早期加盟実現に向けて払っている努力を引き続き支持していくことを重ねて表明した。

　双方は、両国の安全保障対話が相互理解の増進に有益な役割を果たしていることを積極的に評価し、この対話メカニズムを更に強化することにつき意見の一致をみた。

　日本側は、日本が日中共同声明のなかで表明した台湾問題に関する立場を引き続き遵守し、改めて中国は一つであるとの認識を表明する。日本は、引き続き台湾と民間及び地

域的な往来を維持する。

　双方は、日中共同声明及び日中平和友好条約の諸原則に基づき、また、小異を残し大同に就くとの精神に則り、共通の利益を最大限に拡大し、相違点を縮小するとともに、友好的な協議を通じて、両国間に存在する、そして今後出現するかもしれない問題、意見の相違、争いを適切に処理し、もって両国の友好関係の発展が妨げられ、阻害されることを回避していくことで意見の一致をみた。

　双方は、両国が平和と発展のための友好協力パートナーシップを確立することにより、両国関係は新たな発展の段階に入ると考える。そのためには、両政府のみならず、両国国民の広範な参加とたゆまぬ努力が必要である。双方は、両国国民が、共に手を携えて、この宣言に示された精神を余すところなく発揮していけば、両国国民の世々代々にわたる友好に資するのみならず、アジア太平洋地域及び世界の平和と発展に対しても必ずや重要な貢献を行うであろうと固く信じる。

出典:日本外務省「外交青書」42号(1999年版)350—352頁

「中日関係4文書」(4)

「戦略的互恵関係」の包括的推進に関する日中共同声明

　胡錦濤中華人民共和国主席は、日本国政府の招待に応じ、2008年5月6日から10日まで国賓として日本国を公式訪問した。胡錦濤主席は、日本国滞在中、天皇陛下と会見した。また、福田康夫内閣総理大臣と会談を行い、「戦略的互恵関係」の包括的推進に関し、多くの共通認識に達し、以下のとおり共同声明を発出した。

　双方は、日中関係が両国のいずれにとっても最も重要な二国間関係の一つであり、今や日中両国が、アジア太平洋地域及び世界の平和、安定、発展に対し大きな影響力を有し、厳粛な責任を負っているとの認識で一致した。また、双方は、長期にわたる平和及び友好のための協力が日中両国にとって唯一の選択であるとの認識で一致した。双方は、「戦略的互恵関係」を包括的に推進し、また、日中両国の平和共存、世代友好、互恵協力、共同発展という崇高な目標を実現していくことを決意した。

　双方は、1972年9月29日に発表された日中共同声明、1978年8月12日に署名された日中平和友好条約及び1998年11月26日に発表された日中共同宣言が、日中関係を安定的に発展させ、未来を切り開く政治的基礎であることを改めて表明し、三つの文書の諸原則を引き続き遵守することを確認した。また、双方は、2006年10月8日及び2007年4月11日の日中共同プレス発表にある共通認識を引き続き堅持し、全面的に実施することを確認した。

　双方は、歴史を直視し、未来に向かい、日中「戦略的互恵関係」の新たな局面を絶えず切り開くことを決意し、将来にわたり、絶えず相互理解を深め、相互信頼を築き、互恵協力を拡大しつつ、日中関係を世界の潮流に沿って方向付け、アジア太平洋及び世界の良き未来を共に創り上げていくことを宣言した。

　双方は、互いに協力のパートナーであり、互いに脅威とならないことを確認した。双方

は、互いの平和的な発展を支持することを改めて表明し、平和的な発展を堅持する日本と中国が、アジアや世界に大きなチャンスと利益をもたらすとの確信を共有した。

（1）日本側は、中国の改革開放以来の発展が日本を含む国際社会に大きな好機をもたらしていることを積極的に評価し、恒久の平和と共同の繁栄をもたらす世界の構築に貢献していくとの中国の決意に対する支持を表明した。

（2）中国側は、日本が、戦後60年余り、平和国家としての歩みを堅持し、平和的手段により世界の平和と安定に貢献してきていることを積極的に評価した。双方は、国際連合改革問題について対話と意思疎通を強化し、共通認識を増やすべく努力することで一致した。中国側は、日本の国際連合における地位と役割を重視し、日本が国際社会で一層大きな建設的役割を果たすことを望んでいる。

（3）双方は、協議及び交渉を通じて、両国間の問題を解決していくことを表明した。

台湾問題に関し、日本側は、日中共同声明において表明した立場を引き続き堅持する旨改めて表明した。

双方は、以下の五つの柱に沿って、対話と協力の枠組みを構築しつつ、協力していくことを決意した。

（1）政治的相互信頼の増進

双方は、政治及び安全保障分野における相互信頼を増進することが日中「戦略的互恵関係」構築に対し重要な意義を有することを確認するとともに、以下を決定した。

両国首脳の定期的相互訪問のメカニズムを構築し、原則として、毎年どちらか一方の首脳が他方の国を訪問することとし、国際会議の場も含め首脳会談を頻繁に行い、政府、議会及び政党間の交流並びに戦略的な対話のメカニズムを強化し、二国間関係、それぞれの国の国内外の政策及び国際情勢についての意思疎通を強化し、その政策の透明性の向上に努める。

安全保障分野におけるハイレベル相互訪問を強化し、様々な対話及び交流を促進し、相互理解と信頼関係を一層強化していく。

国際社会が共に認める基本的かつ普遍的価値の一層の理解と追求のために緊密に協力するとともに、長い交流のなかで互いに培い、共有してきた文化について改めて理解を深める。

（2）人的、文化的交流の促進及び国民の友好感情の増進

双方は、両国民、特に青少年の間の相互理解及び友好感情を絶えず増進することが、日中両国の世々代々にわたる友好と協力の基礎の強化に資することを確認するとともに、以下を決定した。

両国のメディア、友好都市、スポーツ、民間団体の間の交流を幅広く展開し、多種多様な文化交流及び知的交流を実施していく。

青少年交流を継続的に実施する。

（3）互恵協力の強化

双方は、世界経済に重要な影響力を有する日中両国が、世界経済の持続的成長に貢献していくため、以下のような協力に特に取り組んでいくことを決定した。

エネルギー、環境分野における協力が、我々の子孫と国際社会に対する責務であるとの認識に基づき、この分野で特に重点的に協力を行っていく。

貿易、投資、情報通信技術、金融、食品・製品の安全、知的財産権保護、ビジネス環境、農林水産業、交通運輸・観光、水、医療等の幅広い分野での互恵協力を進め、共通利益を拡大していく。

日中ハイレベル経済対話を戦略的かつ実効的に活用していく。

共に努力して、東シナ海を平和・協力・友好の海とする。

(4) アジア太平洋への貢献

双方は、日中両国がアジア太平洋の重要な国として、この地域の諸問題において、緊密な意思疎通を維持し、協調と協力を強化していくことで一致するとともに、以下のような協力を重点的に展開することを決定した。

北東アジア地域の平和と安定の維持のために共に力を尽くし、六者会合のプロセスを共に推進する。また、双方は、日朝国交正常化が北東アジア地域の平和と安定にとって重要な意義を有しているとの認識を共有した。中国側は、日朝が諸懸案を解決し国交正常化を実現することを歓迎し、支持する。

開放性、透明性、包含性の三つの原則に基づき東アジアの地域協力を推進し、アジアの平和、繁栄、安定、開放の実現を共に推進する。

(5) グローバルな課題への貢献

双方は、日中両国が、21世紀の世界の平和と発展に対し、より大きな責任を担っており、重要な国際問題において協調を強化し、恒久の平和と共同の繁栄をもたらす世界の構築を共に推進していくことで一致するとともに、以下のような協力に取り組んでいくことを決定した。

「気候変動に関する国際連合枠組条約」の枠組みの下で、「共通に有しているが差異のある責任及び各国の能力」原則に基づき、バリ行動計画に基づき2013年以降の実効的な気候変動の国際枠組みの構築に積極的に参加する。

エネルギー安全保障、環境保護、貧困や感染症等のグローバルな問題は、双方が直面する共通の挑戦であり、双方は、戦略的に有効な協力を展開し、上述の問題の解決を推進するために然るべき貢献を共に行う。

日本国内閣総理大臣	中華人民共和国主席
福田康夫(署名)	胡錦濤(署名)

2008年5月7日、東京

出典:日本外務省ホームページ(各国・地域情勢/アジア/日中共同声明)

付録2　関連表

(1) 天皇系譜
(2) 内閣総理大臣一覧
(3) 議席のある政党の現状一覧
(4) 日本歴代の政党一覧
(5) 現在活動している利益団体一覧
(6) 西暦・日本暦対照表

天皇系譜

原始社会（B.C.1万年前—A.D.300）	
1 神武 じんむ	先土器文化（B.C.1万年前）旧石器時代。
2 綏靖 すいぜい	縄文文化（B.C.300前）新石器時代。
3 安寧 あんねい	弥生文化（A.D.300前）金石併用時代。
4 懿徳 いとく	（以上、考古発見による）
5 孝昭 こうしょう	
6 孝安 こうあん	小国分立（1—3世紀）
7 孝霊 こうれい	57年、倭奴国、後漢に朝貢（『後漢書』による）。
8 孝元 こうげん	
9 開化 かいか	
10 崇神 すじん	239年、邪馬政権、魏に遣使（『魏志』による）。
11 垂仁 すいにん	
12 景行 けいこう	
13 成務 せいむ	
14 仲哀 ちゅうあい	
（以上、系譜詳細不確定）	

在位	天皇系譜	生没年	政権形式
古代社会（A.D.300前—1184）			
	大和時代（350？—6世紀）		
270—310	15 応神 おうじん（讃？）	？—310	大和政権
313—399	16 仁徳 にんとく（讃？）	？—399	
400—405	17 履中 りちゅう（讃？）	？—405	
406—410	18 反正 はんぜい（珍？）	？—410	
413—453	19 允恭 いんぎょう（武？）	？—453	
454—456	20 安康 あんこう（興？）	401—456	
456—479	21 雄略 ゆうりゃく（武？）	418—479	
480—484	22 清寧 せいねい	444—484	
484—487	23 顕宗 けんぞう	450—487	
488—498	24 仁賢 にんけん	449—498	
498—506	25 武烈 ぶれつ	489—506	
507—531	26 継体 けいたい	450—531	
	（継体・欽明両統併立）		
531—535	27 安閑 あんかん	465—535	
535—539	28 宣化 せんか	467—539	
539—571	29 欽明 きんめい	509—571	
572—585	30 敏達 びだつ	538—585	
585—587	31 用明 ようめい	？—587	
587—592	32 崇峻 すしゅん	？—592	蘇我専制期
592—628	33 推古 すいこ（女帝）	554—628	（587—645）
629—641	34 舒明 じょめい	593—641	
642—645	35 皇極 こうぎょく（女帝）	594—661	
645—654	36 孝徳 こうとく	596—654	
655—661	37 斉明 さいめい（女帝）	皇極（同）	
668—671	38 天智 てんじ	626—671	
671—672	39 弘文 こうぶん	648—672	
673—686	40 天武 てんむ	631—686	
690—697	41 持統 じとう（女帝）	645—702	
697—707	42 文武 もんむ	683—707	

付録2　関連表

奈良時代(710—794)

707—715	43 元明　げんめい(女帝)	661—721	710年に平城京
715—724	44 元正　げんしょう(女帝)	680—748	(奈良)に遷都
724—749	45 聖武　しょうむ	701—756	
749—758	46 孝謙　こうけん(女帝)	718—770	
758—764	47 淳仁　じゅんにん	733—765	
764—770	48 称徳　しょうとく(女帝)	孝謙(同)	
770—781	49 光仁　こうにん	709—781	

平安時代(794—1184)

781—806	50 桓武　かんむ	737—806	794年に平安京
806—809	51 平城　へいぜい	774—824	(京都)に遷都
809—823	52 嵯峨　さが	786—842	
823—833	53 淳和　じゅんな	786—840	
833—850	54 仁明　にんみょう	810—850	
850—858	55 文徳　もんとく	827—858	
858—876	56 清和　せいわ	850—880	藤原摂関期
876—884	57 陽成　ようぜい	869—949	(858—)
884—887	58 光孝　こうこう	830—887	
887—897	59 宇多　うだ	867—931	
897—930	60 醍醐　だいご	885—930	
930—946	61 朱雀　すざく	923—952	
946—967	62 村上　むらかみ	926—967	
967—969	63 冷泉　れいぜい	950—1011	
969—984	64 円融　えんゆう	959—991	摂関常置
984—986	65 花山　かざん	968—1008	(970—1086)
986—1011	66 一条　いちじょう	980—1011	
1011—1016	67 三条　さんじょう	976—1017	
1016—1036	68 後一条　ごいちじょう	1008—1036	
1036—1045	69 後朱雀　ごすざく	1009—1045	
1045—1068	70 後冷泉　ごれいぜい	1025—1068	
1068—1072	71 後三条　ごさんじょう	1034—1073	
1072—1086	72 白河　しらかわ	1053—1129	
1086—1107	73 堀河　ほりかわ	1079—1107	
1107—1023	74 鳥羽　とば	1103—1156	院政期
1123—1141	75 崇徳　すとく	1119—1164	(1086—1185)
1141—1155	76 近衛　このえ	1139—1155	
1155—1158	77 後白河　ごしらかわ	1127—1192	
1158—1165	78 二条　にじょう	1143—1165	
1165—1168	79 六条　ろくじょう	1164—1176	
1168—1180	80 高倉　たかくら	1161—1181	
1180—1184	81 安徳　あんとく	1178—1185	

封建社会(1184—1867)

鎌倉時代(1192—1333)

日本政治概況

1184—1198	82 後鳥羽 ごとば	1180—1239	鎌倉幕府期
1198—1210	83 土御門 つちみかど	1195—1231	北条執政期
1210—1221	84 順徳 じゅんとく	1197—1242	(1203—1333)
1221(4—7)	85 仲恭 ちゅうきょう	1218—1234	
1221—1232	86 後堀河 ごほりかわ	1212—1234	
1232—1242	87 四条 しじょう	1231—1242	
1242—1246	88 後嵯峨 ごさが	1220—1272	
1246—1259	89 後深草 ごふかくさ	1243—1304	
1259—1274	90 亀山 かめやま	1249—1305	
1274—1287	91 後宇多 ごうだ	1267—1324	
1287—1298	92 伏見 ふしみ	1265—1317	
1298—1301	93 後伏見 ごふしみ	1288—1336	
1301—1308	94 後二条 ごにじょう	1285—1308	
1308—1318	95 花園 はなぞの	1297—1348	

建武政権(1334—1336) 南北朝時代(1336—1392)

1318—1339	96 後醍醐 ごだいご	1288—1339	建武新政
1339—1368	97 後村上 ごむらかみ	1328—1368	(1334—1336)
1368—1383	98 長慶 ちょうけい	1343—1394	(南朝)
1383—1392	99 後亀山 ごかめやま	?—1424	(南朝)
1331—1333	(光厳 こうごん)	1313—1364	(北朝)
1336—1348	(光明 こうみょう)	1321—1380	足利幕府期
1348—1351	(崇光 すこう)	1334—1398	(1338—1537)
1352—1371	(後光厳 ごこうごん)	1338—1374	(北朝)
1371—1382	(後円融 ごえんゆう)	1358—1394	(北朝)

室町時代(1392—1573) 戦国時代(1478—1573)

1382—1412	100 後小松 ごこまつ	1377—1433	(北朝)
1413—1428	101 称光 しょうこう	1401—1428	
1428—1464	102 後花園 ごはなぞの	1419—1470	
1464—1500	103 後土御門 ごつちみかど	1442—1500	
1500—1526	104 後柏原 ごかしわばら	1464—1526	
1526—1557	105 後奈良 ごなら	1497—1557	

安土・桃山時代(1573—1603)

1557—1586	106 正親町 おおぎまち	1517—1593	織豊政権期
1586—1611	107 後陽成 ごようぜい	1572—1617	(1573—1603)

江戸時代(1603—1867)

1611—1629	108 後水尾 ごみずのお	1596—1680	幕藩体制期
1629—1643	109 明正 めいしょう(女帝)	1623—1696	(1603—1867)
1643—1654	110 後光明 ごこうみょう	1633—1654	
1654—1663	111 後西 ごさい	1637—1685	
1663—1687	112 霊元 れいげん	1654—1732	
1687—1709	113 東山 ひがしやま	1675—1709	
1709—1735	114 中御門 なかみかど	1701—1737	
1735—1747	115 桜町 さくらまち	1720—1750	
1747—1762	116 桃園 ももぞの	1741—1762	
1762—1770	117 後桜町 ごさくらまち(女帝)	1740—1813	
1770—1779	118 後桃園 ごももぞの	1758—1779	
1779—1817	119 光格 こうかく	1771—1840	
1817—1846	120 仁孝 にんこう	1800—1846	幕末期
1846—1866	121 孝明 こうめい	1831—1866	

付録2　関連表

　　　　　　　　　　　資本主義社会（1868—現在）

　　　　　　　　　　　明治時代（1868—1912）

1867—1912	122 明治　めいじ （睦仁・むつひと）	1852—1912	藩閥政府 （1871—1885） 内閣制政府 （1885—現在）

　　　　　　　　　　　大正時代（1912—1926）

| 1912—1926 | 123 大正　たいしょう
（嘉仁・よしひと） | 1879—1926 | |

　　　　　　　　　　　昭和時代（1926—1989）

| 1926—1989 | 124 昭和　しょうわ
（裕仁・ひろひと） | 1901—1989 | |

　　　　　　　　　　　平成時代（1989—現在）

| 1989— | 125 平成　へいせい
（明仁・あきひと） | 1933. 2. 23— | |

出典：宮内庁ホームページ、皇室・天皇系譜（http://www.kunaicho.go.jp/about/kosei/keizu.html）／皇室の系図一覧（https://ja.wikipedia.org/wiki/）／坂本賞三ら監修『総合日本史図表』第一学習社、1995年版／小葉田淳ら編『日本史小辞典』数研出版、1983年新制版などにより編著者整理作成

内閣総理大臣一覧

歴代	氏名	在職期間	在職日数	就任年齢	生年月日	死去年月日	出身地	通算在職日数
1 (1)	(第1次) 伊藤博文	明治18.12.22 －明治21.4.30	861	44歳	天保12.9.2	明治42.10.26 (68歳)	山口県	
2 (2)	黒田清隆	明治21.4.30 －明治22.10.25	544	47歳	天保11.10.16	明治33.8.25 (59歳)	鹿児島県	544
	(兼任) 三條實美	明治22.10.25 －明治22.12.24	(内大臣　三條實美が内閣総理大臣兼任)					
3 (3)	(第1次) 山縣有朋	明治22.12.24 －明治24.5.6	499	51歳	天保9.4.22	大正11.2.1 (83歳)	山口県	
4 (4)	(第1次) 松方正義	明治24.5.6 －明治25.8.8	461	56歳	天保6.2.25	大正13.7.2 (89歳)	鹿児島県	
5	(第2次) 伊藤博文	明治25.8.8 －明治29.8.31	1,485	50歳	天保12.9.2	明治42.10.26 (68歳)	山口県	
	(臨時兼任) 黒田清隆	明治29.8.31 －明治29.9.18	(枢密院議長　黒田清隆が内閣総理大臣臨時兼任)					
6	(第2次) 松方正義	明治29.9.18 －明治31.1.12	482	61歳	天保6.2.25	大正13.7.2 (89歳)	鹿児島県	943
7	(第3次) 伊藤博文	明治31.1.12 －明治31.6.30	170	56歳	天保12.9.2	明治42.10.26 (68歳)	山口県	
8 (5)	(第1次) 大隈重信	明治31.6.30 －明治31.11.8	132	60歳	天保9.2.16	大正11.1.10 (83歳)	佐賀県	
9	(第2次) 山縣有朋	明治31.11.8 －明治33.10.19	711	60歳	天保9.4.22	大正11.2.1 (83歳)	山口県	1,210
10	(第4次) 伊藤博文	明治33.10.19 －明治34.5.10	204	59歳	天保12.9.2	明治42.10.26 (68歳)	山口県	2,720
	(臨時兼任) 西園寺公望	明治34.5.10 －明治34.6.2	(枢密院議長　西園寺公望が内閣総理大臣臨時兼任)					
11 (6)	(第1次) 桂　太郎	明治34.6.2 －明治39.1.7	1,681	53歳	弘化4.11.28	大正2.10.10 (65歳)	山口県	
12 (7)	(第1次) 西園寺公望	明治39.1.7 －明治41.7.14	920	56歳	嘉永2.10.23	昭和15.11.24 (91歳)	京都府	
13	(第2次) 桂　太郎	明治41.7.14 －明治44.8.30	1,143	60歳	弘化4.11.28	大正2.10.10 (65歳)	山口県	

14	（第2次） 西園寺公望	明治44.8.30 ー大正元.12.21	480	61歳	嘉永2.10.23	昭和15.11.24 （91歳）	京都府	1,400
15	（第3次） 桂　太郎	大正元.12.21 ー大正2.2.20	62	65歳	弘化4.11.28	大正2.10.10 （65歳）	山口県	2,886
16(8)	（第1次） 山本權兵衞	大正2.2.20 ー大正3.4.16	421	60歳	嘉永5.10.15	昭和8.12.8 （81歳）	鹿児島県	
17	（第2次） 大隈重信	大正3.4.16 ー大正5.10.9	908	76歳	天保9.2.16	大正11.1.10 （83歳）	佐賀県	1,040
18(9)	寺内正毅	大正5.10.9 ー大正7.9.29	721	64歳	嘉永5.2.5	大正8.11.3 （67歳）	山口県	721
19(10)	原　敬	大正7.9.29 ー大正10.11.4	1,133	62歳	安政3.2.9	大正10.11.4 （65歳）	岩手県	1,133
	（臨時兼任） 内田康哉	大正10.11.4 ー大正10.11.13	（外務大臣　内田康哉が内閣総理大臣臨時兼任）					
20(11)	高橋是清	大正10.11.13 ー大正11.6.2	212	67歳	安政元.7.27	昭和11.2.26 （81歳）	東京都	212
21(12)	加藤友三郎	大正11.6.12 ー大正12.8.24	440	61歳	文久元.2.22	大正12.8.24 （62歳）	広島県	440
	（臨時兼任） 内田康哉	大正12.8.25 ー大正12.9.2	（外務大臣　内田康哉が内閣総理大臣臨時兼任）					
22	（第2次） 山本權兵衞	大正12.9.2 ー大正13.1.7	128	70歳	嘉永5.10.15	昭和8.12.8 （81歳）	鹿児島県	549
23(13)	清浦奎吾	大正13.1.7 ー大正13.6.11	157	73歳	嘉永3.2.14	昭和17.11.5 （92歳）	熊本県	157
24(14)	加藤高明	大正13.6.11 ー大正15.1.28	597	64歳	万延元.1.3	大正15.1.28 （66歳）	愛知県	597
	（臨時兼任） 若槻禮次郎	大正15.1.28 ー大正15.1.30	（内務大臣　若槻禮次郎が内閣総理大臣臨時兼任）					
25(15)	（第1次） 若槻禮次郎	大正15.1.30 ー昭和2.4.20	446	59歳	慶應2.2.5	昭和24.11.20 （84歳）	島根県	
26(16)	田中義一	昭和2.4.20 ー昭和4.7.2	805	63歳	文久3.6.22	昭和4.9.29 （66歳）	山口県	805
27(17)	濱口雄幸	昭和4.7.2 ー昭和6.4.14	652	59歳	明治3.4.1	昭和6.8.26 （61歳）	高知県	652
28	（第2次） 若槻禮次郎	昭和6.4.14 ー昭和6.12.13	244	65歳	慶應2.2.5	昭和24.11.20 （84歳）	島根県	690

29(18)	犬養　毅	昭和6.12.13 －昭和7.5.16	156	76歳	安政2.4.20	昭和7.5.16 (77歳)	岡山県	156
	(臨時兼任) 高橋是清	昭和7.5.16 －昭和7.5.26	(大蔵大臣　高橋是清が内閣総理大臣臨時兼任)					
30(19)	齋藤　實	昭和7.5.26 －昭和9.7.8	774	73歳	安政5.10.27	昭和11.2.26 (77歳)	岩手県	774
31(20)	岡田啓介	昭和9.7.8 －昭和11.3.9	611	66歳	明治元.1.20	昭和27.10.17 (84歳)	福井県	611
32(21)	廣田弘毅	昭和11.3.9 －昭和12.2.2	331	58歳	明治11.2.14	昭和23.12.23 (70歳)	福岡県	331
33(22)	林　銑十郎	昭和12.2.2 －昭和12.6.4	123	60歳	明治9.2.23	昭和18.2.4 (66歳)	石川県	123
34(23)	(第1次) 近衞文麿	昭和12.6.4 －昭和14.1.5	581	45歳	明治24.10.12	昭和20.12.16 (54歳)	東京都	
35(24)	平沼騏一郎	昭和14.1.5 －昭和14.8.30	238	71歳	慶應3.9.28	昭和27.8.22 (84歳)	岡山県	238
36(25)	阿部信行	昭和14.8.30 －昭和15.1.16	140	63歳	明治8.11.24	昭和28.9.7 (77歳)	石川県	140
37(26)	米内光政	昭和15.1.16 －昭和15.7.22	189	59歳	明治13.3.2	昭和23.4.20 (68歳)	岩手県	189
38	(第2次) 近衞文麿	昭和15.7.22 －昭和16.7.18	362	48歳	明治24.10.12	昭和20.12.16 (54歳)	東京都	
39	(第3次) 近衞文麿	昭和16.7.18 －昭和16.10.18	93	49歳				1,035
40(27)	東條英機	昭和16.10.18 －昭和19.7.22	1,009	57歳	明治17.12.30	昭和23.12.23 (63歳)	東京都	1,009
41(28)	小磯國昭	昭和19.7.22 －昭和20.4.7	260	64歳	明治13.3.22	昭和25.11.3 (70歳)	栃木県	260
42(29)	鈴木貫太郎	昭和20.4.7 －昭和20.8.17	133	77歳	慶應3.12.24	昭和23.4.17 (80歳)	大阪府	133
43(30)	東久邇宮稔彦王	昭和20.8.17 －昭和20.10.9	54	57歳	明治20.12.3	平成2.1.20 (102歳)	京都府	54
44(31)	幣原喜重郎	昭和20.10.9 －昭和21.5.22	226	73歳	明治5.8.11	昭和26.3.10 (78歳)	大阪府	226
45(32)	(第1次) 吉田　茂	昭和21.5.22 －昭和22.5.24	368	67歳	明治11.9.22	昭和42.10.20 (89歳)	高知県	

付録2　関連表

46 (33)	片山　哲	昭和22.5.24 －昭和23.3.10	292	59歳	明治20.7.28	昭和53.5.30 (90歳)	神奈川県	292
47 (34)	芦田　均	昭和23.3.10 －昭和23.10.15	220	60歳	明治20.11.15	昭和34.6.20 (71歳)	京都府	220
48	(第2次) 吉田　茂	昭和23.10.15 －昭和24.2.16	125	70歳	明治11.9.22	昭和42.10.20 (89歳)	高知県	
49	(第3次) 吉田　茂	昭和24.2.16 －昭和27.10.30	1,353	70歳				
50	(第4次) 吉田　茂	昭和27.10.30 －昭和28.5.21	204	74歳				
51	(第5次) 吉田　茂	昭和28.5.21 －昭和29.12.10	569	74歳				2,616
52 (35)	(第1次) 鳩山一郎	昭和29.12.10 －昭和30.3.19	100	71歳	明治16.1.1	昭和34.3.7 (76歳)	東京都	
53	(第2次) 鳩山一郎	昭和30.3.19 －昭和30.11.22	249	72歳				
54	(第3次) 鳩山一郎	昭和30.11.22 －昭和31.12.23	398	72歳				745
55 (36)	石橋湛山	昭和31.12.23 －昭和32.2.25	65	72歳	明治17.9.25	昭和48.4.25 (88歳)	静岡県	65
56 (37)	(第1次) 岸　信介	昭和32.2.25 －昭和33.6.12	473	60歳	明治29.11.13	昭和62.8.7 (90歳)	山口県	
57	(第2次) 岸　信介	昭和33.6.12 －昭和35.7.19	769	61歳				1,241
58 (38)	(第1次) 池田勇人	昭和35.7.19 －昭和35.12.8	143	60歳	明治32.12.3	昭和40.8.13 (65歳)	広島県	
59	(第2次) 池田勇人	昭和35.12.8 －昭和38.12.9	1,097	61歳				
60	(第3次) 池田勇人	昭和38.12.9 －昭和39.11.9	337	64歳				1,575
61 (39)	(第1次) 佐藤榮作	昭和39.11.9 －昭和42.2.17	831	63歳	明治34.3.27	昭和50.6.3 (74歳)	山口県	
62	(第2次) 佐藤榮作	昭和42.2.17 －昭和45.1.14	1,063	65歳				
63	(第3次) 佐藤榮作	昭和45.1.14 －昭和47.7.7	906	68歳				2,798

64(40)	（第1次）田中角榮	昭和47.7.7－昭和47.12.22	169	54歳	大正7.5.4	平成5.12.16（75歳)	新潟県	
65	（第2次）田中角榮	昭和47.12.22－昭和49.12.9	718	54歳				886
66(41)	三木武夫	昭和49.12.9－昭和51.12.24	747	67歳	明治40.3.17	昭和63.11.14（81歳)	徳島県	747
67(42)	福田赳夫	昭和51.12.24－昭和53.12.7	714	71歳	明治38.1.14	平成7.7.5（90歳)	群馬県	714
68(43)	（第1次）大平正芳	昭和53.12.7－昭和54.11.9	338	68歳	明治43.3.12	昭和55.6.12（70歳)	香川県	
69	（第2次）大平正芳	昭和54.11.9－昭和55.6.12	217	69歳				554
	（臨時代理）伊東正義	昭和55.6.12－昭和55.7.17	内閣官房長官　伊東正義が内閣総理大臣臨時代理					
70(44)	鈴木善幸	昭和55.7.17－昭和57.11.27	864	69歳	明治44.1.11	平成16.7.19（93歳)	岩手県	864
71(45)	（第1次）中曽根康弘	昭和57.11.27－昭和58.12.27	396	64歳	大正7.5.27		群馬県	
72	（第2次）中曽根康弘	昭和58.12.27－昭和61.7.22	939	65歳				
73	（第3次）中曽根康弘	昭和61.7.22－昭和62.11.6	473	68歳				1,806
74(46)	竹下　登	昭和62.11.6－平成元.6.3	576	63歳	大正13.2.26	平成12.6.19（76歳)	島根県	576
75(47)	宇野宗佑	平成元.6.3－平成元.8.10	69	66歳	大正11.8.27	平成10.5.19（75歳)	滋賀県	69
76(48)	（第1次）海部俊樹	平成元.8.10－平成2.2.28	203	58歳	昭和6.1.2		愛知県	
77	（第2次）海部俊樹	平成2.2.28－平成3.11.5	616	59歳				818
78(49)	宮澤喜一	平成3.11.5－平成5.8.9	644	72歳	大正8.10.8	平成19.6.28（87歳)	広島県	644
79(50)	細川護熙	平成5.8.9－平成6.4.28	263	55歳	昭和13.1.14		熊本県	263
80(51)	羽田　孜	平成6.4.28－平成6.6.30	64	58歳	昭和10.8.24		長野県	64

付録2　関連表

81(52)	村山富市	平成6.6.30 ―平成8.1.11	561	70歳	大正13.3.3		大分県	561
82(53)	(第1次) 橋本龍太郎	平成8.1.11 ―平成8.11.7	302	58歳	昭和12.7.29	平成18.7.1 (68歳)	岡山県	
83	(第2次) 橋本龍太郎	平成8.11.7 ―平成10.7.30	631	59歳				932
84(54)	小渕恵三	平成10.7.30 ―平成12.04.05	616	61歳	昭和12.6.25	平成12.5.14 (62歳)	群馬県	616
85(55)	(第1次) 森　喜朗	平成12.04.05 ―平成12.07.04	91	62歳	昭和12.7.14		石川県	387
86	(第2次) 森　喜朗	平成12.07.04 ―平成13.4.26	297	62歳				
87(56)	(第1次) 小泉純一郎	平成13.4.26 ―平成15.11.19	938	59歳	昭和17.1.8		神奈川県	1980
88	(第2次) 小泉純一郎	平成15.11.19 ―平成17.9.21	673	61歳				
89	(第3次) 小泉純一郎	平成17.9.21 ―平成18.9.26	371	63歳				
90(57)	(第1次) 安倍晋三	平成18.9.26 ―平成19.9.26	366	52歳	昭和29.9.21		山口県	
91(58)	福田康夫	平成19.9.26 ―平成20.9.24	365	71歳	昭和11.7.16		群馬県	365
92(59)	麻生太郎	平成20.9.24 ―平成21.9.16	358	68歳	昭和15.9.20		福岡県	358
93(60)	鳩山由紀夫	平成21.9.16 ―平成22.6.8	266	62歳	昭和22.2.11		北海道	266
94(61)	菅直人	平成22.6.8 ―平成23.9.2	452	63歳	昭和21.10.10		東京都	452
95(62)	野田佳彦	平成23.9.2 ―平成24.12.26	482	54歳	昭和32.5.20		千葉県	482
96	(第2次) 安倍晋三	平成24.12.26 ―平成26.12.24	729	58歳	昭和29.9.21		山口県	1095

日本政治概況

備考
1. 歴代の欄中（　）内の数字は、内閣を組織した者を順次数えたものである。
2. 内閣総理大臣の在職期間中に臨時代理等に指定された者の掲載は省略した。
3. 数次にわたり連続して就任した内閣総理大臣の在職通算日数は、個々の内閣の終わりの日と始めの日が重なるため、それぞれの在職日数の合計より少なくなる。
4. 出身地は原則として、戦前は「出生地」を、戦後は「選挙区」を記載した。

出典：首相官邸ホームページ（トップページ/内閣制度と歴代内閣/内閣総理大臣一覧）

議席のある政党の現状一覧

各主要政党が掲げた公約の要旨と議席数			
政党名	衆議院議席	参議院議席	計議席
自由民主党(1955—)	292/475	115/242	407

〔経済・財政〕経済再生、所得の増加、消費税率は17年4月に10%へ引き上げ。
〔社会保障など〕消費税は全額を社会保障財源、介護サービス職員の処遇を改善。
〔エネルギー〕エネルギーミックス電源構成、原発の再稼働を進める。
〔地方〕地方公共団体への地方創生交付金を創設、地方創生特区」の導入。
〔女性〕20年までに指導的地位に女性が少なくとも30%程度とする目標の実現。
〔教育〕道徳教育の充実、幼児教育を無償化。
〔外交・安保〕中韓ロとの関係改善、TPP交渉は最善の道を、安全保障の法整備。
〔憲法改正〕憲法改正原案を国会に提出し、国民投票を実施。
〔政治・行政改革〕公務員再就職規制は厳格に「天下り」に関する国民疑念を払拭。
〔その他〕「緊急事態管理庁(仮称)」設置を至急検討。

民主党(1998—)	73/475	59/242	132

〔経済・財政〕「中間層」を復活、消費税引き上げは延期、「人への投資」。
〔社会保障など〕公的年金制度一元化、最低保障年金創設、「歳入庁」設置。
〔エネルギー〕30年代原発ゼロに、エネルギーの地産地消で雇用創出。
〔地方〕地域産業の活性化、コンパクトシティを形成、一括交付金を創設。
〔女性〕子育て支援策を拡充、結婚・出産支援策を強化、ひとり親家庭への支援。
〔教育〕義務教育の35人学級拡充、大学などで給付型奨学金を創設。
〔外交・安保〕集団的自衛権行使を撤回、TPPは国益を厳しい姿勢で臨む、動的防衛力を強化、日米同盟を深化、近隣諸国との信頼醸成と関係改善、領域警備法を制定。
〔憲法改正〕国民主権・基本的人権・平和主義を守り、未来志向の憲法を構想。
〔政治・行政改革〕議員定数削減、国家公務員総人件費の2割削減を目指す。
〔その他〕NPO税制の拡充で「新しい公共」推進、集中復興期間(5年間)を延長。

公明党(1964—1994, 1998—)	35/475	20/242	55

〔経済・財政〕軽減税率導入を目指す、20年度に基礎的財政収支黒字化を達成。
〔社会保障など〕がん検診受診率向上や先進医療を普及。
〔エネルギー〕原発ゼロを目指す。原発再稼働は国民、住民の理解を得て判断。
〔地方〕地方自治体への新たな交付金設置▽地方への移住促進。
〔女性〕2015年4月から子ども・子育て支援新制度を確実に、約40万人分の保育確保。
〔教育〕いじめ防止教育を推進、養護教諭などの配置を拡充。
〔外交・安保〕日中首脳会談を実現、日韓首脳会談を早期開催、安全保障法制整備は政府・与党で検討し、国民の理解が得られるよう丁寧に取り組む。
〔憲法改正〕新たな条文を現行憲法に加える「加憲」、憲法9条は第1,2項を堅持。
〔政治・行政改革〕公職選挙法を改正、政治資金規正法を改正。
〔その他〕原発事故の被災者の早期帰還に向け除染を推進。

維新の党(2014—)	40/475	11/242	51

日本政治概況

〔経済・財政〕円安対策としてガソリン税を減税、税と社会保険料の徴収を一元化。
〔社会保障など〕医療への株式会社の参入促進、「同一労働同一賃金」を推進。
〔エネルギー〕「核のごみ」最終処分問題の解決、「原発再稼働責任法」を制定。
〔地方〕道州制移行、消費税を地方税化、地方交付金制度廃止、「地方共有税」創設、減反廃止とコメ輸出の促進、農協の抜本改革。
〔女性〕女性雇用率を設定、結婚や子育て資金を対象に贈与税を非課税に。
〔教育〕公設民営学校の設置、教育委員会制度の廃止、教育予算のGDP比を向上。
〔外交・安保〕現行憲法下で可能な「自衛権」行使を具体化、領域警備法を制定。
〔憲法改正〕一院制国会、首相公選制、憲法改正へ国民的議論、憲法裁判所を設置。
〔政治・行政改革〕国会議員歳費と議員定数を3割削減、国、地方の公務員総人件費を5兆円削減、独立行政法人の「埋蔵金」の国庫返還などで7.5兆円の財源創出。
〔その他〕統合型リゾート(IR)推進へ法整備。

| 日本共産党(1922—1924, 1926—) | 21/475 | 11/242 | 32 |

〔経済・財政〕消費税率の10%引き上げ中止、相続税の課税評価額に「富裕税」創設。
〔社会保障など〕労働者派遣法改正、「解雇規制・雇用人権法案」の制定。
〔エネルギー〕原発再稼働と輸出をやめ、「原発ゼロ」決断、省エネの徹底。
〔地方〕地方自治を変質させる道州制の導入に断固反対。
〔女性〕国連の女性差別撤廃条約の具体化を進め、女性に対する格差と差別の是正。
〔教育〕日本の侵略戦争と植民地支配の歴史を正しく伝え、公教育に侵略戦争の美化・肯定を持ち込まない。
〔外交・安保〕集団的自衛権行使決定を撤回し、「海外で戦争する国づくり」に反対。
〔憲法改正〕解釈改憲や明文改憲を許さず、立憲主義を守る。
〔政治・行政改革〕小選挙区制と政党助成金を廃止し、公務員の労働基本権を回復。

| 次世代の党(2014—) | 1/475 | 6/242 | 7 |

〔経済・財政〕金融政策依存を是正、「財政責任法」の制定、国家経営の責任明確化。
〔社会保障など〕「同一労働同一賃金」の徹底、生活保護制度を日本人に限定し、困窮した外国人には別の制度を設ける。
〔エネルギー〕脱・原発依存体制の構築、自然エネルギーの活用拡大。
〔地方〕日本型州制度への移行、消費税の地方税化と地方共有税制度の創設。
〔教育〕「独立自尊」の精神を養い、愛国心を育む教育。
〔外交・安保〕集団的自衛権行使の要件を明確化、国境地域土地の取引と使用規制。
〔憲法改正〕自主憲法の制定、自衛権および自衛隊(国防軍)に関する規定の新設。
〔政治・行政改革〕行財政改革、政策立案体制の向上と国会議員定数の削減。

| 社会民主党(1996—) | 2/475 | 3/242 | 5 |

〔経済・財政〕消費税率を5%に引き下げ、TPP参加に反対。
〔社会保障など〕最低保障機能の年金制度を創設、70～74歳医療費負担1割を継続。
〔エネルギー〕原発再稼働は認めず、再生可能エネルギー導入を促進。
〔地方〕道州制導入に反対、農業者戸別所得補償制度の法制化。
〔女性〕選択的夫婦別姓の導入、クオータ制を導入し女性の社会・政治参画を推進。
〔外交・安保〕集団的自衛権行使容認の閣議決定は撤回。
〔憲法改正〕憲法改正に反対。
〔政治・行政改革〕政党や政治資金団体への企業・団体献金を禁止。

生活の党(2012—)	2/475	3/242	5
〔経済・財政〕消費税再増税は凍結、TPPには参加せず、自由貿易協定(FTA)推進。〔社会保障など〕年金制度を一元化、給付型奨学金の創設、住宅ローン減税。〔エネルギー〕原発は全て廃止、再生可能エネルギーを普及、省エネ技術を普及し。〔地方〕農業者戸別所得補償制度を法制化、青年の就農・農村定住を促進。			
太陽の党(2010—) ※1	1/475	0	1
日本を元気にする会(2015—)	0	5/242	5
新党改革(2008—)	0	1/242	1
その他 ※2	0	1/242	1
(無所属)	8/475	7/242	12
	475	242	

・院内会派の人数とは一致しない
※1　太陽の党は政党助成法上の政党要件は満たすが公職選挙法上の政党要件を満たしていない政治団体
※2　沖縄社会大衆党(1950—)というが、政党助成法上の政党要件を満たしていない政治団体

説明:
1. 各主要政党のマニフェストは2014年12月の衆院選のための公約要旨による。
2. 国会に議席を有する政党の議席数は2015年4月5日現在(時事通信社調べ)

出典:首相官邸ホームページ(トップページ/内閣制度と歴代内閣/内閣総理大臣一覧)

日本歴代の政党一覧

一、第二次世界大戦前に創設された政党

（１）保守系政党（民党・有産政党）

自由党(1881—1884)→大同倶楽部(1889—1890)／自由党(1890)／愛国公党(1890)→ 立憲自由党(1890—1891)→自由党(1891—1898)→(憲政党へ参加→憲政党分裂)→憲政党(1898—1900)→立憲政友会(1900—1940)→(分裂/解党)		
推移	（自由党より分裂）→東洋自由党(1892—1893)→(解党)	
	（立憲政友会より分裂）→中正会(1913—1916)→(憲政会へ参加)	
	（立憲政友会より分裂）→政友本党(1924—1927)→(立憲民政党へ参加)	
立憲改進党(1882—1896)→進歩党(1896—1898)→(憲政党へ参加→憲政党分裂)→憲政本党(1898—1910)→立憲国民党(1910—1922)→(解党)		
推移	革新倶楽部(1922—1925)→(解党)	
	推移	革新党(1927—1932)→(国民同盟へ参加)
立憲革新党(1894—1896)→(進歩党へ参加)		
憲政党(1896)→(自由派憲政党、進歩派憲政本党へ分裂)		
猶興会(1906—1908)→又新会(1908—1910)→(解党)		
立憲同志会(1913—1916)→憲政会(1916—1927)→(立憲民政党へ参加)		
立憲民政党(1927—1940)→(解党)		

（２）革新系政党（無産政党）

車会党(1882—1883)→(結社禁止)		
社会民主党(1901)→(結社禁止)→社会平民党(1901)→(結社禁止)→日本社会党(1906—1907)→(結社禁止)		
日本共産党(1921/1922—1924)→(結社禁止)		
→日本共産党(1926—1929/1935)→(活動停止)		
農民労働党(1925)→(結社禁止)→労働農民党(1926—1928)→(結社禁止)		
推移	無産大衆党(1928)→(日本大衆党へ参加)	
	労農党(1929—1931)→(全国労農大衆党へ参加)	
日本農民党(1926—1928)→(解党)		
社会民衆党(1926—1931)→(全国労農大衆党へ参加)		
日本労農党(1926—1928)→(日本大衆党へ参加)		
日本大衆党(1928—1930)→(全国大衆党へ参加)		
労働者農民党(1928)→(結社禁止)		
全国大衆党(1930—1931)→(全国労農大衆党へ参加)		
全国労農大衆党(1931—1932)→(社会大衆党へ参加)		

社会大衆党(1932—1940)→(解党)	
日本無産党(1937)→(結社禁止)	

（3）国粋系政党（吏党）

立憲帝政党(1882—1883)→(解党)	
国民自由党(1890—1891)→(解党)	
帝国党(1899—1905)→大同倶楽部(1906—1910) →中央倶楽部(1910—1913)→(立憲同志会へ参加、民党系へ)	
国民同盟(1932—1940)→(解党)	
（立憲政友会より分裂)→昭和会(1935—1937)→(解党)	
東方会(1936—1944)→(解党)	

二、第二次世界大戦後に創設された政党
（一）55年体制成立以前(1945・1955)
（1）保守系政党

日本自由党(1945—1948)→民主自由党(1948—1950)→自由党(1950—1955)→(自由民主党へ参加)		
推移	（日本自由党より分裂)→新自由党(1948—1949)→(民主自由党へ合流)	
	（自由党より分裂)→分党派自由党(1953)→日本自由党(1953—1954)→(日本民主党へ参加)	
日本進歩党(1945—1947)→民主党(1947—1950)→国民民主党(1950—1952)→改進党(1952—1954)→ 日本民主党(1954—1955)→(自由民主党へ参加)		
日本協同党(1945—1946)→協同民主党(1946—1947)→国民協同党(1947—1950)→(国民民主党へ参加)		
国民党(1946—1947)→(国民協同党へ参加)		
日本農民党(1947—1949)→(農民協同党へ参加)		
推移	（日本農民党より分裂)→農民新党(1948—1949)→農民協同党(1949—1952)→(解党)	
	推移	協同党(1952)→(右派社会党へ合流)
新政クラブ(1951—1952)→(改進党へ参加)		
日本再建連盟(1952—1953)→(自由党へ合流)		

（2）革新系政党

日本共産党(1945—　　)	
日本社会党(1945—1951)→(分裂)	
推移	（日本社会党より分裂)→社会革新党(1947—1951)→社会民主党(1951—1952)→協同党(1952)→(右派社会党へ合流)
	（日本社会党より分裂)→労働者農民党(1948—1957)→(日本社会党へ合流)
	左派社会党(1951—1955)→(日本社会党へ参加)
	右派社会党(1951—1955)→(日本社会党へ参加)
	（日本社会党より分裂)→社会党再建全国連絡会(1952—1955)→(左派社会党へ合流)

（二）55年体制下（1955·1993）

日本共産党(1945—)		
推移	沖縄人民党(1947—1973)→(日本共産党へ合流)	
	(日本共産党より分裂)→日本共産党(日本のこえ)(1964—?)→(消滅)	
日本社会党(1955—1996)		
推移	(日本社会党より分裂)→民主社会党(1960—1969)→民社党(1969—1994)	
	(日本社会党より分裂)→社会市民連合(1977—1978)→社会民主連合(1978—1994)	
	(日本社会党より分裂)→社会クラブ(1977—1978)→(社会民主連合へ参加)	
自由民主党(1955—)		
推移	(自由民主党より分裂)→革新自由民主党(1958)→(消滅)	
	(自由民主党より分裂)→新自由クラブ(1976—1986)→(自由民主党へ合流)	
	推移	(新自由クラブより分裂)→税金党(1983—1990)→(自由民主党へ合流)
		(新自由クラブより分裂)→進歩党(1987—1993)→(解党)
公明党(1964—1994)		

（三）55年体制崩壊から民由合併まで（1993·2005）

日本共産党(1945—)		
日本社会党(1955—1996)→社会民主党(1996—)		
推移	(日本社会党より分裂)→新党護憲リベラル(1994—1995)→(分裂)	
	(日本社会党より分裂)→市民リーグ(1995—1996)→(民主党へ参加)	
自由民主党(1995—)		
推移	(自由民主党より分裂)→新党さきがけ(1993—1998)→さきがけ(1998—2002)→(解党)	
	(自由民主党より分裂)→新生党(1993—1994)→(新進党へ参加)	
	(自由民主党より分裂)→自由党(1994)→(新進党へ参加)	
	(自由民主党より分裂)→新党みらい(1994)→(新進党へ参加)	
	(自由民主党より分裂)→高志会(1994)→(新進党へ参加)	
民社党(1960—1994)→(新進党へ参加)		
公明党(1964—1994)→(分裂)		
推移	公明新党(1994)→(新進党へ参加)	
	公明(1994—1998)→公明党(1998—)	
社会民主連合(1978—1994)→(日本新党へ合流)		
日本新党(1992—1994)→(新進党へ参加)		
民主改革連合(1994—1998)→(民主党へ参加)		
新進党(1994—1997)→(解党)		

推移	太陽党(1996—1998)→(民政党へ参加)	
	フロム・ファイブ(1997—1998)→(民政党へ参加)	
	国民の声(1998)→(民政党へ参加)	
	新党友愛(1998)→(民主党へ参加)	
	自由党(1998—2003)→(民主党へ合流)	
	推移	(自由党より分裂)→保守党(2000—2002)→保守新党(2002—2003)→(自由民主党へ合流)
	改革クラブ(1998—2002)→(解党)	
	新党平和(1998)→(公明党へ参加)	
	黎明クラブ(1998)→(公明へ合流)	
民主党(1996—1998)→民主党(1998—　)		
民政党(1998)→(民主党へ参加)		

(四) 2005年以降

日本共産党(1945—　)		
自由民主党(1955—　)		
推移	(自由民主党より分裂)→国民新党(2005—2013)→(解党)	
	(自由民主党より分裂)→新党日本(2005—2012)→(政党要件喪失)	
	(自由民主党より分裂)→たちあがれ日本(2010—2012)→太陽の党(2012)→(日本維新の会へ合流)	
社会民主党(1996—　)		
民主党(1998—　)		
推移	(民主党より分裂)→改革クラブ(2008—2010)→新党改革(2010—　)	
	(民主党より分裂)→大地・真民主党(2011—2012)→新党大地・真民主(2012)→(新党大地へ移管)	
	(民主党より分裂)→新党きづな(2011—2012)→(国民の生活が第一へ合流)	
	(民主党より分裂)→国民の生活が第一(2012)→(日本未来の党へ合流)	
公明党(1998—　)		
新党大地(2005—　)		
みんなの党(2009—2014)→(解党)		
推移	(みんなの党より分裂)→結いの党(2013—2014)→(維新の党へ参加)	
日本創新党(2010—2012)→(日本維新の会へ合流)		
減税日本(2010—　)→(国政部分が減税日本・反TPP・脱原発を実現する党へ参加)		
日本維新の会(2012—2014)→維新の党(2014—　)		
推移	(日本維新の会より分裂)→次世代の党(2014—　)	
反TPP・脱原発・消費増税凍結を実現する党(2012)→減税日本・反TPP・脱原発を実現する党(2012)→(日本未来の党へ合流)		

	日本未来の党(2012)→(分裂)	
推移	生活の党(2012—2014)→生活の党と山本太郎となかまたち(2014—　)	
	日本未来の党(2012—2013)→(みどりの風へ合流)	
みどりの風(2012—2013)→(政党要件喪失、解党)		
太陽の党(2014)→(次世代の党へ合流)		

出典：http://ja.wikipedia.org/wiki/日本の政党一覧により編著者作表

現在活動している利益団体一覧

団体名称	支持政党	規模(会員数)
日本経済団体連合会(経団連)	自民党、民主党	1,632社(団体)
経済同友会	自民党	
関西経済連合会(関経連)	なし	1,345会員
中部経済連合会(中経連)		730の団体
日本商工会議所(日商)		126万
電気事業連合会(電事連)	自民党	電力10社
日本労働組合総連合会(連合)	民主党、社民党	670万人組合員
全国労働組合総連合(全労連)	なし	59万人組合員
全国労働組合連絡協議会(全労協)	社民党、新社会党	10.9万人
農業協同組合(農協)		正会員967 准会員10
全日本自治団体労働組合(自治労)	民主党、社民党	2741単組約85万人
日本教職員組合(日教組)	民主党、社民党	260万人組合員
全日本教職員連盟(全日教連)	自民党	2万人組合員
日本PTA全国協議会	なし	
日本会議	なし	
日本医師会		165,650人組合員
日本看護協会		
日本助産師会		国際助産師連盟加盟
日本歯科医師会		64,657名組合員
日本薬剤師会		97,000人会員
日本遺族会	自民党	800万人
日本馬主協会連合会		
全国郵便局長会	自民党	
全国消防長会		
全国消防職員協議会		
地方六団体		
在日本朝鮮人総聯合会(朝鮮総聯)	民主党	
在日本大韓民国民団(民団)	民主党、公明党	
部落解放同盟	民主党	

出典:http://ja.wikipedia.org/wiki/日本の利益団体一覧(2014年12月13日)により編著者作成

西暦・日本暦対照表

西暦	日本暦	西暦	日本暦	西暦	日本暦	西暦	日本暦	西暦	日本暦
1868	明治元	1899	32	1930	5	1961	36	1992	4
1869	2	1900	33	1931	6	1962	37	1993	5
1870	3	1901	34	1932	7	1963	38	1994	6
1871	4	1902	35	1933	8	1964	39	1995	7
1872	5	1903	36	1934	9	1965	40	1996	8
1873	6	1904	37	1935	10	1966	41	1997	9
1874	7	1905	38	1936	11	1967	42	1998	10
1875	8	1906	39	1937	12	1968	43	1999	11
1876	9	1907	40	1938	13	1969	44	2000	12
1877	10	1908	41	1939	14	1970	45	2001	13
1878	11	1909	42	1940	15	1971	46	2002	14
1879	12	1910	43	1941	16	1972	47	2003	15
1880	13	1911	44	1942	17	1973	48	2004	16
1881	14	1912	大正元	1943	18	1974	49	2005	17
1882	15	1913	2	1944	19	1975	50	2006	18
1883	16	1914	3	1945	20	1976	51	2007	19
1884	17	1915	4	1946	21	1977	52	2008	20
1885	18	1916	5	1947	22	1978	53	2009	21
1886	19	1917	6	1948	23	1979	54	2010	22
1887	20	1918	7	1949	24	1980	55	2011	23
1888	21	1919	8	1950	25	1981	56	2012	24
1889	22	1920	9	1951	26	1982	57	2013	25
1890	23	1921	10	1952	27	1983	58	2014	26
1891	24	1922	11	1953	28	1984	59	2015	27
1892	25	1923	12	1954	29	1985	60	2016	28
1893	26	1924	13	1955	30	1986	61	2017	29
1894	27	1925	14	1956	31	1987	62	2018	30
1895	28	1926	昭和元	1957	32	1988	63	2019	31
1896	29	1927	2	1958	33	1989	平成元	2020	32
1897	30	1928	3	1959	34	1990	2	2021	33
1898	31	1929	4	1960	35	1991	3	2022	34

注：1989年1月1日～1月7日の間は昭和64年とされ、平成の1日目は1月8日である

付録3　各章資料目録

第一章　国のシンボル

豆知識(1)　日本のイメージ富士山
資料一　　　遣唐使井真成の墓誌

第二章　憲法

豆知識(2)　憲法九条(憲法第2章)
資料一　　　終戦の詔書
資料二　　　自民党『日本国憲法改正草案』の概要
資料三　　　各主要政党憲法9条修訂に関する意見一覧

第三章　天皇

豆知識(3)　唐に倣った『大宝律令』
資料一　　　今の天皇と皇室構成
資料二　　　宮中祭祀の主要祭儀一覧
資料三　　　禁中並公家諸法度

第四章　国会

豆知識(4)　衆参議院常任委員会一覧
資料一　　　議員立法
資料二　　　議案の審議

第五章　内閣

豆知識(5)　議院内閣制と大統領制
資料一　　　日本内閣制度の変遷
資料二　　　内閣の組織

| 資料三 | 内閣総理大臣の退任について |

第六章　行政

豆知識(6)	日本官庁のセクショナリズム
資料一	公務員の職務規定と制限
資料二	公務員俸給表に基づく職種区分
資料三	「離職後の就職に関する規制」
資料四	国(中央政府)の統治機構

第七章　司法

豆知識(7)	主要な日本の法律の分野による一覧
資料一	法律の優先順位
資料二	裁判所の三審制度

第八章　政党

豆知識(8)	族議員
資料一	自民党の現在の主な会派
資料二	政治団体の種類

第九章　選挙

豆知識(9)	選挙の「三ばん」
資料一	選挙区地図
資料二	選挙制度
資料三	17都県42選挙区の区割り図
資料四	衆議院・参議院議員比例代表選挙一覧
資料五	ドント式(D'Hondt method)
資料六	選挙管理機構
資料七	選挙と被選挙の条件
資料八	投票率の推移
資料九	政治資金の規正
資料十	寄附の禁止

第十章　外交

| 豆知識(10) | 国際交流基金の概要 |
| 資料一 | 第5期中日友好21世紀委員会が達した共通認識 |

第十一章　防衛

豆知識(11)	水陸機動団
資料一	防衛大綱別表に見る防衛力の変遷
資料二	1—4次防の経緯
資料三	「防衛計画の大綱」の変遷
資料四	自衛隊の概要

第十二章　地方公共団体

豆知識(12)	地方分権改革の総括と展望
資料一	国と地方の主な同格分野の主たる区分
資料二	東京都の管轄する領域
資料三	高齢化の現状と将来像
資料四	人口問題研究所の2060年までの人口推計
資料五	地方職員数の減少
資料六	定住自立圏構想

参考文献

著作

京極純一『日本の政治』、東京大学出版会、1983年。
飯尾潤『日本の統治構造』、中公新書、2007年。
大山礼子『国会学入門』、三省堂、2003年。
福元健太郎『立法の制度と過程』、木鐸社、2007年。
大山礼子『比較議会政治論』、岩波書店、2003年。
川人貞史『日本の国会制度と政党政治』、東京大学出版会、2005年。
川人貞史・吉野孝・平野浩・加藤淳子『現代の政党と選挙』、有斐閣アルマ、2001年。
川人貞史『日本の国会制度と政党政治』、東京大学出版会、2005年。
吉田徹『二大政党制批判論』、光文社新書、2009年。
山口二郎『政権交代論』、岩波新書、2009年。
西村成雄・国分良成『党と国家　政治体制の軌跡』、岩波書店、2009年。
五百旗頭真『戦後日本外交史』、有斐閣アルマ、2010年。
五十嵐仁著『現代日本政治「知力革命」の時代』、八朔社、2004年。
笠原一男『詳説日本史研究』山川出版社、1993年版。
坂本賞三ほか監修『詳録新日本史史料集成』第一学習者、1995年版。

典籍・法律文書・政府文書

坂本太郎ほか校著『日本書紀』(岩波文庫) 文庫、1994年。
太安万侶著、武田祐吉翻訳『古事記』角川文庫、1975年42版。
佐伯梅友校著『古今和歌集』(岩波文庫) 文庫、1981年。
唐・魏徴等著『隋書』巻八十一 列伝第四十六。
后晋・劉昫等著『旧唐書』巻一百九十九上 列伝第一百四十九上　東夷 倭国 日本国(《旧唐書》中国24史所収)。
『大日本帝国憲法』『日本国憲法』『皇室典範』『内閣法』『禁中並公家諸法度』など本書各章の内容に関連する法律文書。
中華人民共和国国務院新聞弁公室『釣魚島は中国の固有領土である』白書(2012年9月)。

関連年度の日本外務省『外交青書』。
関連年度の防衛省『防衛白書』。
関連年度の内閣府、人事院、総務省など政府相関部門の白書。

研究文章・研究報告
林宜嗣「分権時代における人材育成について」記念論文『アカデミア』第100号。
寺﨑秀俊「日本の行政システム―その現状と今後の課題―」外交学院学術講座（2014年11月17日）。
自治体国際化協会「グローバルな動きに対応する施策と心構え」特集『自治体国際化フォーラム』May 2011年。
総務省「定住自立圏構想推進のための地方財政措置について（最終改正平成26年11月25日）」。

公式サイト
内閣府、衆議院、参議院、総務省、法務省、外務省、防衛省、宮内庁など政府関係公式サイト。
中国網日本語版（チャイナネット）。
関連言葉・データのWikipediaなど百科サイト。

辞典・事典
小葉田淳ほか編著『日本史辞典』数研出版株式会社、1996年版。
阿部斉・内田満(編)『現代政治学小事典』、有斐閣双書、1984年。
浅野一郎・河野久編著『新・国会事典　用語による国会法解説』第3版、有斐閣、2014年。